サッカーはデータが10割

最強アナリストが明かす
プレミアリーグで優勝する方法

著｜イアン・グラハム
監修｜木崎伸也
訳｜樋口武志

飛鳥新社

サッカーはデータが10割

著｜イアン・グラハム
監修｜木崎伸也
訳｜樋口武志

How to Win the Premier League
by Ian Graham

監修者序文

木崎伸也

イングランドのプレミアリーグは世界で最もサッカーが進んでいる――。

近年のサッカーにおける疑いようのない常識だろう。

高額の放映権、中東のオイルマネーやアメリカの投資マネーによってトップ・オブ・トップの選手や監督が世界中から集まり、ピッチ上で最高峰の戦いを繰り広げている。

ライバルに差をつけるためにピッチ外の競争も加熱しており、各チームがセットプレーコーチ、メンタルコーチ、栄養士、料理人などさまざまな専門家をこぞって雇い始めている。試合時に選手自宅に泥棒が入らないように警備員を置くチームもあるほどで、勝利の確率を1％でも高められるならなんでもやるというスタンスだ。

データ分析への取り組みもそのひとつである。

従来、サッカーは数字では読み解けないスポーツだと考えられていた。

1個のボールをめぐって22人が攻防を繰り広げるため、野球のように「投手vs打者」という個人対個人に分解できないからだ。ゴール数が少ないため、バスケットボールのように得点に関しても統計学を適用しづらい。サッカーはスポーツ業界最難関の「複雑系」だ（だからこそ世界中の人たちを魅了しているとも言える）。ボールコンタクト数、パス成功率、デュエル勝率といった個々のアクションの数字を並べたところで直感を超える情報はほぼなく、多くの監督やコーチからしたら「だから何？」という感じだろう。真に意味のあるデータを提供できていなかった。

だが、プレミアリーグの魅力が歴史を変えることになる。

これまで金融やＩＴの業界に流れていた物理学や数学の研究者をサッカー界へ吸い寄せ始めたのである。

その代表格が本書の著者、イアン・グラハムだ。

グラハムはケンブリッジ大学で物理学の博士号を取得し、ポスドク（期限付き研究員）として高分子物理学の研究をしていた。しかし新しい成果を出せず、研究員を続けられるかわからなくなってしまった。

そんなある日、グラハムは恋人から斬新な求人を教えられる。

「フットボールの統計を分析して生計を立てませんか？」

ウェールズ出身のグラハムは子供のころからリバプールのファンで、プレミアリーグを追い続けていた。理論物理学を生かしてサッカーにイノベーションを起こせるかもしれない!?　そんな情熱と共にグラハムはサッカーデータ分野に進出しつつあった経営コンサルタント会社に就職したのだった。

その後、いかにしてリバプールのリサーチ部門責任者になったかは本編に譲るとして、ここではグラハムが起こした「革命」の概要を抑えておこう。

グラハムがつくりあげた分析モデルの本質は次の一言につきる。

「ある選手のそのアクションは得点の確率をどれだけ上げたか？」

グラハムは膨大なデータをもとに、プレーごとに「ゴール確率（脅威度）への貢献」を測れるようにしたのである。

たとえばA地点でボールを持ったときのゴール確率が1％で、B地点でボールを持ったときのゴール確率が10％だとしよう（過去の試合データから、その地点でボールを持ったあとにどれだけ得点が決まったかを調べ、地点ごとにゴール確率を割り振る）。もしAからBへパスを通したらゴール確率を9％高めたと見なし、パスを出した選手にその数値を与える。逆にパスが失敗したら、その数値分マイナスする。

このような計算を1試合通して行うことで、選手がどれだけ攻撃に貢献したかを数値化できる。攻撃と守備はコインの表と裏なので、守備の貢献度も見積もれる。

リバプールはこの分析モデルを使って主要リーグの選手をかたっぱしに分析し、「今は評価されてないが、実はすごい実力を秘めている選手」を次々に発掘していった。

モハメド・サラー、ロベルト・フィルミーノ、サディオ・マネ、ファビーニョ、ジョルジニオ・ワイナルドゥム、フィルジル・ファン・ダイク、ジョエル・マティプ、アンドリュー・ロバートソン、アリソン・ベッカー。

2019年6月1日にリバプールがCL優勝を成し遂げたとき、先発11人のうち実に9人がグラハムの分析モデルの助けによって獲得された選手だった。

たとえばサラーは２０１４年1月にチェルシーへ加入したが振るわず、多くのクラブから「プレミアリーグで通用しない選手」というレッテルを貼られていた。その後フィオレンティーナやローマで活躍したが、イメージは変わらなかった。

だが、リバプールは違った。

グラハムの分析モデルはサラーをプレミアリーグのトップクラスと評価し、その推薦によって２０１７年6月に獲得が実現した。データが偏見を覆したのだ。

グラハムの分析モデルは進化を続けており、トラッキングデータとの同期によって「ボールを持っていない選手のアクション」も考慮できるようになっている。

あるＦＷが相手ＤＦラインの裏に走り込んだものの、パスが来なかったとしよう。もしパスが来ていたらどうなっていたか？　そんな架空のシナリオをコンピュータ内でシミュレーションし、得点率を計算できるようになった。

もはやサッカーはデータ化できないスポーツではない。ＡＩを組み込んだ分析モデルが新しいビルドアップの形やＣＫのトリックを提案する日もそう遠くないだろう。

データ分析の考え方と見方を深く知れる本書は、現代サッカーを語るうえで必読の書である。

もくじ

パート2 誰も知らなかったサッカーの本当の見方

パート3 サッカーの「究極の疑問」を科学的に解く

パート 1

プレミアリーグで優勝する方法

「情報もないうちに理論をたてるのは大きなまちがいだ。そんなことをすると、知らず知らず、理論に合うように事実をねじ曲げてしまう。理論は事実に合うように組み立てるべきなんだ」

——シャーロック・ホームズ（アーサー・コナン・ドイル『シャーロック・ホームズの冒険』「ボヘミア王のスキャンダル」石田文子訳）

「システムに干渉したら何が起きるかを知るには、実際に干渉する必要がある（ただ受動的に観察するだけではいけない）」

——統計学者ジョージ・ボックス

「自分たちの選手が相手より優れていれば、90パーセントの確率で勝利をつかめる」

——ヨハン・クライフ

第1章

最強チームへの道のり

危うく見逃すところだったアンフィールドの奇跡

リバプール・フットボール・クラブは、FCバルセロナとの10度目となる対戦を迎えようとしていた。リバプールFCに勤めていた私は、ありがたいことにチケットを2枚もらっていた。しかし私は行かないことに決めた。2019年5月、フットボール界で最も権威ある大会「チャンピオンズリーグ（CL）」準決勝の話だ。

正直に言えば、私はうんざりしていたのだ。2012年にリバプールに入って以降、2014年にはプレミアリーグ優勝を目前で逃して苦汁を嘗《な》めた。2016年にはヨーロッパリーグ（EL）決勝で後半に逆転されて敗れた。2018年にはCL決勝でレアル・マドリードに敗れた。そうして迎えた2019年、リバプールはCL準決勝ファーストレグ（第1戦）でバルセロナに0対3の敗北を喫していたのだった。この劣勢から巻き返せる可能性はかなり低い。もうこれ以上大きな落胆を味わいたくなかった。

そんなとき、友人のジンから連絡があった。「無理だとは思うんだけど聞かないと後悔すると思って」と前置きしながら彼は言った。「試合のチケット余ってないかな?」。チケットは渡せるけど自分は観に行かないと伝えた。すると彼は、誰もが抱《いだ》くであろう思いをぶつけてきた。お前は正気か？　ＣＬの準決勝だぞ！　しかも相手はバルセロナ！　リオネル・メッシだ！　彼の言う通りだと思った。それまで私はメッシのプレーを生で観たことがなかった。世界最高のプレーヤーを観に行くだけでも価値がある、と思い直して行くことにした。

気が進まなかった理由は私の仕事にあった。私はリバプールのリサーチ部門でディレクターを務め、試合に関するデータの収集・分析・解釈を統括していたのだ。データ分析の活用法のひとつは「結果予測」だ。リバプールで、私は同僚たちと統計モデルを作り上げてきた。生のパフォーマンスデータ（シュートやセーブやゴールに関する情報）を取り込んで、チーム力を推定するモデルだ。そうしたチーム力、つまり攻撃力と守備力（得点する力や失点を防ぐ力）を、試合や大会の結果予測に使用した。

ファーストレグの0対3での敗戦を踏まえ、私たちのアルゴリズムは決勝進出の確率を3・5パーセントと算出していた。さらにバルセロナのチーム力を示す数値はリバプールを20パーセントも上回っていた。セカンドレグはアンフィールドというホームアドバンテージもあるため互角の勝負になるだろうが、私たちは4点差をつけて勝つか、3対0というスコアにして延長戦に持ち込む必要があった。

フットボールに対する私のアプローチは、ファンが抱くようなロマンとは正反対のものだ。客観的なエビデンスに基づいて計算された、確率というレンズを通してすべてを眺める。そしてこのバルセロナ戦に関しては、エビデンスに基づく計算の結果、決勝進出の可能性はきわめて低かった。

私の部門が勝敗確率を算出していることはクラブ内でもよく知られていた。食堂のスタッフにバルセロナ戦を勝ち抜く確率を聞かれので、私が悲しい知らせを伝えると、彼らはこんな反応をした。「それは思ったよりも高い確率だね！」。私には低すぎる確率に感じられたが、周りのスタッフたちには高く感じられたようだ。

いつものアンフィールドと比べても、その夜の雰囲気は痺《しび》れるものがあった。ファーストレグでは、得点を決めたバルセロナのルイス・スアレス（2011年から2014年まではリバプール屈指のプレーヤーだったが、2019年当時はバルセロナに在籍）がゴールセレブレーションで堂々と喜びを爆発させた。これがリバプールファンたちの怒りを買い、セカンドレグのキックオフをスアレスが蹴り出そうとしたとき、5万の観衆は「失せろ《ファックオフ》スアレス！　失せろ《ファックオフ》スアレス！」と叫んだのだった。私は仕事として、私情を挟まず冷静にフットボールを分析するために雇われていたが、その夜はファンとしてアンフィールドにいたため、息巻いてチャントに加わった。

試合はとてもオープンな展開で、出だしから見ごたえ抜群だった。不思議なことに、勝ち上がる確率がきわめて低かったがゆえに普段よりも楽しめたのだ。どうしたって敗退するのだから、結果なんて気にせず試合を純粋に味わおうという気分だった。ところが試合が始まって6分後、バルセロナのジョルディ・アルバのヘディングパスをサディオ・マネが奪った。マネからボールを受け取ったジョーダン・ヘンダーソンのシュートはキーパーに弾かれたものの、ディボック・オリギが押し込んだ。試合は1対0となった。

バルセロナも何度か決定的なチャンスを作ったものの、前半はそのまま1対0で終えた。そして後半8

分、トレント・アレクサンダー＝アーノルドが生み出したチャンスからジニ・ワイナルドゥムが放ったシュートは、うまくミートしなかったものの何とかキーパーの脇からゴールへと吸い込まれる。これで2対0。バルセロナのキックオフでゲームが再開すると、相手のミスを突いてボールを奪い、30秒も経たないうちにワイナルドゥムの素晴らしいヘッドがゴールに突き刺さって3対0。合計スコアでタイとなった。

アンフィールドは痺れるどころか爆発した。そしてスアレスがボールに触れるたびに悪態やヤジが飛んだ。私も叫びすぎて3点目が入る頃には声が枯れてしまっていたため、ジンに代わってもらうしかなかった。後半は、何か罵声を飛ばしたくなったら彼の脇腹をつついて合図を送った。

決勝進出の確率が高まると共に、期待と緊張も高まっていった。そうして迎えた後半33分、リバプールがコーナーキックを得ると、バルセロナのディフェンスが目を離していることに気づいたトレントが隙をついて素早くリスタートし、そのボールをディボックがゴールに沈めて4対0となった。コーナーキックの守備時、バルセロナは集中力を欠いたり審判に文句を言ったりすることが多いという点は、ビデオ分析部門の仲間たちが念入りに伝えていたことだった。そのおかげで選手やボールボーイたちはクイックリスタートの準備ができていたのである。彼らの分析力は大いに称えられるべきだ。

リバプールは、きわめて劇的かつ奇跡的な形でCL決勝へと駒を進めた。リバプールに来て7年が経ち、初めてトロフィーを手にできるかもしれない。その夜は、周りのファンと同じく喜びに震えながらアンフィールドを後にした。

しかし同時に、データ分析官としての私は、この試合を分析したくてウズウズしていた。

熱狂冷めやらぬうちに「分析」は始まる

車で帰宅するあいだにも、その晩の試合データはクラウド上のコンピュータ・サーバーに着々とアップロードされていた。提携先のデータ収集センターで作業するビデオアナリストたちが、パス、シュート、タックル、ファウルなど、ボールに関わる全アクションを詳細に記録していたのだ。

そしてまた、アンフィールドのカメラはすべての選手とボールの動きを記録していた。この映像は、コンピュータビジョンという技術を用いて各選手の位置を追ったデータに変換される。そうして、1秒間に25回記録された選手たちの位置も、分析可能なデータとして利用できるようになった。

翌朝の5時頃にアップロードが完了すると、いくつかの自動処理が始まった。まず、検証だ。実用的な分析結果になりうる質のデータかがチェックされる。次に、統合。ボールに関わる動き（オンボールイベント）のデータが各プレーヤーの位置と同期され、データと選手の動きが統合され、試合の様子が復元される。そして最後に、分析だ。統合されたデータが統計モデルを用いて分析される。そうして試合に対する統計的な解釈がおこなわれ、試合結果への選手の貢献度が判断される。それから各選手のパフォーマンスに基づき、また別のアルゴリズムがチームの強さや選手の能力値のレーティングを更新する。

スタンドではファンとして観戦し、大きな喜びと興奮を味わった。翌朝、処理されたデータとアルゴリズムから算出された結果をもとに、今度はその試合を理性的に分析した。そうして分析した試合は、前夜の記憶のなかの試合とはいくぶん異なっていた。

あとから振り返ると、逆転劇はまさに必然だったように感じられる。この試合、負傷で欠場していたモハメド・サラーは「ネバーギブアップ」と書かれたTシャツを着てスタンドから見守っていた。しかしながら、すべての試合は運という要素から逃れられない。クロスのキックミスやラッキーなディフレクションによる得点がなければ結果が違っていたはずの試合は、誰でも思い当たるだろう。この試合にあった得点機会を考えると、4対0の勝利は決して必然とは言えなかった。ほんの些細なことで結果は変わっていただろう。

データを使って、「どのような展開が起こり得たか」を分析することは、より不確実で、より確率論的な見方をするということだ。そうした見方の価値は、パフォーマンス（シグナル）と運（ノイズ）を切り分けられる点にある。運による勝利を差し引いたり、不運な敗戦におけるハイパフォーマンスを考慮したりすることで、チームの強さや弱さをより深く理解できるのだ。

この試合におけるシュート分析に基づくと、「フェアなスコア」はリバプールが2・0得点、バルセロナが0・9得点と算出された。この＋1・1という「フェアな」得点差は、決勝へと勝ち進むには足りないものだった。フェアスコアは、「ゴール期待値（Expected Goals）」と呼ばれる指標を用いて算出したものだ。

●ゴール期待値

フットボールでは滅多にゴールが生まれない。プレミアリーグの1試合あたりの平均得点は2・7ゴールほどだ。ゴールは（必ずではないものの）基本的にシュートから生まれるうえ、シュートの数はゴール数の10倍もある。そのため、シュートを分析するのは理にかなっている。

シュートは、チームのパフォーマンスについてゴール数だけでは分からない何かを教えてくれる可能性があるのだ。

ひとつひとつのシュートは、それぞれゴールになる確率が異なる。流れのなかで放たれるシュートの大半よりペナルティキックのほうがゴールの確率が高いことは、フットボールファンなら誰もが知っている。それに、相手のペナルティエリア内で放ったシュートのほうが、その外から放つシュートよりもゴールネットを揺らす可能性が高いことも、ほとんどのファンは直感的に理解している。1997年にリチャード・ポラードとチャールズ・リープが導入した[2]「ゴール期待値」は、各シュートがゴールになる確率を数値化したものだ。

彼らが作った統計モデルでは、30ヤード（およそ27・4メートル）からのシュートがゴールにつながる確率はわずか1パーセントであることが分かった。ペナルティエリア内からのシュートでは10パーセントに上がり、ペナルティマークあたりからは20パーセント、ゴールエリア内からは50パーセントと確率が急激に高まる。また、ディフェンスからのプレッシャーはゴール確率を下げること、そしてセットプレーからのシュートは、流れのなかで放たれる同様の位置からのシュートよりゴール確率が低いことも分かった。

「ゴール期待値」という呼び名の矛盾

ポラードとリープは、「Weighted Shots（重み付けしたシュート）」という言葉を使っていた。いいネーミングだ。それぞれのシュートは、ゴールになる確率によって重み付けがなされているため、きわめて妥当な呼び名だといえる。

一方「ゴール期待値」はひどいネーミングだ。「Expected（期待される）」とは、そのシュートがゴールになる確率に基づき、平均してどれくらいのゴールが生まれるかを示した値を指す。たとえば、ＰＫは約75パーセントの確率でゴールに結びつく。つまり、ＰＫが１００回おこなわれた場合、平均で75ゴールが生まれることになり、１回のＰＫにつき０・75ゴールを「期待する」ことになる。

バルセロナとの準決勝は、思っていたよりも接戦だった。ディボックの先制点はゴール確率40パーセントという素晴らしいシュートだった。しかしながら、そのあとにはバルセロナにもチャンスが2度あった。メッシのシュートのゴール確率は12パーセント、コウチーニョのシュートは18パーセントだった。そしてハーフタイムに入る直前にもバルセロナのジョルディ・アルバが33パーセントのシュートを放ったが、ゴールキーパーのアリソン・ベッカーが素晴らしいセービングで防いだ。後半、リバプール最高のディフェンダーであるフィルジル・ファン・ダイクが、コーナーキックからゴール確率36パーセントのシュートを打つも、キーパーに阻まれた。一方、リバプールによる後半3得点のゴール期待値は、合計してもわずか0・41にすぎなかった。

私は、この試合をパソコンで何度もシミュレーションした。得点は各シュートのゴール確率に基づいて決まる。すると、リバプールが4対0以上で勝利したのはシミュレーション結果の5パーセントにすぎず、ファーストレグとの合計が引き分けとなって延長に入る確率は4パーセントだった。

次に、シュートを打つ選手が期待値をどれだけ活かせたかを検証した。ある状況である場所からシュートを打つことと、それをうまく打つことは別問題だ。シュートの軌道とゴールキーパーの位置を考慮すると(「シュート後ゴール期待値(Post-Strike Expected Goals)」を基にすると)、計算が変わった。リバプール2・0ゴール対バルセロナ0・9ゴールでの勝利から、3・4ゴール対1・7ゴールでの勝利となった。両チームとも選手が平均を上回る質のシュートを放っていたからだ。

ディボックの2ゴールは特に質の高いシュートだった。正確なシュートを、キーパーがいない場所に放った。しかしバルセロナの選手たちのシュートも正確だった。ゴール期待値が0・9から1・7へと上がったのも、正確なシュートのおかげだった……メッシとスアレスがいるチームだから当然だ。バルセロナの「シュート後ゴール期待値」は1・7だったが、実際のゴールはゼロだった。つまり、ゴールキーパーのアリソンがマン・オブ・ザ・マッチに選ばれていてもまったくおかしくなかったのだ。

栄光の瞬間、ジェラードが私にかけた言葉

決勝ではトッテナム・ホットスパーと対戦した。私が2007年から2012年にかけてデータ分析のコンサルティングをおこなっていたチームだ。リバプールの分析モデルでは、勝利確率60パーセントと予測していた。

ところが試合の出来は散々だった。リバプールのセンターフォワードを務めたロベルト・フィルミーノはコンディションが万全ではなかった。一方でトッテナムのハリー・ケインも負傷から復帰したばかりだった。試合開始2分にサディオ・マネがＰＫを獲得し、それをサラーが決める。その後90分間、リバ

プールはほとんど守備にまわった。終盤にスパーズの猛攻を凌《しの》ぐと、試合終了まで残り数分のところでディボック・オリギがゴールを決めた。彼のゴールは事実上勝利を確かなものにし、リバプールのレジェンドとして名を刻むこととなった。そうして私たちは、ついにトロフィーを手にした。

私はスカウティング部門の仲間たちとスタンドで観戦していた。試合終了のホイッスルが鳴った瞬間の熱狂がおさまると、選手たちが喜び合うのを眺めながら、トロフィー授与の瞬間を待っていた。すると誰かが私の肩を叩いた。

スティーヴン・ジェラード。リバプールの元キャプテンで、クラブ史上最高の選手のひとりである。私たちの後ろの列で観戦していたのだ。選手としても監督としても観客としても、これほど緊張した試合は初めてだと彼は言った。私も同感で、見ていられないほどだったと答えた。しかし彼によると、もともと試合の結果を心配していたわけではなかったという。ところが、私たちがスパーズのチャンスのたびに爪を噛んだり頭を抱えたりして、90分間あまりに不安そうにしていたため、彼にも不安が伝染してしまったのだ。

「緊張なんてするはずなかったんだけど、前に座ってるあんたらが何でもかんでもリアクションしてたからさ」

何日か祝いの日々を過ごしてから、決勝戦の分析に取り組んだ。試合最後の20分間では、スパーズのゴール期待値が0・82だったのに対し、リバプールはわずか0・16。不安な思いで応援するのも無理はなかった。

翌2019／20シーズンはUEFAスーパーカップとFIFAクラブワールドカップを制するだけ

でなく、プレミアリーグでも史上最高のスタートを切った。3月の段階で、開幕から29試合のうち27勝を挙げ、2位と25ポイント差をつけていた。このままチャンピオンへと向かっていけそうだった。あまりに優勝の可能性が高そうだったため、チケット部門の責任者からは、どの試合で優勝が決まる可能性が高いか予想してほしいと頼まれたほどだった。

そんなとき、Covid-19（新型コロナウイルス感染症）がやって来たのだった。30年ぶりのリーグ優勝、そしてプレミアリーグになってからは初めてとなる優勝が、パンデミックによる中断で阻まれたように思われた。しかし2020年6月、無観客ながらフットボールは戻ってきた。そうしてリバプールは、ついにプレミアリーグのタイトルを獲得した。優勝は歓喜の瞬間であるべきだったが、そうはならなかった。それはなんとも奇妙な気分だった。世界はまだパンデミックのただなかにあり、フットボールは重要な物事ではなかったのだ。

プレミアリーグ史上最も圧倒的な強さを誇るマンチェスター・シティとの優勝をかけたライバル関係は続いた。2021／22シーズンはリバプールが2位となり、チャンピオンズリーグも準優勝で終えた。FAカップとリーグカップ（カラバオカップ）も制した。リバプールがヨーロッパ屈指のクラブという本来の位置に返り咲く一翼を担えたことが嬉しかった。

私は主にデータ分析の面からリバプール復活に貢献した。それが私の役割であり、その分析によって特に移籍市場で優位に立つことができた。しかしながら、フットボールクラブの成功はチームによる努力の賜物だという点は強調しておかねばならない。

ジョン・W・ヘンリー、トム・ワーナー、マイク・ゴードンをはじめとするフェンウェイ・スポーツ・

グループの先見性と長期的な目線がなければ、私の仕事もほとんどチームに影響を及ぼさなかっただろう。さらにユルゲン・クロップ監督の招聘《しょうへい》と、スポーツディレクターであるマイケル・エドワーズの意思決定力がなければ、私の分析も活かされなかっただろう。

アカデミー、ビデオ分析、スポーツ科学、スカウティング、メディカル部門の仲間たちのおかげでもあることは言うまでもない。わがデータ分析チームはリバプールの成功の可能性を高め、クラブの未来を担うスターを見極めてきたが、分析による移籍市場での優位性を現実の成果に結びつけることができたのは、オーナーや仲間たちのハードワークと能力のおかげだ。

過小評価されている選手を探せ

もちろん、チームの最終的な成功は選手たちにかかっている。CL決勝で先発したのは、ほぼ全員データ分析の助けを借りて獲得した選手たちだ。その当時リバプール史上最高額の移籍金で獲得した選手はフィルジル・ファン・ダイクだった。まだCLに出るようなビッグクラブでプレーしていなかったことが信じられないほどに優秀なセンターバックだ。2018年1月に契約すると、彼はプレミアのDF史上最高額のセンターバックとなった（その後、マタイス・デ・リフト、ハリー・マグワイア、ヨシュコ・グバルディオルに抜かれた）。

2018年の夏の契約では、アリソン・ベッカーが史上最高額のGKとなったが、それも3週間後にチェルシーがケパ・アリサバラガと契約するまでのことだった。ファン・ダイクとアリソンに支払った移籍金は、リバプールが通常支払う移籍金よりも遥かに高かった。だがそれは彼らが明らかに優れた選手だったからだ。データ分析においても輝いていたが、スカウト、監督、メディア、そしてフットボールに少しでも興味のある人なら誰の目にも、その才能は輝いて見えた。

チームのオーナーであるフェンウェイ・スポーツ・グループは、いつだってリバプールの利益を選手獲得につぎ込むことに積極的であったとはいえ、それまでは収入相応の補強に努めてきた。しかし今回は、好成績をおさめてきたおかげで明らかなスーパースターに高額な移籍金を支払える状態にあった。

フィリペ・コウチーニョは2013年1月にインテルナツィオナーレ・ミラノからリバプールに移籍し、チームのスター選手となった。そして2018年1月、ネイマール獲得のためにパリ・サンジェルマンが支払った契約解除金を元手に、一線級の選手たちを補強しようと急いでいたバルセロナは、コウチーニョと契約するためにリバプールへ1億4200万ポンドという信じられないほどの額を支払った。

アリソンとファン・ダイクは明らかなスター選手だったかもしれないが、決勝の先発メンバーのうち他ふたりのディフェンダーは、そのような選手とは考えられていなかった。ジョエル・マティプはユルゲン・クロップ政権の最初期に獲得した選手で、2016年夏にドイツのシャルケ04からフリー移籍で加入した。背が高くて手足が長く、驚くほど豊かな経験を持ち合わせていた。24歳にして、ブンデスリーガで175試合に先発出場。だが彼は不器用そうに見えたため、チームのスカウトたちのなかには興味を示さず、足の速さや空中戦での能力に疑問を抱く者もいた。なかでも不安視されていたのは、毎週のように同じミスを繰り返しているように見えた点だった。そうした意見を持っているのはリバプールのスカウトたちだけではなかった。

そのためジョエルの移籍に関しては、ほとんど競合する相手がいなかった。2016年1月の段階で、イギリスのチームではニューカッスル・ユナイテッドだけが競合相手となっていたが、彼らはチャンピオンシップ（イングランド2部）への降格という結果でシーズンを終えることとなってしまった。ほぼすべてのクラブのスカウトから支持されていなかったジョエルだが、私たちのデータ分析は「シャルケでのパフォーマンスはプレミアリーグのセンターバックの平均を優に上回るものだ」と結論づけていた。これほどの若さで、しかもフリー移籍であるのなら、他のクラブはどうあれ私たちにとっては当然契約すべき選手だった。

もうひとり、左サイドバックのアンディ・ロバートソンも過小評価されていた。リバプールはロバートソンを2017年にハル・シティから獲得した。この年のシーズン、ハル・シティはどのチームよりも多い80失点を喫して2部降格となっていた。ロバートソンの攻撃力はサイドバックとしてリーグ屈指のものだった――彼のパスとドリブルはデータ分析でも非常に際立っていた。守備面が懸念点ではあったが、ユルゲンはサイドバックの守備力より攻撃力を優先していたため、私の心配は和らいだ。公平を期すために言うならば、リバプールでの彼の守備は私の予想を遥かに上回っている。同じく降格が決まったニューカッスルからミッドフィルダーのジニ・ワイナルドゥムも加入したが、彼も過小評価されている選手だった。

守備的ミッドフィルダーのファビーニョは、2018年夏に比較的高い金額で獲得した。2016／17シーズンにフランスのリーグ・アンを制したモナコのメンバーだった彼は、このシーズン後にチームメートのティエムエ・バカヨコ、ベルナルド・シウバ、バンジャマン・メンディがチェルシーやマンチェスター・シティへ移籍したにもかかわらず、2018年までモナコに残った。まだ24歳であり、CLに出場するようなビッグクラブでプレーしていない若手の守備的ミッドフィルダーとしては最高峰の選手だと判断したが、スカウティング部も同意見だった。彼は右サイドバックとしてもプレーできるため、さらに費用対効果が高まる可能性がある。

モー・サラー、ロベルト・フィルミーノ、サディオ・マネのフォワード陣は、リバプールと契約したとき、いくつか不安要素を抱えていた。サラーはチェルシーで「失敗」していた——実際には失敗とも言い切れないが、出場時間は非常に限られていた。そのため、彼はプレミアリーグで失敗した選手とみなされていた。そうした背景から、彼がイタリアのフィオレンティーナやローマに移って成功していたにもかかわらず、プレミアリーグのチームが移籍交渉の競合となることはほとんどなかった。

フィルミーノはブンデスリーガ中位のホッフェンハイムで140試合に出場していたがゴール数は38に過ぎず、マネもプレミアで中位のサウサンプトンで67試合21ゴールだけだった。

だが、データに基づく私たちの評価は、フットボール界の評価よりも遥かにポジティブだった。さまざまな理由から、彼らは他のクラブの目からこぼれ、過小評価されていた。しかしリバプールは、幸運と判断力のおかげか、才能を見極めて選手を獲得する「効果的な方法」を発見していたのだ。

リバプールでスポーツディレクターを務めていたマイケル・エドワーズは、ある選手についてデータとスカウトと監督の見解が一致した場合、その選手が失敗することは滅多にないとよく語っていた。マイケルは、私と同じく批判的思考を持った議論好きな男だ。

ちなみに、私はかつて性格診断で、「同意しやすさ」の項目に関して下から4パーセンタイルという非常に低いスコアを記録したことがある。しかも、そう簡単に同意するイメージのない理系大学院生を対象におこなわれた診断のなかでだ。私とマイケルは議論に議論を重ね、データ分析やビデオ分析の盲点について話し合った。また、スカウト部門のリーダーであるデイブ・ファローズやバリー・ハンターとも、候補選手の相対的な強みについて何度も意見を交わした。

「議論好き」という表現は、ユルゲン・クロップにも当てはまった。私たちはそうした批判精神をポジティブな力として活用した。私のデータ分析に対してはマイケルから指摘を受け、分析に磨きをかけていった。スカウティング部門は私から指摘を受けることで、良いと思えない選手でも長所があるのではないかと目を向けるきっかけにしていた。そしてユルゲンはマイケルと密に話し合うことで、ユルゲンにとっては第一候補ではなかったであろう選手との契約にも納得してくれた。私たちが獲得を検討した選手はすべて、徹底的な質的、量的、そして金銭的な評価をおこなった。

それから、運も味方した。アンディ・ロバートソンがワールドクラスのディフェンダーになるとは、（もちろん私も含めて）誰も予想していなかった。フィルミーノとマネがリバプールにとって素晴らしい選手になることは確信していたが、その活躍は私の想像を遥かに超えるものだった。サラーがチェルシーで「失敗」していなければ、2017年の契約時には激しい獲得競争に見舞われていただろう。パリ・サンジェルマンがあれほどの大金でネイマールと契約していなければ、バルセロナもコウチーニョとの契約に向けてあれほど熱心には動かなかっただろうし、リバプールがアリソンやファン・ダイクを獲得する資金も得られなかっただろう。

リバプールが新しい監督を探していたとき、ユルゲンが空いていたのも幸運だった——それまでもデータ、スカウティング、監督の意見を合わせて選手を獲得しようと試みてきたが、ブレンダン・ロジャーズが監督だったときにはまったく上手くいかなかったからだ。

データ分析はどうやって、どれだけ、フットボールを変えたか

本書では、やりたいことが3つある。

ひとつめは、フットボールにおける「データ分析の物語」を伝えることだ。私自身の経験をもとにしながら語っていきたい。トッテナム・ホットスパーでの無名の時代からそれなりの成功、そしてリバプールでのブレンダン・ロジャーズとの散々なスタートを経て、ユルゲン・クロップとの歴史的な成功に至る物語だ。データ分析を使って変革をもたらすために乗り越えねばならなかったカルチャーの違いや周囲の認知バイアスについて語っていく。また、リバプールのほかにデータ分析をいち早く導入したブレントフォードとブライトン&ホーヴ・アルビオンについても触れる。

ふたつめは、「フットボールを見る目」を変えることだ。データ分析における最重要コンセプトをいくつか説明しながら、それらがプレミアリーグにどのような影響を与えてきたかを、リバプールの実例や他チームのケーススタディを使って示す。

フットボールは非常に得点が少ない競技だ。そのため試合の結果から何らかの結論を導き出すのは難しい。しかしスキルと運の要素を選り分ける、つまりシグナルからノイズを取り除くのに役立つ統計ツール

は存在する。

ゴール期待値は、その好例だ。ゴールに結びつく確率をもとに各シュートの質を計測してみると、すべてのチャンスが同じ価値を持つわけではないことが分かる。そしてほとんどの選手は1試合で1本もシュートを打つことがない（モー・サラーでさえ、平均して1試合4本以下である）ため、シュート以外の動きの影響についても分析する必要がある。

「ポゼッションバリュー」は、直接シュートにはつながらないパスの価値も推定するために、自チームがボールを得てから奪われるまでのポゼッションを分析するものだ。そして「ポゼッションバリュー期待値（Expected Possession Value）」は、アンディ・ロバートソンやトレント・アレクサンダー＝アーノルドのような選手が、パスやドリブルの質によってどれだけチームに貢献しているかを明らかにした。こうしたツールは、リバプールでの私たちの仕事の土台であり、チームの選手獲得方針を決定づけた。私たちの分析モデルで高く評価されなかった選手は、契約に至らないのだ。

最後に、フットボールにまつわる様々な問いに統計的思考を用いて答えていきたい。たとえば、チームに適した監督を起用することがきわめて難しい理由を探りながら、なぜユルゲン・クロップがリバプールに最適であったかを解説する。リオネル・メッシはクリスティアーノ・ロナウドより優れた選手であるのかについてや、移籍の半分近くが失敗する理由についても触れる。

ホームアドバンテージの大きさについても示し、コロナ期の無観客試合でホームのアドバンテージがどれほど減ったかを分析する――観客の有無がいかに試合へ影響を与えるかが、エビデンスと共に明らかになるだろう。得点（および失点）に関してセットプレーがいかに重要かについても語ろう。さらに、これからのために、中東などの「国家」をバックに持つクラブの無尽蔵の資金力がいかにフットボール界の景色を歪めてきたかについても探っていく。

リバプールで働きだした2012年、トップリーグの男子フットボールの詳細なデータを手に入れるには大きな労力と費用がかかった。女子フットボールのデータを手に入れるのは不可能だった。しかし他の要素と同じように、データについても状況は変わってきている。女子フットボールのデータも急速に改善されている。

データドリブンなフットボール観は、医者的な冷めた診断だと非難され、フットボールから情熱を奪っていると責められてきた。だが、これほど的外れな批判もない。それは運悪く私の隣で観戦するはめになった人なら分かるだろう。

アンフィールドでは、練習場の食堂で働くキャロラインの隣に座ることが多かった。私が何度も大声で叫んだり悪態をついたり、「狂ったように飛び跳ねたり」し続けることに彼女から文句を言われたものだが、弁明の余地もない。フットボールは情熱の競技であり、スコットランドの哲学者デイヴィッド・ヒュームが言ったように、「理性は情熱の奴隷であり、そうでしかあってはならない。情熱に仕《つか》え従う以外の役割があるかのように振る舞うことはできない」。

リバプールでチームの成功の確率を高めるべくデータ分析に励んでいたのは、勝つことに情熱を燃やしていたからだ。データ分析に対しては、フットボールから美しさや魔法のような瞬間を奪うものだという批判もあるが、事実はその反対であると私は思う。競技についての理解が深まれば、その競技の美しさもより深く味わえるようになる。私がスポーツにデータを活用している理由は、フローレンス・ナイチンゲールの「神の意志を知るためには、統計学を学ばねばならない。なぜなら統計学は神の目的の測定手段だからだ」という言葉に集約される。

いくつかのスポーツは、データ分析を取り入れたことで大きく変化した。かつてはリスクを好む異端者たちの領分だったF1は、スリリングな追い抜き合いの駆け引きよりも、緻密なエンジニアリングや、物流・リソースの管理が重視されるスポーツになってきている。マイケル・ルイスは野球におけるデータ革命を著書『マネー・ボール』に記した。しかし、この革命の結果、試合のテンポが遅くなり、ヒットの数が減少してしまった。野球界に携わる実業家のセオ・エプスタインは、データ分析が「意図せず競技の美的価値にネガティブな影響を及ぼしていた」と認めている。[3] これらの競技は、データオタクが牛耳るようになってから楽しくなくなったと言われている。

それとは異なる結果がもたらされたスポーツもある。バスケットボールのシュート分布は10年前とまるで異なっており、スリーポイントラインからのシュートが増加している。総投球数の決まったリミテッド・オーバー形式のクリケットは、ハイリスク・ハイリターンで4点や6点を狙う方が、慎重なバッティングよりも勝率が高いとデータで示されて以来、よりエキサイティングな競技となった。

フットボールも、よりエキサイティングになったと思う。テンポが速まり、ゴールを狙う攻撃の質が高まり、ゲーゲンプレッシング（相手にボールを奪われたときに激しくプレスをかけて奪い返す）のような戦術も生まれている。ゲーゲンプレッシングは、得点の確率が高まる代わりに失点の確率も高まるというリスクを受け入れている。

私には持論がある。

「そのスポーツの質は、データ分析が競技をより面白くしているか、つまらなくしているかで測ることができる」

もちろんフットボールは最高のスポーツで、現在のところデータ分析によって競技は向上してきた。その内実を見ていこう。

第2章 私がデータ分析のプロになるまで

フットボールオタクだった少年時代

南ウェールズの田舎に育った私には、どのフットボールクラブとのつながりもなかった。フットボールに関心を持ったとき一番近くにあったスウォンジー・シティは3部リーグに所属していたが、そのクラブでさえ車で1時間もかかるところにあり、家族は誰もフットボールに興味がなかった。クラスメートのほとんどはリバプールのファンだった。1980年代において最も成功していたチームであり、子供はいつだって強いチームを追いかけるものだ。偶然にも、リバプール屈指のストライカーで、ウェールズ出身でもあったイアン・ラッシュと同じ名前だったため、リバプールファンにならないなんて不可能だった。

私はずっと、かなりマニアックなファンだった。1980年代はフットボールがテレビであまり放映されていなかったため、かわりに本で読んだ。リバプール、マンチェスター・ユナイテッド、セルティック、レンジャーズ、エヴァートン、アーセナルといったクラブの歴史を紹介する子供向けシリーズ。また、レディーバード社の児童書『World Cup 86』は、私に多大なる影響を与えた。

それから、フットボールにまつわる数値を取り上げた古い本も何時間も読み耽《ふけ》った。そこにはあらゆるリーグの歴代順位表が載っていた――1960年代にブラッドフォード（パーク・アベニュー）AFCがサードディビジョン・ノースで何度も最下位になっていたが、そんなひどい成績でも毎回リーグへの登録「再申請」が認められていたなんて信じられなかった（当時は3部からの降格がなく、かわりにリーグへの再登録が必要だった）。

さらには、サブティオというテーブルフットボール（おはじきサッカー）にものめり込んでいた。ミニチュアのピッチで、ミニチュアの選手が乗ったおはじきを指ではじいてボールを蹴るゲームだ。父は、木の板に布をホッチキスで留めてピッチ代わりにし、より滑りやすくしていた。

弟や村の友人たちを説得してトーナメントをやってもらうこともあったが、たいていは自分自身と対戦していた。毎年夏にはリーグ戦とカップ戦の全日程を作り、1部リーグではリバプール、セルティック、ブラジル、ワトフォード、西ドイツ、イタリアを、2部リーグではリバプール（アウェー・ユニフォーム）、オランダ、コベントリー・シティ、スコットランドを戦わせていた。試合を終えるたびに、私は母がワープロを教える地元の大学から借りていたアムストラッド社のパソコンを使い、試合結果と順位表を更新した。偶然ながら、リバプールがリーグとカップ戦の2冠を達成し、リバプール（アウェー・ユニフォーム）のほうも西ドイツとの入れ替えで1部に昇格した。

1990年代には、「センシブル・ワールド・オブ・サッカー」に熱中した。ピッチ上の選手を操作できるだけでなく、選手の契約や売却もできるコンピュータ・ゲームである。私は掘り出し物の選手を探して世界中に目を配ったものだ（将来のキャリアを予感させる）。いつも、ディナモ・ブレストというベラルーシのクラブにいる俊足のウインガーたちと契約していた。彼らはいくつものチームでチャンピオンズ・リーグ優勝に貢献してくれた。

1980年代にはアメリカンフットボールも好きだった。イギリスでは毎週日曜の晩にNFLのハイライトが放送されていて、エキゾチックな魅力によって大きな人気を集めていた。クォーターバックのパス獲得ヤード数やサック数などデータが豊富で、それらが意味を持つ競技である点を気に入っていた。1試合のうちにパスで300ヤード以上を獲得することは、たいてい非常に優れたパフォーマンスの指標とみなされていた。私の知る限り、フットボールにはそうした指標がなかった。

物理学と統計学を極める

熱中していたものの、フットボールは私にとって趣味に過ぎなかった——キャリアとしてずっと思い描いていたのは、科学やエンジニアリングの分野だった。大学では物理学を専攻し、2005年には生物物理学の博士号を修了した。統計物理学のアイデアを応用し、大腸菌が化学物質を検知するネットワークを解明しようと試みた。なんとか博士号を取得し、高分子[1]物理学という難解なトピックに取り組むポスドク（博士研究員）に応募して採用された。

その仕事は楽しかったがタフなものだった。私よりもずっと頭のいい人たちが高分子物理学の理論を発展させてきたわけだが、その分野でまだ説明がついていないということは、つまり非常に説明が難しい部分であることを意味する。9ヶ月取り組んだが、論文を1本出すことすら遠いような状況だった。それは若き研究者の就職にとっては致命的である。

その仕事は好きだったが給料が低く（年間1万4000ポンド）、安定もしていなかった（2年という期間限定の契約だった）。新しい研究成果を出せなかったため、私は研究者としてのキャリアの終わりが近いと感じ始めていた。

その当時、私のパートナーはケンブリッジ大学の海外試験評議会に勤めていた。そこの統計主任が、学術系の求人サイトで「フットボールの統計を分析して生計を立てませんか?」という広告を見たという。それを聞いた私はチャンスに飛びついた。それまでずっとフットボールを愛していたが、フットボールから生まれる情報の分析を仕事にできるとは想像すらしたことがなかった。

そうして勤めることになったディシジョン・テクノロジー社は、行動経済学を専門とする経営コンサルタント会社である。スーパーマーケットがどんなセールを実施すべきかを決めたり、銀行がクレジットカードの金利を最適化したりする際に、実験や分析を通して助言するのが主な業務だ。共同創設者のヘンリー・ストットは、自社を宣伝するツールとしてフットボールを活用した。フットボールは、データ分析が新たな知見をもたらす事例として魅力的だと考えたのだ。そして見込み客にプレミアリーグやワールドカップの予想を送ってディシジョン・テクノロジーへの関心を引きつつ、試合予想を通して同社の分析力を示した。

最初の時期、フットボール関連で主な顧客だったのが『タイムズ』紙のダニー・フィンケルスタインだ。毎週、フットボールにまつわるトピック（レッドカード、ホームアドバンテージ、選手交代など）を分析し、ダニーにレポートを送った。彼はそうした分析をもとに「フィンク・タンク」というコラムを書き、毎週土曜日に掲載された。

データ分析をフットボールクラブに売り込むには

私たちのサービスにとってフットボールクラブは当然クライアントの対象だったが、どのチームからも関心を示されなかった。問題の一部は、選手の詳細なデータが存在していないことだった。しかし一番の問題は、フットボールクラブに雇われている人間の誰ひとりとしてデータ分析について知らず、気にもかけていなかったことだった。

だが状況はほどなく変わっていく。そのきっかけはダミアン・コモリだ。アーセン・ヴェンゲル監督時代のアーセナルでスカウトを務めたのち、ASサンテティエンヌでスポーツディレクターをしていた彼は、２００５年にフットボール・ディレクターとしてトッテナム・ホットスパーに引き抜かれた。スパーズは珍しいチームだった――当時、イングランドでフットボール・ディレクターを置いていたチームは非常に少なかったのだ。

ダミアンはスパーズからミッションを託された。プレミアリーグになってからスパーズがまだ達成できていなかったトップ4でのフィニッシュだ。それができればチャンピオンズリーグに出場でき、収入も格段に増える。

問題は、それをスパーズが「ビッグ4」（マンチェスター・ユナイテッド、アーセナル、チェルシー、リバプール）よりも遥かに少ない資金で達成するよう求めていた点だった。ダミアンは『マネー・ボール』を読み、フットボールにもデータ分析を導入できると感じていた。彼はフランスのAmisco（アミスコ）という企業と契約してスパーズにテクニカルレポートを送ってもらっていたが、それらのデータは「予測」をするためのものではなかった。「彼らは昨日の天気について教えてくれたが、私が知りたいと思っていたのは来週の天気がどうなるかだったんだ」と彼は教えてくれた。

ダミアンは、他のスポーツにおけるデータの活用法を知ることから始めた。メジャー・リーグのオークランド・アスレチックスを訪ね、『マネー・ボール』の主人公として描かれたビリー・ビーンGMと会い、野球のデータで何が可能かを見せてもらった。選手たちのパフォーマンスは計測できるだけでなく、予測できるものでもあり、チームの勝利数に対する選手の貢献を推定することもできた。

ダミアンはビーンに、フットボールでも同じようなことをしたいが、何から始めたらいいか分からないと尋ねた。するとビーンは「それならフィンケルスタインに相談してみるといい」と答えた。ビーンは、あの『タイムズ』紙のコラムを読んでくれていたのだ。ビリー・ビーンがダミアンとフィンケルスタインをつないでくれたことをきっかけに、私たちも初めてフットボールクラブと仕事をする機会を得たのだった。

データの問題も解決した。オプタ（Opta）というメディア企業が、詳細な「イベントデータ」を作り始めていたのだ。パスやタックルやドリブルなど、ボールを持っている際の「イベント」すべてに対し、Optaは選手の名前、イベントの背景（たとえばヘディングなのか、チップパスなのか、グラウンダーのパスなのか）、そしてそのイベントが起きた場所を記録する。データが十分に細かくなってきたことで、私は「ポゼッションバリュー」という分析モデルを発展させていくことができた。

●「ポゼッションバリュー」モデル

私たちがスパーズの選手の分析に使ったシステムは、「ポゼッションバリュー」モデルの先駆けとなるものだった。もともとは1997年にポラードとリープによって導入され、最近ではアーセナルのデータサイエンティストであるカルン・シンによって「脅威期待値（Expected Threat）」という言葉で広められた。

前のコラムで説明したように、ゴール期待値（Expected Goals）は、ゴールの一歩手前に目を向け、ゴールにつながりうるシュートの質を分析したものだ。それよりもさらに一歩手前に目を向けると、シュートにつながるパスを分析することができる。そしてさらに一歩手前に目を向けると、シュートにつながるパスにつながるパスについて考えることができる。そうやってどんどん遡ることで、ピッチ上のいかなる行動も、得点の可能性をどれほど高めるかという観点から検証することが可能になる。これにより、ミッドフィルダーやディフェンダーの貢献についても評価できるようになる。

この種のモデルに私がつけた名前は「ゴール確率増減（Goal Probability Added）」だ。キャッチーではないが、内容を推測できる名前である。あるシチュエーションにおけるゴールの確率を示す数値だ。推定材料のひとつとして、ポゼッションを見る。たとえば選手が自陣のセンターサークル付近でボールを保持しているとき。そこからボールを失わずにゴールを決める確率はどのくらいだろう？　それを推定する最も簡単な方法は、チームが似たような状況下でポゼッションしたすべてのケースをピックアップし、ボールを失う前にゴールを決めた回数を数えることである。

たとえば概算で、自陣中央付近でポゼッションした1000回につき4ゴールが決まるとしたら、ゴール確率は0・4パーセントとなる。同じような計算は、どのシチュエーションでも可能だ。たとえば、相手ゴールエリアの隅でのポゼッションが、1000ポゼッションあたり17ゴールであった場合、ゴール確率は1・7パーセントとなる。

私たちはオープンプレー（流れのなか）、セットプレー、守備的なポゼッション、コントロールされた意図的なポゼッションなど様々なシチュエーションごとにゴール確率を算出し、それをピッチの各エリアに割り当てた。結果は、ファンなら誰でも直感的に分かるものだ（明白とさえ言える）――平均すると、ポゼッションは相手ゴールに近いほど価値が高まる。

守備的なポゼッションより、自分たちがコントロールするポゼッションのほうが価値が高い。セットプレーでのポゼッションは、相手ボックスから遥かに離れた場所でのオープンプレーのポゼッションよりも価値が高い。短いフリーキックでポゼッションを維持したり、コーナーキックやサイドからのフリーキックでボールをボックス内に入れたりできるからだ。しかし相手のボックス付近や内側では、オープンプレーのポゼッションのほうがセットプレーからのポゼッションよりも価値がある。セットプレーでは相手がボックス内に密集するからだ。

全シチュエーションをラベリングし、各シチュエーションにゴール確率を付ければ、選手がもたらす影響を分析できるようになる。たとえば私たちの分析モデルにおいて、自陣中央付近でポゼッションしているとき（このポゼッションからゴールが決まる確率は0・4パーセントであるとき）、もしもある選手が相手ボックスの隅（ゴール確率は1・7パーセントの場所）にパスを成功させれば、その選手は自チームのゴール確率を1・3パーセント高めるのに貢献したことになる。逆にボールを失うと、チームのゴール確率を0・4パーセント減少させたことになる。こうしたゴール確率の増減が、選手評価の基礎となるのだ。

2007年頃には、Optaが欧州5大リーグ（イングランドのプレミアリーグ、フランスのリーグ・アン、ドイツのブンデスリーガ、イタリアのセリエA、スペインのリーガエスパニョーラ）のイベントデータを集めるようになっていた。またUEFAチャンピオンズリーグとUEFAカップ（現UEFAヨーロッパリーグ）というヨーロッパの大会2つのデータも集めていた。私は2007年の夏をかけてポゼッションバリュー・モデルを開発し、秋にはスパーズに見せる準備が整った。

かつての練習場、スパーズ・ロッジはチグウェルという緑豊かな郊外にあった。グレーター・ロンドン地域の北東の端、M25ロンドン環状高速道路のすぐ内側にある町だ。ロンドンの北環状道路を走り、いつものように運転で疲れを溜めつつ出勤した私は、緊張しながらダミアンのオフィスに座り、自分が作ったモデルの仕組みを説明していた。そして決定的な瞬間が訪れる――私のモデルのなかで、どんな選手たちが最も高く評価されているかを伝えたのだ。数年後、私はダミアンに、このモデルの価値を信じた理由を尋ねてみた。その答えはシンプルだった。「君のモデルの上位には、世界のあらゆるベストプレーヤーたちの名前があったからさ」。ダミアンの仕事は才能を見極めることだ。このモデルが彼と同じような選手たちをエリートだとみなしたのであれば、正しい分析がおこなわれているに違いないというわけだ。

私はプレミアのビッグクラブで働けることに心を躍らせていた。当時スパーズは数年不振に陥っており、たいてい中位に沈んでいた。2005／06シーズン（「ラザニア・ゲート」を覚えているだろうか）[2]と2006／07シーズンは5位で終えたが、2007／08シーズンには中位に戻っていた。スパーズはビッグクラブであり、プレミアリーグ創設以来一度も降格したことがない7チームのうちのひとつだった。スパーズ・ロッジで選手たちに会えるのは興奮した。ものすごく礼儀正しいルカ・モドリッチが、握手しながら「おはようございます」と言ってくれたことや、食堂でトーストにビーンズを乗せただけの朝食を黙々と食べていた負傷中のガレス・ベイルに挨拶したことを覚えている。

スパーズでのキャリアのはじまりと災難の日々

スパーズで働きだして最初の移籍期間は2008年の夏だった。その春、スパーズはリーグカップ（現カラバオ杯）で優勝し、未来はそれなりに明るいように感じられたが、この移籍期間には大きな混乱が起こった。

ダミアンが契約して成功した選手のひとりに、カリスマ的なブルガリア人フォワードのディミタール・ベルバトフがいる。素晴らしいシーズンを送っていたため、マンチェスター・ユナイテッドが獲得に本腰を入れてきた。スパーズはユナイテッドから最大限の移籍金を引き出すべく、交渉をギリギリまで引き延ばす駆け引きを演じ、移籍期間のかなり終盤まで待ってから移籍に合意した。その結果、より多くの移籍金を引き出せたのは良かった。3075万ポンドという移籍金は、当時プレミア史上2位となる高額なものだった。[3]

しかしマイナス面もあった。ベルバトフの代わりを探す時間がほとんどなかったのだ。しかも獲得候補の多くが、すでに移籍先を決めていた。結局スパーズは、スパルタク・モスクワのロマン・パヴリュチェンコと契約することになった。パヴリュチェンコはユーロ2008で良いプレーを見せていたが、ロシアリーグのデータはなかったため、スパーズにとって彼の価値がどれほどであるか、意見を挟むことができなかった。

攻撃面での問題をさらに深刻にしたのは、スパーズのもうひとりのストライカーであるロビー・キーンに対し、リバプールから予期せぬオファーがあったことだった。ベルバトフが去ることを知っていたダミアンは、キーンの移籍金を1900万ポンドという高額に設定したが、驚くことにリバプールは支払いに合意した。スパーズは大金を手にしたが、ベルバトフとキーンの代わりに、パヴリュチェンコとマンチェスター・ユナイテッドからローンで獲得した若いフレイザー・キャンベルという体制で新シーズンを迎えることになる。

ゴールキーパーも、私たちが助言したポジションのひとつだ。「シュート後ゴール期待値（Post-Strike Expected Goals）」（次項のコラム参照）に基づいたゴールキーパーの評価では、2006／07シーズン以降、スパーズのポール・ロビンソンはシュートストップにおいてプレミアで最下位を争うパフォーマンスだった。

その代役候補のなかで際立っていたのがウーゴ・ロリスだ。当時20歳でフランスのニースに所属していたロリスは、私たちのモデルに基づくと、ヨーロッパ最高峰のキーパーだった。ダミアンからはロリスもスパーズに来たがっていると聞かされていたため、データを活用した最初の契約になりそうで、とてもワクワクしていた。

しかし私の夢はすぐに打ち砕かれた。ロリスは、もしスパーズと契約したらフランス代表の候補から外れてしまうという奇妙なアドバイスを受けたのだ。そしてリヨンと契約してしまった。ブレイクしたシーズンで非常に高い数値を記録していたロリスは、それに見合う活躍を続け、最終的に２０１２年にスパーズに移籍してきた。

シュート後ゴール期待値（Post-Strike Expected Goals）

ゴール期待値（第１章のコラム参照）は、ゴールからの距離、角度、プレーの状況などに基づき、そのシュートが得点になる確率を算出するものだ。しかしゴールキーパーを評価するにあたっては、適切なツールではない。

一見すると、ゴールセーブは得点になったシュートの鏡写しに見える。ゴール期待値というのは、あるシュートがゴールになる確率を推定するものだ。ゴールになる確率の高いシュートを防ぐキーパーは、おそらくパフォーマンスが良いと考えられる。

しかし、そこには問題がある。「ゴール期待値」だと、すべてのシュートが正のゴール確率を持つことになる。しかしゴールキーパーは枠外のシュートをセーブする必要はない。そしてゴール上隅に放たれたシュートをセーブするのは難しく、正面に飛んできたミスショットをセーブするのは簡単である。

シュート後ゴール期待値（Post-Strike Expected Goals）は、シュートの軌道に関する情報を追加し、改訂版のゴール期待値を算出するものだ。ゴール確率30パーセントのシュートも、枠外に飛べば0パーセントに下がり、そのシュートがキーパーの近くに飛ぶとたとえば10パーセントに下がり、上隅に飛べば期待値90パーセントに変わるというわけだ。

ゴール期待値は、「あるシュートがゴールになる確率は？」と問うものだ。シュート後ゴール期待値は、「この軌道のシュートがゴールになる確率は？」と問う。こうすることで、シュートの難易度を踏まえたセーブ率を計算できるようになる。たとえばＰＫだけしか機会のなかったキーパーはセーブ率が高くならないだろうが、正面ばかりにボールがきたキーパーは、セーブ率が非常に高くなることが予想できる。

結局、代役に選ばれたキーパーはエウレリョ・ゴメスだった。そのシーズン、スパーズはＵＥＦＡカップでＰＳＶアイントホーフェンにＰＫ戦の末に敗れており、そのＰＫで大活躍したのがゴメスだったのだ。オランダリーグのデータはなかったが、チャンピオンズリーグとＵＥＦＡカップでのゴメスの試合データはあった。それらの試合では彼のシュートストップには問題ないように見えたが、２シーズン分20試合だけのデータだった。そのため分析チームは彼の質について確信を持てない状態だった。

しかしダミアンのみならずスパーズのスカウティング部門もかなりポジティブな意見だったため、ダミアンは安心してゴメスと契約した。この契約は間違いなく、ゴメスがスパーズとのＰＫ戦でセーブしたことや、彼がホーム＆アウェーの2試合を通して素晴らしい活躍を見せ、２点は取られていたであろうところを1失点のみに抑えたことが大きく影響していた。

ゴメスはスパーズに移籍してからも素晴らしいシュートストップを見せた。最初の2シーズンはリーグでも最高峰のキーパーだった。しかし彼は、とんでもないミスをすることもしばしばあった。

私たちはスパーズから、ゴメスをポジティブに評価する分析は正しいのかとたびたび尋ねられた。そうした疑念は、心理学者のダニエル・カーネマンが言うところの「利用可能性バイアス」の事例だったと言える。[4] 劇的な出来事、個人的な経験、鮮烈な事例は、パフォーマンスの評価にバイアスをもたらす。ゴメスのいくつかのミスはスパーズから勝ち点を奪うもので、彼はハイライト番組「マッチ・オブ・ザ・デイ」でひどいプレーを晒すこともあった。私たちの分析では、時おり起こす大きなミスは受け入れるべきだった。シュートセーブについては一級品だったからだ。

セーブは基本的にゴールほど感動的でも鮮烈な出来事でもない。それに、素早い反応や先回りしたポジショニングといった技術を持ち合わせたキーパーだと、下手な選手が華麗に飛んで止めるようなシュートも、何事もなかったかのように止める。そのため皮肉なことに、ゴメスは素晴らしい能力を持っているがゆえに、実際の力よりも印象が薄く見えてしまっていたのだ。

もうひとり私が期待を寄せていたのが、バルセロナから獲得したジオバニ・ドス・サントスだった。私たちの分析モデルでも非常に高く評価された選手だったが、データはわずか１４００分だけ、つまり15試合相当しかなかった。15試合続けて良い数値を残すほうが、30試合継続して良い数値を残すよりも簡単だ。それでもドス・サントスについてダミアンと話し合ったとき、私はデータ算出の元となる出場時間の少なさは強く指摘しなかった。

当時の監督ファンデ・ラモスがドス・サントスを非常に気に入っていたことも獲得の大きな要因だった。くわえてスカウティングレポートもポジティブだったため、ダミアンは契約に踏み切った。

しかし、ドス・サントスはスパーズで成功できなかった――ラモス監督がシーズン開始から8試合目で解任されたことも、チャンスに恵まれない要因となった。2008／09シーズンのスパーズは非常にスタートが悪く、開幕から8試合で2分け6敗という成績だった。ラモス監督とともにダミアンもスパーズを去ってしまい、私はディシジョン・テクノロジー社とクラブの契約も解除されるのではないかと懸念していた。その懸念は、ハリー・レドナップが後任監督となり、ダミアンが務めていたフットボール・ディレクターの役職が不在となったことで拭いきれないものとなった。

的外れだったベイルの評価

ダミアンは2007年に、まだ17歳だったガレス・ベイルをサウサンプトンから獲得していた。しかしベイルのスパーズでのスタートは良いものではなかった。最初の年はシーズンの大部分を怪我で離脱し、この2008／09シーズンも、ハリー・レドナップ新監督のもとで先発の座をつかめていなかった。

クラブはベイルを、ミドルズブラのスチュワート・ダウニング獲得に向けた交渉に付け加える材料とみなしていた。しかもメディアはデータを使ってベイルが優れた選手ではないと主張しており、私にとっては大きな驚きだった。それまで彼がプレミアで先発した22試合、スパーズが1勝もしていないことが問題視されていたのだ。この事実をもとに、彼が優れた選手でないという間違った結論が導き出されていたのだった。

私の分析するベイルは、まったく違う評価だった。先発した22試合でチームはいつも勝てなかったが、彼は際立った数値を残していた。左サイドバックでプレーすることが多かったが、典型的なウインガーのような頻度で攻撃に参加していた。そのせいでスパーズは守備面で苦しんだが、ベイル個人の貢献度は悪くなかった――まだ10代にして、プレミアリーグのサイドバックとして平均レベルの評価を受けていたのである。ただし、優れた攻撃力と不安定な守備力という、ひどく偏った特徴を持つ選手だった。

私たちの分析に懐疑的な人もいたため、他の選手たちについても、先発した場合とそうでない場合でチームが獲得した勝ち点を調べてみることにした。この種の分析法は「プラス／マイナス」と呼ばれるもので、バスケットボールの世界では広く知られ、ある程度有効活用されていたが、フットボールにおいて有効なアプローチとは思えなかった。

もちろん一番悪い成績だったのはベイルだが、ジョナサン・ウッドゲートとレドリー・キングも、この指標で同じく最低の数値だった。ともにイングランド代表でプレー経験のある選手だ。ウッドゲートとキングは怪我を抱えており、出場時間を管理されていた。２人とも強敵相手に起用される傾向にあったため、先発時の勝ち点が低いのも仕方ない面がある。

この２人がスパーズにおける最低の選手だと考えるのはバカげたことだったので、スパーズもベイル先発時の勝ち点が少ないことを過度に気にする必要はないと納得してくれた。ほどなくベイルはひとつポジションを上げて左ウイングとしてプレーし、すぐに頭角を現す。２０１３年にはレアル・マドリードが、８５３０万ポンドを支払って彼を獲得した。

ダミアンがスパーズを去ったあと、私のミーティングはビデオ分析部門を統括するライアン・グルームとおこなわれるようになった。データ分析の理解ある支持者だったライアンだが、多くの仕事を抱えていた。レドナップ監督下でアシスタントコーチを務めていたジョー・ジョーダンなどは、ビデオ分析に熱心なあまり、次のビデオはいつできるかとしょっちゅう尋ねてきて、私たちのミーティングがたびたび中断された。そうやって邪魔されないように、スパーズ・ロッジでのミーティングは止めて地元のパブに場所を移すことになった。

パブでのミーティングでは、ブラジル人選手たちについて話し合った。レアンドロ・ダミアンはブラジル代表としてのプレー経験を持ち、非常に高い得点率を誇っていたものの、よく調べてみると、州選手権で格下のクラブ相手に決めたゴールが多かった。州選手権とは、たとえばアーセナルやスパーズやチェルシーが何カテゴリーも下のバーネット、レイトン・オリエント、ダゲナム&レッドブリッジと対戦するようなリーグ戦だ。そのレベルで記録されたゴール数は、かなり割り引いて考える必要があった。

スパーズは少しずつ前進していった。2009年1月、ベルバトフとロビー・キーンの穴を埋めるべく獲得したのは、ポーツマスでレドナップ監督のもとでプレーしていた元スパーズのジャーメイン・デフォーと……リバプールでほとんど出場しなかったロビー・キーンだった。移籍市場の狂気を見事に体現する例だが、スパーズは半年前にリバプールがキーンに支払った額よりも700万ポンド低い1200万ポンドで再契約したのだった。

2008／09シーズンを8位で終えたスパーズは、2009年夏の移籍市場で、まずストライカーのダレン・ベントを売却しようと計画した。スパーズは2007年にクラブ史上最高額となる1650万ポンドでチャールトンからベントを獲得していたが、ハリー・レドナップはベントに満足していなかった。ベントが簡単に決められそうなシュートを外したあと、レドナップは自身の妻の「サンドラだって決めれたはずだ」と言ったことで知られている。データ分析チームはベントを高く評価しており、売却しないよう進言したが、移籍金１０００万ポンドをベースにパフォーマンス次第で１６５０万ポンドまで上がる契約でサンダーランドに加入した。

ベントの代わりとしてスパーズが獲得したのがピーター・クラウチだった。クラウチも、デフォーと同じくレドナップ監督下のポーツマスでプレーしていた。クラウチとともに、同じくポーツマスでレドナップのもとでプレーしたニコ・クラニチャールも加わった。

このことは駆け出しの私にとっての教訓となった。キャリアを通して何度も思い知ることになる教訓だ。「監督は自分のもとでプレーした経験のある選手を好む傾向にある」。

確かに納得できることだ。一度指揮していれば、その選手の性格や長所と短所を知っている。そのため移籍における多くのリスクが取り除かれる。

クラウチはスパーズで2シーズンプレーし、良い働きをした。ゴールは12本だけだったが、チームメートに数多くのチャンスとゴールをもたらした。２０１１年の夏にはストーク・シティへと移籍し、クラブに少しの利益を残した。30歳を超えた選手としては立派な成果だった。

クラウチと違い、ベントの売却はスパーズにとって損失だった。サンダーランドに移籍してから1年半のあいだに24ゴールを挙げ、市場価値も急騰した。ベントは２０１１年の1月に、アストン・ヴィラと移籍金１８００万ポンドで契約した。成績次第では２４００万ポンドまで上がる契約だ。ヴィラでの最初の

1年半でも成功をおさめ、PKを除いて16得点を記録した。

「データ分析なんて全部クソだよな？」

ハリー・レドナップは、古巣ポーツマスのビデオアナリストをスパーズに連れてくることを切望していた。マイケル・エドワーズは、2003年からポーツマスで仕事をしたあと、2009年11月にスパーズのビデオ分析責任者に就任した。彼はまた、デシジョン・テクノロジーに対応するクラブ側の担当者にもなった。私は、こうした動きを喜ばしく思っていなかった。当時、どういうわけかスパーズの理事会は、ハリーがデータ分析やデシジョン・テクノロジーの仕事を知る必要はないと判断していた。そのため私は、マイケルも単にレドナップを支持する人物なのだろうと考えていた。彼との最初のミーティングは、そういう恐れを裏づけるものだった。

スパーズ・ロッジのスペースは限られていた。11月の寒い曇天の日、マイケルとの初めてのミーティングは、アカデミーが使っている風通しの悪い教室でおこなわれた。「会えて嬉しいよ、マイケル」と私は言った。「友人たちからはエディと呼ばれている」と彼は答えた。練習場でのニックネームは基本的に、苗字の最初の音節にアルファベットの「y」を付けるのである。

エディ（Eddy）はスパーズの練習着――ビデオアナリストたちのユニフォームといえる服装だった。かなり背が低く痩《や》せていて、私よりもさらに分厚い眼鏡をかけていた。そんな変わった外見で、しかもツンツンとがった髪型をしている。サンダーランドの監督ミック・マッカーシーがフラットン・パークで彼を見つけたとき、「おいおい、ジェドワードかよ」と叫んだと、エディは後に教えてくれた。※

※音楽オーディション番組「Xファクター」に出演し、やがてデビューした双子デュオ

私たちはアカデミーの選手たちが出てくるのを待ってから教室に入った。私がノートパソコンを開いていると、エディが口を開いた。

「こんなデータ分析なんて全部クソだよな？」

これは彼の典型的な行動なのだとすぐに知ることになる。エディは攻撃的で戦闘的であり、何であろうと目にしたナンセンスに反論して糾弾することを特別な喜びとしていた。ピーターバラ・ユナイテッドのユースチームに所属する選手だったが、プロで成功するには身体が小さすぎると判断されて放出された。それから情報学の学位を取得し、ＩＴの指導（間違いなく向いてない仕事）に挑戦したのち、フットボール界初の本格的なデータ会社プロゾーンで働いていた友人から仕事を紹介される。

プロゾーンはスタジアムにビデオカメラを設置し、試合をＶＨＳに録画していた。試合が終わると、そのテープはリーズにあるオフィスへと運ばれ、プレーヤー全員のピッチ上の位置が苦労の末に記録されていった。最初期の「トラッキングデータ」である。

ポーツマスでのエディの仕事は、各試合の統計レポートを監督やコーチに提出することだった。問題は、エディが統計データを使えないゴミだと考えていたことだ。その当時、彼の意見は正しかった。

第一に、監督やコーチはデータなど重視していなかったし、第二に、データもエディがフットボールという競技に関して重要だと考えている要素を伝えるものではなかった。私も、ポゼッションバリュー・モデルを開発しながら同じ結論に達していた。パス成功率のパーセンテージには意味がない。全部キーパーにパスを戻せば、簡単に１００パーセントのパス成功率となる。ディフェンスラインを破ることで違いを生むパスは定義上リスクが高く、そのようなパスをする選手のパス成功率はそれよりずっと低くなる。

プロゾーンの主な活用法は、フィジカル面でのデータ収集だった。選手がどれほどの距離を走ったか、スプリントを何回したか。それはトレーニングの計画にいくらか役立ったが、チームの成功とあまり直結する種類のものではなかった。その代わり、士気を上げるための材料として使われていた――試合での走行距離が少ないと、監督がサボるなと喝を入れるのだった。一方の選手たちは、すぐにこのシステムを出し抜き始めた。たとえばポーツマスのある選手は、ボールがタッチの外に出たとき、スプリントでタッチラインまで駆けていってからスローインを投げていた。

そんな様子を見てきたエディがデータに懐疑的になるのも無理はなかった。私は彼にポゼッションバリュー・モデルを説明し始めた。守備的ポゼッションからボールを主体的に動かす意図的なポゼッションに移行すれば、報酬が得られる。ボールを前へと運んでいくと報酬がもらえる。報酬は、相手ゴールに近づくほど高くなる。一方、ポゼッションを失うと点数が引かれる。これで何かを表現できつつあると思っていたが、エディは言った。

「でも使えないよね？　その選手にどれくらいプレッシャーが来ているか分からない。バックパスが最善の選択肢だったということもあり得る」

数学的モデルを信頼してもらう唯一の方法は、長所だけでなく短所も含めて正直に説明することだ。私は正直に、このデータではその選手にどれくらいプレッシャーが来ているかは直接的には判断できないことを認めた。確かにこのデータは完全に試合を説明しきれるものではなく、エディが重要視する要素をカバーしきれていない。しかし不完全ながらも、すべての試合におけるすべての選手のすべての行動を一貫して記録していた。

『Basketball on Paper』（未邦訳）の著者であり、私にとってスポーツデータ界のヒーローのひとりであるディーン・オリバーは、データ分析について雄弁に語ってきた。「優れたスカウトや優れたアナリストは、足を運んで試合を観にいく」と彼は言う。

「その目で試合を観るほうが数字で見るより遥かにいい。しかし、数字はすべての試合に目を配ることができる。そこが大きいんだ！　数字は隅々にまで目を配ることができ、たくさんのストーリーを伝えてくれる。そしてビデオを見たり試合を観にいったりすれば、数字とは違う要素が加わる」

こうしたデータ尊重の考え方に、エディもゆっくりと近づいていたのだった。しかし、そんなことを知らない私は、最初のミーティングで分析のあらゆる欠点をさまざまな言葉を駆使して延々と指摘され続けてキツい3時間を過ごした。ミーティング後、ふらふらになりながら、スパーズ・ロッジの駐車場に腰を下ろして気持ちを落ち着かせようとした。上司のヘンリーに電話して、こう言ったのを覚えている。「スパーズとの仕事は、この先あまり長くないと思います。新しいビデオアナリストはデータを信じてないいんです」。ありがたいことに、それは私の間違いだった。

数値だけでは見えなかったモドリッチのすごさ

スパーズはピッチ内のプレーを改善し続けていた。その一方で、私もエディから際限なく細かな指摘を受けながら、ポゼッションバリュー・モデルを磨いた。同僚のマーク・レイサムが、選手の戦術的な役目やポジション的な役割を理解するためのモデルを開発したため、スパーズの関心に合ったスタイルでプレーする選手を特定する手段も手に入れた。

エディは、私たちの支持者として、モデルを信じ、理解し、長所と短所も把握していた。ユースの選手としてのキャリアを持っていたエディは、私たちの分析で何が分かり、何が分からないかを明確に理解していた。

評価が分かれた選手のひとりがルカ・モドリッチだった。私たちの分析では、彼は疑いなく優れた若手の攻撃的ミッドフィルダーだった。しかしその評価はエディの意見とはかけ離れていた。エディは、モドリッチがチーム内で群を抜いて優れた選手だとまで考えていたのだ。

ヨーロッパからのモドリッチへのオファーがどんどん高額になってきた頃、妥当な後任がいれば売却を検討すべきだと分析チームは助言した。しかしエディはその助言に同意しなかった。初期のモデルに何が足りなかったか理解している現在から振り返ってみると、エディの意見が正しく、私たちは間違っていた。

データ的には、モドリッチのドリブルとパスは優れてはいたものの、ワールドクラスではなかった。だが、すべての試合をビデオで細かく見ていたエディは、モドリッチが非常に狭いスペースでパスを出し、パスを受け、ドリブルをして、他の選手たちのプレッシャーを和らげていることを理解していたのだ。当時は、こうした側面を直接的にデータの形で収集することができず、分析が難しかった。

モドリッチの一件から、選手について評価する際のプロセスが定まった。データ分析による評価を出発点として、そこにエディの判断力で磨きをかける。ほとんどの場合、モデルとエディの意見は一致していたが、モドリッチのような特殊なケースでは、その選手がモデルよりも優れているのか劣っているのかはエディが判断した。

2010年夏の移籍市場は、改善された評価プロセスが試される場となった。ハリー・レドナップのエキサイティングなプレースタイルにはアタッカーが必要で、4人が候補となっていた。リバプールのライアン・バベル、ウィガンのシャルル・ヌゾグビア、エヴァートンのスティーブン・ピーナール、そしてレアル・マドリードでプレーするオランダ人選手だ。

ラファエル・ファン・デル・ファールトは卓越した攻撃的ミッドフィルダーで、2008年にスペインへ移籍するまではハンブルガーSVのスター選手だった。マドリードでは中心選手として扱われず、リーグ戦の出場は2シーズンで31試合のみで、先発しても交代を送られることが多かった。彼以外の候補選手たちは、プレミアの監督たちが好む「プレミアリーグでの経験」が豊富で、そのため市場でも相応の価格となり、移籍金が膨らんでいた。

先発に定着してこそいなかったものの、ファン・デル・ファールトはスペインで素晴らしいプレーを見せていた。ブンデスリーガでも際立っていた。他の候補選手たちもプレミアで活躍していたが、私たちの分析モデルでは明らかにファン・デル・ファールトが最善のチョイスであり、エディも同じ考えだった。彼は移籍期間の最終日にサインした。私も大いに喜んだ。

ファン・デル・ファールトのスパーズでのスタートは素晴らしいものだった――ホワイト・ハート・レーンでの2シーズン、私の期待以上のプレーを見せ、マドリード時代よりも良いといえるほどのプレーだった。しかしハリーは彼を好まなかった。活躍ぶりを目にしても、その思いは変わらなかったようだ。ファン・デル・ファールトがあれほど才能のある選手でなかったら、ハリーは彼をメンバーから外していただろう。ファン・デル・ファールトは選手獲得にデータを活用した最初期の事例だが、彼自身は数字を好んでいない。彼は最近、こう言っている。

「『データ人間《データピープル》』は、速やかにフットボール界を去るべきだ。でないと俺は、3年後にはフットボールを見るのをやめているだろう。本気でね」[6]。

その他のハイライトとしては、エマニュエル・アデバヨールとの契約や、カイル・ウォーカーの引き留めを助言したこともあった。また、当時ヴェルダー・ブレーメンでプレーしていたメスト・エジルの獲得を逃すなど、失意の瞬間もあった。

今にして思うと不思議な感じがするが、15年前は選手のデータがなかなか手に入らず、プレミアのクラブが持っている海外市場についての情報も今よりずっと断片的だった。より優れた選手を見つけるための大まかなガイド、つまり私たちの分析データがあったスパーズは、移籍市場で獲得候補を見極めるにあたり他クラブから一歩先んじていた。にもかかわらず、モドリッチ、パヴリュチェンコ、ゴメス、サンドロなど、当時スパーズが獲得した外国籍選手の多くは、詳細なデータが存在しないリーグから移籍してきた選手たちだった。実際、データを活用した獲得としては、ファン・デル・ファールトがイギリス以外のクラブで初めての選手だった。

不十分なデータでも、違いをもたらした

スパーズでの仕事を振り返ると、ディシジョン・テクノロジー社は違いをもたらしたと言える。スパー

ズはマンチェスター・シティとともに「ビッグ4」のなかに割って入り「ビッグ6」となっていったが、それには私たちの助言も重要な役割を果たした。2009／10シーズンと2011／12シーズンは4位で終え、当時プレミアでクラブ史上最高順位と勝ち点を記録。そしてチャンピオンズリーグの出場権も初めて獲得した。

1992年から2008年まで、スパーズはプレミア中位のチームで、シーズンの平均勝ち点は51だった。ディシジョン・テクノロジーと提携を結んでからは、チャンピオンズリーグに出場するほどのチームに成長し、2008年から2019年はシーズン平均勝ち点69を記録した。

私がスパーズと仕事をした2008年から2012年の平均勝ち点は63だったが、この改善は誤差でないとは言い切れない。しかし、それは少ない移籍金で達成されたものだ。この期間、スパーズは選手を安く買って高く売却し、5シーズンでの支出はリーグで上から7番目で、ストーク・シティやアストン・ヴィラよりも低く、サンダーランドよりも少し高い程度だった。スパーズの給与総額も、チャンピオンズリーグに出場する他のビッグクラブよりも遥かに低いままだった。

スパーズの成功には多くの要因があった。チームにおけるハリー・レッドナップのリーダーシップ、ダニエル・レヴィの賢明な経営とクラブ運営、そしてエディの優れたビデオ分析や私たちの助言に対する解釈。

デシジョン・テクノロジーでの私たちの仕事も、成功に貢献した要因だった。私たちは、良い契約を推薦し、優れた選手たちは放出しないように提案し、疑わしい契約を避けることで、スパーズが成功する確率を高める手助けをした。スパーズでの仕事はやりがいのあるものだったが、第三者であったためクラブの実際の意思決定に関われないことも多かった。

スパーズは、おそらく、私たちの働きに満足していたと思う。しかし私は大きな不満を抱えていた。プレミアリーグのビッグチームに助言するのはエキサイティングなことではあったが、実際に下された意思決定の過程や理由がほとんど分からなかったからだ。助言が取り入れられるときもあれば、そうでないときもあり、なぜそうした決定になったのかは基本的に伝えられなかった。私たちは意思決定プロセスにもっと多くの貢献ができると信じていたが、スパーズはディシジョン・テクノロジー社と一定の距離を保ち続けた。やがて、そこに新たな不満が加わった。エディが去ったのだ。

エディは、ポーツマスでハリーやコーチたちと何年も仕事を共にしてきたが、ファン・デル・ファールトとの契約のあとから、彼らとの関係が少し悪化していた。2010年、ハリーはエディにこう詰め寄った。

「ファン・デル・ファールト。ファン・デル・ファッキン・ファールトだよ。あいつはお前の契約だ、エディ、俺じゃない」

ハリーのコーチ陣も口を挟んだ。

「このデータ分析は全部クソだ。デタラメだと分かっていて、なぜ選手との契約に使うんだ?」

コーチたちの文句は不当なものだった。エディは理事会から頼まれて私たちのデータ分析を解釈し、理事会の意思決定に活かしていた。彼はファン・デル・ファールトの獲得を推薦したが、契約を決めたのはエディではない。ほどなくエディはスパーズを去ったが、ここで働く楽しみもエディとともにほとんど消え去ってしまった。私もそろそろ変化を考える時期かもしれなかった。

第3章 まだ来ぬ赤い夜明け――リバプールでの幕開けと苦闘

フットボールで『マネー・ボール』は実現できるか

ディシジョン・テクノロジーとスパーズはプレミアで独占契約を結んでいた。しかし別のリーグのチームと仕事をすることは許されていたため、会社は評判を広めるべく私を諸外国に派遣した。そのミッションは失敗に終わった（私は良いセールスマンではなかった）ものの、広めようとしていたメッセージは信じていた。「効果的なデータ分析は、（とりわけ移籍市場における）意思決定プロセスを改善でき、チームを優位にする」。

2012年の初めまでに、私は多くの時間と労力を費やしてディシジョン・テクノロジー社のサービスを売り込もうと試みていた。ドイツ、フランス、アメリカのクラブと話をした。強い関心を示すクラブもあったが、どうしてか契約までには至らなかった。スパーズは成果を出しつつあったが、他のチームが私たちのサービスに列をなすほど魅力的なサクセスストーリーではなかったようだ。

『マネー・ボール』は、プロ野球チーム「A's（エーズ）」（オークランド・アスレチックス）とビリー・ビーンGMが、少ない予算からは想像もできないほどの成功をおさめた様子を描いた本だ。データ分析を活用し、過小評価されている選手を見極めていく物語である。この作品が同名タイトルで映画化され、2011年にブラッド・ピット主演で公開されたにもかかわらず、各クラブにデータ分析の価値を信じてもらうには至らなかった。

しかも、映画でも主人公として描かれたビーンが、「フットボールには感情が入り込みすぎているから、効率の悪い部分がたくさんあるはずだ。それはつまり、多くのチャンスがあるということだ」[1]と語っていたにもかかわらずだ。ブラッド・ピットでさえ説得できないのなら、私にどんなチャンスがあるというだろう？

一方、ジョン・W・ヘンリー率いるフェンウェイ・スポーツ・グループ（当時はニューイングランド・スポーツ・ベンチャーズと呼ばれていた）が、2010年の10月にリバプールを買収していた。ジョンは、大豆の先物取引からスタートし、統計的手法を使って株式市場で富を築いたアメリカの億万長者だった。

さらに遡って2002年、フェンウェイ・スポーツ・グループ（FSG）はメジャーリーグのボストン・レッドソックスを買収していた。ジョンは、ビーンとアスレチックスが切り開いた統計的アプローチが予算規模の大きなチームにも適用できると考えたのだ。1918年以来ワールドシリーズを制することができていない「呪われた」レッドソックスは、データ分析のアプローチを取り入れて大きな成功をおさめた。買収から2年後の2004年には、86年ぶりにワールドシリーズを制覇。2007年と2013年にもワールドシリーズで優勝している。ジョンは同じ方法論をフットボールにも導入できると信じていた。

FSGがリバプールを買収したとき、私の心は沈んだ。ようやく、データ分析に関する私たちの意見に耳を傾けてくれ、おそらくスパーズよりも遥かに大きな規模で意見を取り入れてくれそうなオーナーが現れた。しかし私が働くディシジョン・テクノロジー社は、トッテナム・ホットスパーと長期独占契約を結んでしまっていたのだ。

しかし、すぐに希望が見えてきた。ダミアン・コモリだ。スパーズでデータ分析を取り入れてくれたダミアンは、2010年末にフットボール戦略ディレクターとしてリバプールに雇われたのだった。もしかしたら私たちのサービスを取り入れてくれるかもしれない。

●フェンウェイとの出会い

2012年4月、私は会社から自宅への帰路についていた。電車の座席から窓の外を眺め、どことなく憂鬱な気分でいると、電話が鳴った。聞きなじみのある声だ。「ジョン・ヘンリーと会いたくないか？木曜にリバプールに来るんだけど、君に会いたがってるんだ」。

2011年11月に、エディはダミアン・コモリにヘッドハンティングされ、リバプールのパフォーマンス&分析部門の責任者に就任していた。そしていま私とエディは、ディシジョン・テクノロジー社がスパーズとの契約を解消してリバプールと仕事をする道はないのかと意見を交わしている最中だった。互いに、この質問に答えが不要であることは分かっていた。断ることなどできるはずもない。

数日後の朝にミーティングが設定されたが、私の乗った列車がクルー駅近くの線路に放置されたソファーにぶつかり、大幅に遅延してしまった。線路から残骸《ざんがい》が片付けられるのを見ながら、大事な約束に遅れていることにひどくもどかしさを感じていると、エディから再び電話があった。

「一応言っておくけど、ダミアンはもういないんだ」

「いないってどういう意味？」

「クラブを辞めた。彼はもうリバプールの仕事をしていない」

「そっか。ミーティングには向かったほうがいい？　話はまだ生きてる？」

「ああ。向こうはまだ君に会いたがってる」

2時間ほど後、私はリバプールの練習場メルウッドにあるダミアンの元オフィスで、皆を待ち構えていた。窓からはグラウンドが見えたが、練習は私が着いた頃には終わっていた。ダミアンがいた痕跡はオフィスから何もなくなっていた。

エディ、ジョン・ヘンリー、そしてトム・ワーナー（リバプールの会長）が入ってくる。トムはアメリカのテレビプロデューサーでもあり、ショービズ界特有の気さくさをまとっていた。「やあ、元気かい？　会えて本当にうれしいよ。あなたの仕事の話を聞くのがすごく楽しみだ」。反対に、ジョンは何も言わなかった。トムとエディが座った。私も座った。ジョンは立ったまま口を開かない。ジョンとトムの対照的な様子には戸惑った。沈黙ワールドカップなんていうものがあれば、ジョンは少なくとも準決勝までは進むだろう。

やがて、相変わらず立ったまま、ジョンは両手をテーブルに置いて私のほうに身を乗りだした。私の目をまっすぐ見つめながら、静かな声でゆっくりと言った。「イアン、私は君より有利な立場にある。いや、違うな。とてつもなく有利な立場だ。とてつもないアドバンテージがある」。

何を言われているのか分からず、私は答えた。「あー……そうですか」。

「私にとてつもないアドバンテージがあると言っているのは、君がリバプールのファンだということを知っているし、私たちのために働いてくれるだろうと分かっているからだ」

その頃のリバプールの成績は芳《かんば》しいものではなかった。アメリカ人実業家のトム・ヒックスとジョージ・ジレットがクラブを買収したのは2007年のことだった。ピッチ上の成績は急速に下降していき、新監督ロイ・ホジソンの守備的なアプローチによってさらに悪化した。ピッチ外では、ヒックスとジレットがレバレッジド・バイアウト（借入金で買収し、その借入金を買収対象企業に返済させる手法）でクラブを買収した結果、クラブに負債が生じていた。しかし返済の見込みが立たず、資金を提供する銀行などがクラブを新しいオーナーに売却するよう迫った。そして2010年10月、ジョン・W・ヘンリーとFSGが3億ポンドでクラブを買収したのである。

そうして2012年4月に、ジョン・ヘンリーが夢のような仕事のオファーをしてきたのだった。実際にはその場で同意して働くことになったわけではなかったが、私がそこで働くだろうというジョンの意見は正しかった。会社とスパーズが専属契約を結んでいるのなら、私だけをリバプールが雇ってしまえばいい、というのがエディによる無神経だが華麗な解決策だった。

成績の不振やスタッフの解雇でリバプールは混乱していた。前シーズンは勝ち点58で終えており、1試合あたりの獲得勝ち点において、プレミアリーグになってからクラブ史上4番目に悪い成績だった。翌シーズンが終了する2012年5月には、クラブ史上最低の勝ち点52を記録していた。そして私は2012年6月から仕事に就くことになっていた。

やるべきことはたくさんあった。2009年夏以降、リバプールはシャビ・アロンソ、ハビエル・マスチェラーノ、フェルナンド・トーレスといったワールドクラスの選手を売却していた。そして入ってきた選手のほとんどはインパクトを残すことができていなかった。アルベルト・アクイラーニ、アンディ・キャロル、クリスティアン・ポウルセン、ポール・コンチェスキー、チャーリー・アダムといった選手に費やした資金は実を結ばなかった。

さらに悪いことに、リバプールは深刻なフォワード不足に直面していた。クレイグ・ベラミーとマキシ・ロドリゲスは契約が終了し、ディルク・カイトには契約に変わった条項があり、バーゲン価格でオランダのチームに移籍する予定となっていた。多くの資金を投じて集められたチームだったがパフォーマンスは悪かった。しかもマンチェスター・ユナイテッド、アーセナル、チェルシーの強さや、マンチェスター・シティとトッテナム・ホットスパーを加えて「ビッグ4」が「ビッグ6」に変わったことを考えると、リバプールが成功する可能性は未だかつてなく低下していた。

この仕事をオファーされてから了承するまでの期間で、私はスパーズの仕事を辞める必要があった。スパーズは2011／12シーズンの終わりにハリー・レドナップ監督を解任していた。同じ時期に、リバプールもクラブのレジェンドであるサー・ケニー・ダルグリッシュ監督と袂《たもと》を分かつ決断を下していた。そしてどちらのクラブも、後任候補は非常に限られていた。ロベルト・マルティネスとブレンダン・ロジャーズだ。利害関係が衝突してしまうため、私はスパーズへの助言を続けることはできなかったのだ。

ボストン・レッドソックスを訪れ、憧れの「スター統計学者」に会う

当時の私は知らなかったが、ＦＳＧによるヘッドハンティングプロセスは数ヶ月前から始まっていた。私がディシジョン・テクノロジーを代表し、ボストンのＭＩＴスローン・スポーツアナリティクス・カンファレンスに出席したときのことだ。アメリカで年に一度開かれる、スポーツ統計マニアたちによる会議である。アメリカのスポーツがメインだったが、そこでは「サッカー」も存在感を増していた。

私は、その前年に同カンファレンスで初となるサッカー関連のイベントで講演をしていたのだった。そしてこの年は、すでにリバプールで働いていたエディも参加していた。カンファレンス最終日、彼は私にこう尋ねた。「明日ビル・ジェイムズに会いたくないか？」。

これは統計オタクである私にとって、リバプールファンがケニー・ダルグリッシュに会いたくないかと聞かれたのと同じようなものだ。ビル・ジェイムズとは、『マネー・ボール』にまつわる実在のスターだった。あまり知られていない統計学者だったが、ゆっくりと蓄積されていった彼の仕事が、野球におけるパフォーマンスの測定方法を刷新し、やがてデータによる革命を巻き起こすことになる。そしてジェイムズは２００３年にジョン・ヘンリーに雇われ、ボストン・レッドソックスで働くこととなった。そんな彼に会う機会を得たのだ。

風が吹き荒れる凍《い》てつく寒さの日曜。エディと私はボストンのダウンタウンからレッドソックスの本拠地フェンウェイ・パークまでタクシーで行くことにした。その道中で、どうしてビル・ジェイムズと会えることになったのか聞いてみた。

「ジョン・ヘンリーが提案してくれたんだよ。ビルなら野球でデータがどのように活用されているか教えてくれるし、チームに本当の変化をもたらす方法について良い助言をくれるだろうからってね」

スタジアムは閑散としていた――シーズンが始まるのはまだ1ヶ月先だったからだ。そのため本当にスタジアム内でミーティングの予定があるのだと警備員に信じてもらうのに少し時間がかかった。階段を上って案内されたオフィスに、ビルと彼の同僚のトム・ティペットが待っていた。ビルは温かく迎えてくれ、コーヒーを出してくれた。そして話をするために着席すると、ビルがフットボールについて尋ねてきた。

「サッカーのことは詳しくないんだ。ヨーロッパにはたくさんの異なるリーグがあるよね。あるリーグのプレーヤーが別のリーグで活躍できるかどうか、どうやって判断してるの？」

彼の心遣いに私は感銘を受けた。野球データ界の王が、私たちのスポーツのことも気にかけてくれるなんて。私は質問に答えた。昇格、降格、カップ戦、そして欧州規模のクラブ大会などを通して、各リーグ間のゴールの交換レートのようなものを作り出すことができる。たとえばプレミアリーグでの得点は相対的に難しいものであるため、その交換レートを使って他リーグでの得点を割り引いて考えることができる。

同僚のトムのほうはフットボールについて知っていた。ジョン・ヘンリーが雇った人物で、野球のコンピュータ・シミュレーション・エンジンを開発したことを受け、レッドソックスに加わっていた。

トムは、その交換レートを同一リーグ内の別チームにはどう適用するのかを知りたがった。バイエルン・ミュンヘン相手よりボーフム相手の方が得点しやすいのでは？　私は答えた。ええ。交換レートはチームごとに違います。そして質問は続いた。移籍市場はどういう仕組みなの？　選手のパフォーマンス測定は、チーム内の役割に応じてどう調整してる？　データから守備についてどんなことが分かる？　選手のスキルは年齢とともにどう変化していく？

私は喜んで質問に向き合った——2012年当時、フットボールにおけるデータ分析に少しでも関心のある人に会うのは珍しいことだったのだ。しかし90分ほど過ぎた頃からは、レッドソックス成功の秘訣についていつ尋ねようかと考え始めていた。

だが、そうした質問をする機会が訪れる前にミーティングは終わってしまった。ビルは親切にもフェンウェイ・パークを案内してくれたが、仕事の話はしなくなっていた。球場のダイヤモンドを歩きながら、ビルはピッチャーとバッター間の距離に触れ、野球選手はアスリートとしてとても過小評価されていると語った。外は凍てつくような寒さだったが、フットボーラーのほうがオールラウンドなアスリートとして遥かに優れていると意見すると、その場の空気はさらに凍りついた。

また、「ファンの喜び総量保存の法則」というビルの自説についても詳しく説明されたのを覚えている。強豪チームが勝つと、数多くいるファンは（そもそも勝つことを想定しているため）少しだけ満足する。一方、小さなチームが勝つと、そのファンたちは大喜びする。そのためファン全体の喜びの総量は、どのような試合結果であろうと一定に保たれるという考えだ。

ボストンのダウンタウンに戻りながら、私はエディに言った。「なんだか変なミーティングだったね。こっちから全然野球のことを聞けなかった」。エディも同じ意見だった。FSGの人たちから知らされたわけではないが、振り返ってみると、ビルとトムは私を雇っても問題ないかどうか、エディを上位の役職に就けても問題ないかどうか意見を求められていたのだと思う。彼らは徹底した調査をおこなった。

ビルは1週間後に再び連絡をくれ、フットボールでのデータ戦略に関する彼なりの見解を伝えてくれた。そのなかで彼は、フットボールにおけるデータ分析のほうが野球よりも遥かに困難な状況にあると（正しく）推測していた。

野球には数値にまつわる膨大な記録と伝統があるうえ、それを熱心に分析する人々が数多くいた。一方フットボールには、そういったものが一切なかった。また、野球に大金を投じたオーナーたちは、チームの意思決定者にプロフェッショナリズムと説明責任を求めるようになっていたが、そうした動きはフットボールでは始まったばかりだった。彼のくれた助言のいくつか（たとえば分析好きなファンたちのコミュニティを育むことなど）は、従うべきだったが実行できなかった。

私たちが従ったアドバイス、そして彼がくれたなかで最も重要だったアドバイスは、「君のやっていることに理解を示してくれない人たちと話をして時間を無駄にするな」だった。幸い、ジョン・ヘンリー、マイク・ゴードン、そしてFSGの他のメンバーたちは、オーナーとして私たちの仕事に理解を示し、データ主導で説明可能なクラブ運営を追求していた。

「委員会が馬をデザインするとラクダのような出来になる」

リバプールでの初日を迎えるまでの数週間は、ほとんど眠れなかった。何せ子供の頃から応援してきたクラブだ。しかもFSGという新オーナーは、データ主導のアプローチを導入することを野球で実証していた。おまけに、ふたたびエディと仕事をすることになる。

ビデオ分析官時代に磨かれたエディの優れた選手眼と私のデータ分析が組み合わされば、移籍市場でも敵なしだろう。エディはバリー・ハンターとデイブ・ファローズもリクルートしており、間もなくマンチェスター・シティからやってくる。彼らはリバプールのスカウティング部門を全面的に刷新し、若い才能の発掘という点で大きな優位性をもたらしてくれるはずだ。

しかし、すぐにすべてが狂いだした。私や他の新メンバーが仕事に就く前に、リバプールはやむなく監督を交代させざるを得なくなったのだ。FSGはケニー・ダルグリッシュの解任を決めたのである。ケニー・ダルグリッシュは散々な成績だったロイ・ホジソン政権を引き継ぎ、2012年2月にはリーグカップを制したものの、2011／12シーズンのプレミアリーグで満足ゆく成績を残せなかった。

後任候補はふたり。スウォンジー・シティで周囲の予想を上回る結果を残してチームを昇格させ、プレミアリーグ初年度で中位に導いたブレンダン・ロジャーズか、プレミアリーグで弱小クラブのウィガン・アスレティックを3年にわたって率い、成功をおさめていたロベルト・マルティネスだ。より有力な候補だったブレンダンが監督に選ばれ、就任が決まった。

同時にFSGは、エディとクラブのマネージングディレクターであるイアン・エアの協力を得ながら、ダミアンの後任となるフットボールディレクターも探していた。しかし、この後任探しは予期せぬ形で終わりを告げた。ブレンダンが就任初日のメディアインタビューで、こう語ったのだ。

「自分がコントロールしている方がいい仕事ができる（中略）私はフットボールディレクターと直接仕事をすることはない（中略）もしスポーツディレクターが必要なら、それを連れてきてから監督を選べばいい。だがそうする場合、私は監督を引き受けないだろう」[2]

ブレンダンは正しかった。私たちは先にスポーツディレクターを連れてくるべきだったが、彼の発言でそれができなくなった。契約前に、この点に関するブレンダンの意見を確認しておければよかったのだが。代わりに妥協案で合意することとなった。ブレンダン、イアン・エア、エディ、デイブ、バリーからなる委員会が結成されることになったのだ。私も非公式のメンバーとなったが、ありがたいことに対面で会議に参加する必要はなかった。やがて「移籍委員会」と呼ばれるようになるこの集まりは、他の多くのクラブの仕組みと大差なかった（スパーズも同じような形でスポーツ面の決定を下していた）。リバプールが他と違っていたのは、この委員会の存在が公然の事実になっていたことだ。

2012年、ブレンダンが最優先した移籍はジョー・アレンだった。この22歳のウェールズ代表MFは、スウォンジー・シティでブレンダンのもと、プレミアリーグ最初の年を成功のうちに終えていた。リバプールでの最初の仕事のひとつとして、私はオーナーからアレンについての意見を求められた。

スウォンジーでの彼の役目は中盤の中央でボールをテンポよく回していくことであり、ブレンダンのバルセロナ的なスタイルにおける重要なピースだった。そのためブレンダンは、チームのプレースタイルにとって欠かせない存在だと考えていたのだ。数字を見ても、アレンのパス成功率は91パーセントと優秀だった。同じシーズンのプレミアリーグで2000分以上プレーしたMFのうち、彼よりも高い成功率を記録したのはチームメートのレオン・ブリットンだけだった。パスの成功はチームの勝利と「相関関係」にはあるが、「因果関係」にあるのだろうか？

ポゼッションバリューの視点から見ると、アレンのパスはかなり無難なものが多く、スウォンジーの得点機会をプレミアリーグの平均的なMF以上に高めるようなパスではないことが見てとれた。リバプールのMFスティーヴン・ジェラードとルーカス・レイヴァのパスを見ると、調整前のパス成功率こそアレンより遥かに低い数値だったものの、ゴールの確率を高めるという点ではずっと効果的だった。

もちろんジョー・アレンが悪い選手だと言っているのではない。彼は素晴らしい選手だ。私も同じウェールズ人だから、彼が長らくウェールズ代表でガレス・ベイルとアーロン・ラムジーに次ぐ3番目に優れた選手だったことはよく理解している。事実、アレンがいないときのウェールズ代表は、たいてい苦戦していた。

しかし、数値の上では非常に高く見える彼のパス成功率が、リバプールの中盤を本当の意味で改善するとは考えにくかったのである。ブレンダンが彼を「ウェールズのシャビ」と称したのは、かなり誤解を招く表現だった。アレンのスキルはプレミアの多くのチームに価値をもたらすだろうが、リバプールにもたらす価値は限定的だった。

ブレンダンによる高い評価を知っていたスウォンジーは、アレンの移籍金を1500万ポンドとかなり高額に設定していた。急いで埋めるべきポジションが他にあるのに、移籍予算の大部分をMFに費やすのは気が進まなかった。

ブレンダンがアレンの次に獲得を目指したのがギルフィ・シグルズソンだった。ジョー・アレンと同じく、ブレンダンがシグルズソンにこだわったのは、認知バイアスを示す良い例だった。両選手ともプレミアリーグでの経験があり、どちらもブレンダンのもとでプレーしたことがあった。問題は、シグルズソンのプレーにおける最も優れた部分がセットプレーのキックであった点だ。リバプールではスティーヴン・

ジェラードがセットプレーを蹴っている。右利きのセットプレーの名手をもうひとり増やすことでチームに追加される価値はわずかなものだった。

獲得を希望する選手に対してことごとく反論をぶつけることからブレンダンとの関係が始まってしまったのはかなり気まずかったが、「チームを改善するために必要な選手像」という点で、ブレンダンの考えはエディや私と大きく異なっていたのだった。

当時のリバプールには、ストライカーが決定的に不足していた。ディルク・カイト、クレイグ・ベラミー、マキシ・ロドリゲスの退団が決まっており、補充する必要があった。分析チームのトップターゲットはチェルシーで余剰戦力となっていたダニエル・スタリッジだった。しかしブレンダンは反対した。彼の希望はファビオ・ボリーニ。またしてもスウォンジーで指導した経験のある選手だ。

さらにブレンダンがオーナーたちに対し、フェルナンド・トーレスの穴を埋めるべく1年半前に3500万ポンドで契約したストライカーのアンディ・キャロルを出場させないと告げたことで、状況はより悪化していた。私はトム・ワーナーから、キャロルのことについてブレンダンと話してみてほしいと頼まれた。

統計的アプローチに耳を貸そうとしない監督

ブレンダンとの最初のミーティングは、出だしからうまくいかなかった。私たちの統計的なアプローチを説明すると、ブレンダンは洞察力鋭くこう言った。

「あのグレアム・テイラーのロングボール戦術と何が違うんだ？」

実際、サッカーの統計分析における先駆者チャールズ・リープはワトフォード時代のテイラーと仕事をしており、ポゼッションバリューに似た考えに基づいてロングボール戦術を支持していた。リープの統計モデル自体は確かなものだったが、そこから導き出された結論――ロングボールのほうが効果的だという結論――は確かとは言えなかった。しかし、そんなことはどうでもいい。とにかくブレンダンが関心を失っている。なのに今からアンディ・キャロルの話題を持ち出さねばならない。

「ブレンダン、あなたのスタイルにアンディ・キャロルのようなプレーヤーが合わないのは分かってる。あなたの長期的なプランに彼の入る場所がないことも理解できます。でも、オーナーたちは彼に大金を投じてしまっています。もし私たちが今シーズン彼の価値を高めて次の夏に売却することができれば、来年使える移籍金が増えます。毎試合先発で使ってほしいと言っているわけではないのですが、たとえば自陣のゴール前を固めることしか考えていないような下位チームとアンフィールドで対戦していて、60分を過ぎても相手を崩せなかったようなとき、選手交代で投入するのはどうでしょう？　プランBとして。何点か決めたら次の夏に売ることができます」

当時のキャロルの市場価値は、それまでで一番低い状態にあった。リバプールでの1年半ではプレミアリーグで6ゴールしか記録しておらず、このままブレンダンの要望通りに退団してしまったら高い移籍金は望めない。支払った巨額の移籍金すべてを回収するのは不可能だろうが、プレーさせることで彼に対する市場の関心が高められれば、何分の一かは回収できるかもしれない。

ブレンダンは私の提案をまともに受け止めなかった。自分のプランAは十分すぎるほどであるためプランBは必要ないという。私はイギリスの名高い偉人オリバー・クロムウェルの言葉を借り、「どうかお願いです、キリストの憐れみの心で、自分が間違っている可能性もあるとお考えください」とブレンダンに再考を促そうかと考えたが、その言葉は届かないだろうと判断した。そのためブレンダンが、リバプールの監督として最初のプレミアリーグの試合で（ウェスト・ブロムウィッチ戦の0対3で負けているとき）キャロルを投入したのは驚きだった。しかし程なく、別のチームで輝いてくれればと、キャロルはウェストハムへレンタルに出された。

この経験は私にとって痛烈な教訓だった。クラブ運営を近代化しようという私たちのお利口なアイデアなど、すべての意思決定を完全にコントロールする伝統的なイングランド流のやり方でクラブを取り仕切ろうとする監督の前では、たたき潰されてしまうのだ。ピーター・ドラッカーも語っていたように、「企業文化は戦略など簡単に打ち負かす」。

リバプールにおけるブレンダンのアプローチは十分に理解できるし、合理的であったとさえ言える。私が彼の立場だったとしても、同じような選択をしていたかもしれない。

監督という仕事は非常に不安定なものだ。少しでも成績が悪いとクビになるリスクがある。監督なら誰しも、新しいオーナーから「自分たちは他とは違う」「長期的な視点で見ている」「結果ではなくプロセスや内容で評価する」と言われたことがあるはずだ。そして、ものわかりの良さそうなオーナーたちの立派な言葉を真に受けた多くの監督が、数ヶ月後には解任されてきた。この仕事に付きもののプレッシャーや不安定さを考えると、自分の信頼できる選手を揃えたいだろう。自分のもとでプレーした経験のある選手は信頼できる。要するに、監督はすべての決定を自分の思い通りにコントロールしたくなるものだ。

ブレンダンは監督という仕事について「飛びながら飛行機を組み立てていくようなものだ」[3]と語っている。リバプールは、監督がその飛行機の操縦に専念できるようなシステムを構築しようと試みてきた。しかしブレンダンとしては、その飛行機を組み立てるエンジニアたち自体を信用できなかったのだ。ジョー・アレンが悪い選手でないのと同じように、ブレンダンも悪い監督ではない。しかしリバプールの戦略とは合わない監督だった。あの就任初日のインタビューの時点で、そのことを世間に告げていた。彼は完全なコントロールを求めたが、そうした決定権をめぐる綱引きが3年のあいだ続くことになる。

「SAS（スアレス&スタリッジ）」に救われる

2012／13シーズン

チームはバランスを欠いたメンバー構成のままシーズンに突入し、12月末の段階で勝ち点28しか取れず、開幕から20試合の成績としてはプレミアリーグでリバプール史上3番目に悪い成績となっていた。新ストライカーのファビオ・ボリーニは9月に負傷し、得点はルイス・スアレスとスティーヴン・ジェラードに頼り切りだった。

2013年1月、ついにブレンダンは攻撃面での問題に対処すべきだという意見を受け入れた。幸運にも、ダニエル・スタリッジはまだチェルシーから獲得可能だった。リバプールが本気であることを分かってもらうために、エディはスタリッジの長所と短所を分析した動画を作った。それをブレンダンがスタリッジに見せ、彼がリバプールで本当に必要とされていること、彼のためのプランがあること、先発でレギュラーになるだろうことを伝えて説得してもらった。

2013年1月の移籍市場で、ブレンダンが狙ったもうひとりのターゲットは、当時チャンピオンシップのブラックプールに所属していたトム・インスだった。私たちの分析では、彼がリバプールのチーム力を向上させることはないだろうと思われたが、成功はスキルと同じくらい運にも左右される。ノーベル経済学賞を受賞した行動経済学者のダニエル・カーネマンは、成功の公式として「成功＝才能＋幸運」、「大成功＝少しだけ多くの才能＋たくさんの幸運」と語っている。そして私たちには、まもなく幸運が訪れることになる。インスの獲得はほぼ合意に達していたが、リバプールが契約を急ごうとしているのを察知したブラックプールは、土壇場で契約条件を変更してきたのだ。それを受けて私たちのオーナーは契約から手を引いた。誰もが、また別のアタッカーを探す必要があると考えていたが、エディには解決策があった。

フィリペ・コウチーニョは、私が大好きな選手のひとりだ。エディが最初に彼に目をつけたのは2010年10月、スパーズがチャンピオンズリーグでインテルと対戦したときのことだった。誰もが覚えているのはガレス・ベイルのことだろう。グループリーグでインテルと対戦した第1戦ではハットトリックを記録し、第2戦ではブラジルの右サイドバックであるマイコンの守備をズタズタに切り裂いた。

しかしエディはそのとき、小柄なコウチーニョに特別なものを見いだしていたのだった。彼は当時18歳になったばかりで、第1戦にインテルのスタメンとして出場していた。エディはサミュエル・エトーやヴェスレイ・スナイデルといったスター揃いのチームのなかでも、コウチーニョこそがベストだと考えた。マンチェスター・シティではイタリアのリーグを主に担当していたバリー・ハンターも、非常に気に入っていた。

コウチーニョの契約はデータ主導ではなかったものの、マウリシオ・ポチェッティーノ監督の指揮するエスパニョールにローン移籍した際のデータでは、非常に優れた選手であることが示されていた。わずか19歳にして、私たちのデータ上はプレミアリーグの平均的な攻撃的MFを上回るパフォーマンスを見せており、10代としては非常に高い基準をクリアしていた。スペインのクラブへのローンは半年のみで、プレー時間も1500分未満だったが、数年前のドス・サントスと同様、限られたデータながら私たちの分析モデルでは高く評価されていた。そして決定的だったのは、コウチーニョがまさにブレンダンの好むタイプの、技巧派でテクニカルなブラジル人選手であったことだ。そうして、トム・インスの代わりにコウチーニョを獲得することで意見が一致した。

そのシーズンは最後の18試合で33ポイントを獲得した。それはトップ4入りに必要なペースに近いものだった。スタリッジとコウチーニョはすぐにレギュラーとして定着して結果を出した。夜明けは近いのかもしれない。

あと一歩で及ばず

2013/14シーズン

夏の移籍市場では、シモン・ミニョレ、ママドゥ・サコ、イアゴ・アスパス、ルイス・アルベルトら、私たちのデータ分析で優れた数値を記録した選手たちを獲得した。一方で逃してしまったのが、アトレティコ・マドリードで目覚ましい活躍を見せていたジエゴ・コスタだった。彼は24歳で、センターフォワードやワイドフォワードとしてプレーできる選手だった。どちらのポジションでもデータ面でとても優れており、契約の可能性を考えるだけで非常に楽しみだったが、コスタには問題点もあった。スカウティングオフィスで、彼の「ハイライト」映像を見た広報担当のマット・マッキャンが青ざめていたのを覚えている。

たとえば、ある試合前のウォームアップ中、コスタはボールボーイを転ばせ、泣かせてしまっていた。他の試合でも、試合中に唾を吐いたり、相手を踏みつけたりしていた。しかし、そうした横柄な態度を踏まえても、コスタはあまりに優れていて、獲得を検討する価値があったのだった。ところが、ブレンダンの最優先候補はアストン・ヴィラのストライカー、クリスティアン・ベンテケだった。最終的にはコスタにオファーを出すべきだと意見がまとまり、契約解除金を支払うことを申し出た。だが残念ながら遅すぎた。コスタはリバプールへの移籍を望まず、アトレティコと新しい契約を結んだ。

迎えた2013／14シーズン。ルイス・スアレスが（相手選手への噛みつきによる出場停止処分の影響で）不在だったにもかかわらず、開幕から3試合連続で1対0の勝利を飾り、好調なスタートを切った。3試合ともダニエル・スタリッジが得点し、新守護神のミニョレも3試合連続で無失点を記録してデビュー戦ではPKさえ止めてみせた。少し予想外な、タイトル争いの始まりだった。

2012／13シーズン終盤の好成績を受け、私たちはリバプールがリーグで5番目の力を持つチームだと判断していたが、トップ4との差はそれほど大きくないと考えていた。この2013／14シーズン開幕時点で、私たちはチャンピオンズリーグ出場権獲得の可能性を45パーセント、リーグ優勝の可能性を5パーセントと見積っていた。

攻撃陣にもタレントが揃う。スタリッジはシーズン21ゴール、スアレスは31ゴールを記録し、コウチーニョとラヒーム・スターリングも成長を続け、得点やアシストで貢献した。ジェラードとジョーダン・ヘンダーソンは中盤から創造性をもたらし、センターバックのマルティン・シュクルテルさえ、コーナーキックから7得点を記録した。

リバプールは大量得点で多くの試合に勝利した——ストークに5対3、ノリッジに5対1、アーセナルに5対1、アウェーでスパーズに5対0。しかし失点も多く、ブレンダンが好む「試合を支配するポゼッション」や「デス・バイ・フットボール」※とは異なる、攻撃的なカウンタースタイルが展開されていた。

私は数学的な理由から、ワイルドな攻撃スタイルを好んでいた。相手よりも強いチームであれば攻撃すべきであり、得点の報酬は失点のリスクを上回る価値があるからだ。理由はシンプルで、勝つと3ポイント、引き分けだと1ポイントだからである。1981年にジミー・ヒルが提案した革新的な勝ち点制度だ。強いチームにとって引き分けは悪い結果と言える。

攻撃の価値を直感的に理解するために例を挙げよう。[4] アーセナルが下部リーグのレイトン・オリエントと対戦したとする。スコアは分からないが、この試合で5つのゴールが生まれたと聞いたとしよう。アーセナルが勝った確率はどのくらいだと感じるだろう? 逆に、1ゴールしか生まれなかったと聞いた場合、アーセナルが勝った確率はどのくらいだと感じるだろう? 得点が少ない試合は格下に有利であり、彼らが守備的なアプローチを採用するのは当然だ。

3月末の時点で、プレミアリーグの優勝を争う主なライバルはマンチェスター・シティだった。彼らは

※ポゼッションをして相手にフットボールをさせない哲学。相手をフットボール的に封殺する

アブダビの資金による変革から4年半を経て、現代サッカーの強豪へと成長していた。シーズン第34節ではアンフィールドでシティと対戦し、3対2のスリリングな試合をものにした。残り4試合で7ポイントリードしていたが、シティは2試合が未消化であったため残り6試合の状態だった。タイトル獲得は自分たち次第であり、優勝確率は46パーセントと予測していた（チェルシーにも可能性があった）。自分たちを優勝の最有力候補と評価したのはシーズンで初めてのことだった。

続くアウェーでのノリッジ戦は、またしても神経をすり減らすような試合となったが、辛うじて勝利。その試合、私はテレビで観戦していた。残り10分、ノリッジが同点を狙って攻勢を強めていたところで部屋に入ってきたパートナーは、怖くて見ていられず床に胎児のような姿勢で丸まっている私を発見した。それを見た彼女は、感情を切り離して観るようにしないと40歳までに心臓発作を起こすよと助言してくれた。

優勝候補の位置にいたが、私たちはタイトルを逃した。チェルシーにホームで負け（チェルシーのモハメド・サラーがアンフィールドで初出場を果たした記念すべき試合でもある）、アウェーのクリスタル・パレス戦では前半3対0のリードから3対3で引き分けた。

優勝のチャンスを逃し、私は大いに落胆した。当初の予想を上回り、勝ち点84の2位となったものの、シーズンは失望のうちに終わった。新加入選手たちに関して言えば、レギュラーとして活躍したのはミニョレとサコだけ。ミニョレはシーズン序盤こそ好調だったものの、その後大きくブレーキがかかっていた。その他の新加入選手ルイス・アルベルトとイアゴ・アスパスはほとんど出番がなかった。

アスパスはチェルシーとの重要な一戦でミスを犯した。アディショナルタイムに蹴ったコーナーキックが相手へと渡って失点につながったのだ。それまでは慣れないポジションでの起用にもかかわらず、数少ない出場機会で良いプレーを見せていた。しかしチェルシー戦でのミスは強い印象を残す代償の大きなものだった。彼は戦犯のような扱いをされ、ブレンダンもローン移籍をあっさり許可した。

彼がスペインに戻ってキャリアを立て直し、ラ・リーガで106ゴールを挙げたことはとても嬉しく思っている。2016／17、2017／18シーズンではラ・リーガでメッシ、ロナウド、スアレスに次ぐ得点ランキング4位につけ、2018／19シーズンではメッシとベンゼマに次ぐ3位だった。

ルイス・アルベルトもローン移籍でクラブを去ったあと、ラツィオで成功をおさめた。エディは、選手獲得において定性的・人間的な評価を誤った例としてアルベルトを挙げている。成功には才能だけでは足りない。アルベルトとリバプールの文化が合わなかったため、彼の成功のチャンスを損ねてしまったが、当時の私たちはそうした側面にまで注意を向けることができなかった。

エースのルイス・スアレスは、前シーズンに退団を申し出ており、それを聞きつけたアーセナルがオファーを提示してきた。契約解除金とされる額にプラスアルファとして1ポンドだけ上乗せした、4000万1ポンドで。ジョン・ヘンリーは、そうした提示に憤慨し、「エミレーツでは大麻か何か吸っているんだろうか？」とツイートした。

2013／14シーズンはスアレスのリバプール最終年になるだろうことは分かっていた。しかし事態をややこしくしていたのは、彼がワールドカップでイタリアのジョルジョ・キエッリーニに噛みつき、ふたたび長期の出場停止処分を受けたことだった。

彼は世界最高峰の選手だったため、かなり高額での移籍を期待していたが、この処分により10月まで試合に出られず、移籍先の候補は尻込みした――レアル・マドリードは獲得の意思を示していたものの、この噛みつき事件で考えを変えてしまった。最終的にバルセロナが6500万ポンド（当時のレートで約90億円）で契約に合意したが、私たちが夏の初めに期待していた金額よりは低かった。この資金は賢く使っていかねばならない。

第4章 ヘビーメタル・フットボール――クロップ登場

虎の子の90億円を浪費する

2014/15シーズン

2014年の夏の至上命題は、ワールドクラスの選手であるスアレスの穴を埋めることだった。スアレスの移籍をめぐってバルセロナと交渉していたため、バルセロナがアレクシス・サンチェスを売却してくれるのではないかと問い合わせてみると、前向きな姿勢を示してきた。これは朗報だった――サンチェスはスアレスの後任として信頼できる世界でも数少ない選手だったからだ。

この案にはブレンダンも否定的ではなかったが、彼はサウサンプトンのアダム・ララーナを狙っていた。ララーナは優れた選手だが、プレミアリーグでの経験だけでなく、イギリス人という国籍、そして柔らかな洗練されたスキルを持っていたため、非常に高価な選手だった。ブレンダンは「10番《ナンバー・テン》」（1人か2人のストライカーの後ろでプレーする中央の攻撃的ミッドフィルダー）を用いることが多かったため、ララーナに合うポジションはあったが、そこはコウチーニョにとっても最適な場所であり、彼はララーナよりも優れた選手だった。2013/14シーズンには、スターリングやヘンダーソンもそのポジションを担っていた。

2012年の夏と同じく、選手補強に対する移籍委員会の優先順位は、ブレンダンの考えと一致しなかった。さらに悪いことに、私たちはサウサンプトンがララーナの代役としてレッドブル・ザルツブルクのウィンガー、サディオ・マネ獲得の準備を（ララーナの移籍金より低い金額で）進めていることを知っていた。私はリバプールがマネを獲得してはどうかと提案したが、無駄だった。

結局ララーナとの契約は成立したが、私たちがサンチェスに目を向けたときには、アーセナルのアーセン・ヴェンゲル監督が密かに出し抜き、ブラジル・ワールドカップ中にサンチェスと面会していた。私は、リバプールに来たほうがアーセナルで支払われる額よりも稼げたはずだと考えているが、サンチェスの決断はすでにアーセナル移籍に傾いていた。

その夏、私たちは他にも多くのフォワードを検討したが、移籍委員会のメンバーが全員一致で獲得に同意するような選手を見つけるのは難しかった。ブレンダンはクリスティアン・ベンテケが大のお気に入りだったが、データ分析ではリバプールのプレースタイルに適しているとは言えなかった（彼とは結局2015年に契約することになる）。アンディ・キャロルがブレンダンのスタイルに合わないことは誰もが認めるところだったが、ベンテケも似たような「ターゲットマン」タイプだった。

そのタイプの選手がブレンダンのシステムで成功するかどうかを確かめる実験として、もっと少ない移籍金で契約してみる、というのがエディのアイデアだった。32歳のリッキー・ランバートは、サウサンプトンで数シーズン活躍を見せてきただけでなく、プレースタイルもベンテケに似ていた。そうして私たちは、ベンテケに巨額の移籍金を払うリスク抜きで、「ターゲットマン」がリバプールに合うかを４００万ポンドで試すことができた。

もちろんランバートはスアレスの代役ではなかったものの、他にフォワードを探す時間もなくなりつつあった。そんなとき、私たちのポゼッションバリュー・モデルで際立った評価を示した若い選手がいた。彼は数シーズンにわたってプレミアリーグの平均を上回るパフォーマンスを続けており、プレミアリーグやヨーロッパでの豊富な経験を持ったイタリア代表でありながら、まだ24歳だった。その彼が、わずか1600万ポンドで市場に出ているなんて信じられなかった。リバプールがマリオ・バロテッリと契約したとき、私はとても興奮した。

エディもバロテッリが才能ある選手だということには同意していたが、彼はプレーしたすべてのクラブで物議を醸していた。選手獲得にあたってのエディの仕事は、データによる評価、スカウティングやビデオ分析部門の意見、監督の考え、その契約による財務面への影響、そして何より心理面やカルチャーへの適合といった「人的要素」を踏まえて総合的に判断することだった。

バロテッリの過去の行動は懸念材料だったが、そうしたリスクは私たちが軽減できるかもしれない。当時リバプールは心理学者スティーブ・ピーターズの力を借りていた。そのためバロテッリについて意見を仰げば、より安心して契約に進めたり、逆に契約を取りやめたりできただろう。しかしスティーブは休暇中で、バロテッリと話す時間を取れなかった。そこで代わりにブレンダンがメルウッドでバロテッリと会い、そのミーティングは滞りなく進んだ。これならうまくいくかもしれない……

移籍委員会は意見に折り合いをつけ、センターバックのデヤン・ロブレン、左サイドバックのアルベルト・モレノ、若手ミッドフィルダーのエムレ・ジャン、そして若手ストライカーのディボック・オリギを獲得していった。全員、退団する主力選手の代わりとして、あるいは将来のための契約だった。

もうひとつ、攻撃陣での大きな補強だったのが、ベンフィカでプレーしていた20歳のウィンガー、ラザル・マルコヴィッチだった。データ分析ではそれなりに優れた選手に見えたが、何年も前のジオバニ・ドス・サントスと同じく、限られた時間のデータしかなかった。2014年当時、私たちのデータ提供会社はポルトガルリーグを完全にはカバーしていなかったのだ。いずれにせよ、マルコヴィッチの数値は2007／08シーズンのドス・サントスほどには目覚ましいものではなかったうえ、私には限られた出場時間のデータに重きを置き過ぎたことで痛い目を見た経験もあった。

しかも2000万ポンドという移籍金は非常に高額だった。同じ夏、アントワーヌ・グリーズマンはアトレティコ・マドリードに3000万ユーロで、サディオ・マネはサウサンプトンに1180万ポンドで移籍している。

それでもマルコヴィッチは、ヨーロッパ全体のスカウト部門において2013／14シーズン最注目の若手であり、リバプールのスカウト部門からのレポートも非常にポジティブなものだった。データ分析と周りの評価に差があり、判断しかねたエディはみずから20試合分の動画に目を通した。そのなかでエディは非常に良いパフォーマンスも非常に悪いパフォーマンスも目にした。若手の選手は質に波があるもので、悪いパフォーマンスの試合があるのは自然なことだ。

しかし振り返ってみると、問題はスカウティングがおこなわれた試合にシーズン最高のパフォーマンスが集中していたことだった。それゆえ私たちのスカウト部門によるレポートも、過度に肯定的なものとなっていたのだ。他のクラブのスカウトも同じような形で彼を高く評価していたようで、結局リバプールがマルコヴィッチと契約すると、ヨーロッパ中のクラブから祝福された。このときほど多くの祝福を受けた契約は他に経験がない。

２０１４／１５シーズンのプレミアリーグについては、成功ではなかったという点以外、成績について語れることはあまりない。チームで一番のフォワードだったダニエル・スタリッジは度重なる負傷に苦しみ、7試合しか先発できなかった。マルコヴィッチ、バロテッリ、ランバートらの新戦力も、それぞれ11試合、10試合、7試合しか先発していない。得点の頼みの綱はラヒーム・スターリングのみだった。

バロテッリは特に不運に見舞われ、得点面でキャリア最悪のシーズンを過ごした。リーグは6位でシーズンを終え、ＦＡカップ準決勝のアストン・ヴィラ戦では、ベンテケに先制点を決められて敗北。そしてスティーヴン・ジェラードのリバプール最終戦では、1対6でストーク・シティに屈辱的な大敗を喫した。２０１５年5月以後、マルコヴィッチもランバートもバロテッリも、ふたたびリバプールで試合に出場することはなかった。

私たちは嘲笑の的だった。スポーツ専門メディア「ブリーチャー・レポート」では、記者のダンカン・キャッスルズが「リバプールの移籍委員会は壮大な失敗だった」と題する記事を執筆した。[1] あるプレミアリーグの監督は、こんなことを言った。「あの男（私のこと）は完全なオタクだった。あのプログラム（私が設計した選手分析システム）は馬鹿げていた。ディフェンダーやミッドフィルダーやフォワードがどうあるべきか、彼独自の視点から数値が設定されていた。そんな数値は馬鹿げていて、不正確だった」。

ターゲットマンの獲得にこだわった末路

この2014/15シーズンで移籍委員会には終止符が打たれるかと思ったが、そうはならずに継続し、またしてもブレンダンと意見が対立した。2014/15シーズンの主力フォワードだったラヒーム・スターリングはマンチェスター・シティへの移籍に合意していた。シティが提示した給与に対抗することができず、私たちは彼への4900万ポンドのオファーを受け入れた。そのためふたたびフォワードの補強が必要になった。

リッキー・ランバートでの実験が失敗に終わったにもかかわらず、ブレンダンが2015年夏の移籍市場でトップ・ターゲットに挙げたのはクリスティアン・ベンテケだった。彼のベンテケへの執着は、エイハブ船長の白鯨《はくげい》への執心さえ一時的な気の迷いに見えるほど、長期にわたる強烈なものだった。ベンテケはリバプール戦でいつも素晴らしいプレーを見せていた。6度の対戦で5ゴール1アシストを記録しており、どうやっても防ぎようのない選手に思えた。しかし、彼のリバプール戦での成績は、他の大半のチームに対する成績よりも遥かに良かった。

何より重要なことに、彼はブレンダンのプレースタイルに合わなかった。私は同僚のダフィド・スティールと共に、選手を分類するツールを構築していた。その分類のなかで言えば、ベンテケは間違いなく「ターゲットマン」だった（次項のコラム参照）。ターゲットマンの役割は、ロングボールやクロスの受け手となり、ヘディングで得点を決めることだ。ターゲットマンの存在は効果的なものになりうるが、その長所を生かして短所を最小化するチームづくりが必要だった。そしてリバプールのチームづくりはターゲットマンに向いたものではなかった。

●選手の分類

ある選手の役割を考えるとき、多くの人はチームのフォーメーションや、そのなかでのポジションを思い浮かべる。それも確かに有効だが、各選手が自分の役割をどのように理解するかは、監督の指示や自身が本能的に好むプレースタイルによって大きく変わってくる。

たとえばユルゲン・クロップ監督のチームにおける左サイドバックは、攻撃参加の機会があるたびに前線へと上がっていくだろうが、トニー・ピュリス監督のチームの左サイドバックは、センターバックかのように引いて守備に専念するかもしれない。同様に、中央のストライカーにも、フィルミーノのようにストライカーと攻撃的ミッドフィルダーを混ぜたような「偽9番」タイプや、ベンテケのような「ターゲットマン」、あるいはアーリング・ハーランドのような「生粋のゴールスコアラー」タイプもいる。

私たちは選手の役割を特定するにあたり、イベントデータを使用した。各選手の役割は事前に定義せず、データのパターンから自然と抽出されるものに分類した。

最初のステップは、データを相関のない主要な変数にまで簡略化することだった。データ提供会社は、およそ60種類のイベントについてデータを収集していた（16種類のパス、5種類のシュート、ヘディング、タックル、ファウルなど）。私たちは、各選手が各イベントをどれくらいの頻度でおこなったかを算出する。それから、そのイベントが発生した位置情報も加える。その選手が前線まで上がってプレーするのか、後ろにとどまるのか、サイドに開くのか、中央にとどまるのか、それとも動きまわるのか。そうしたデータを集計すると、巨大な表ができあがる。横の行が選手1名を表し、縦列にはイベントの発生頻度と位置情報が連なる。

選手1名につき70種類ほどのプレー要素に分解していたが、それでは項目が多すぎてデータを消化しきれないうえ、多くの要素が互いに相関していた。たとえばクロスを頻繁に上げる選手は、サイドに開いてプレーする傾向にある。そのため、主成分分析という統計手法を用いて、70種類の要素をいくつかの合成変数（主成分）にまで集約した。この手法では、相互に強く相関するプレー要素を特定し、それらを合成してグループ化することができる。こうして、元々70種類あったプレー要素を9つの主成分にまで簡略化した。

9つの主成分は、直感的にも理解しやすかった。「守備」という成分には、クリア、シュートブロック、オフサイドを取る守備などのほか、ピッチの後方にとどまるといったプレーも含まれる。これらはセンターバックに関連するプレー要素だ。「ヘディング」は主にターゲットマンやセンターバックが担う役割であり、「ドリブル」は言わずとも分かるだろう。「シュート」にはもちろんシュートが含まれるが、コーナーを獲得する行動や前線にとどまること、ボールを回収する機会の少なさとも関連している。そしてミッドフィルダーに関連したさまざまなパス（ロングパス、ショートパス、クロス、創造的なパス、セットプレーなど）がひとつにまとめられた。「タックル」には、当然タックルもあるが、守備的ミッドフィルダーがおこなうような、ファウルをしたりイエローをもらったりといった「汚れ仕事」も含まれていた。

こうした9つの主成分を使って各選手の役割を記述することで、それぞれの選手を特定のカテゴリーに分類することができた。センターバック（ヘディングと守備）、サイドバック（クロスと守備）は明確に分けることができ、ミッドフィルダーは4タイプ（破壊者《デストロイヤー》、ダイレクトパサー、オールラウンダー、ナンバー10）、ウィンガーは3タイプ（守備的ウィンガー、伝統的なクロッサー、サイドから中央にカットインしていく「ワイドフォワード」）に分けられた。また、フォワードには3タイプあり、ターゲットマン、生粋のゴールスコアラー、そしてその両方を兼ね備えたハイブリッドタイプに分けることができた。

このツールを開発する際、私たちは意図的に「質」という要素は無視した。たとえば、さまざまな種類のパスはカウントされるものの、それらがポゼッションバリューに与える影響は除外した。それは、「どのようなタイプの選手か」という問いと、「どのくらい優れた選手か」という問いを分けて考えたかったからだ。この分類法は、たんに「どんなタイプか」を知るものであって、この分類をもとに同カテゴリー内の選手同士を比較できるようになった。

ターゲットマンは誤解されることが多い。背の高さや身体の強さだけではターゲットマンにはなれない。ズラタン・イブラヒモヴィッチやディミタール・ベルバトフのような選手がターゲットマンと表現されることがあるが、彼らのプレースタイルは、本物のターゲットマンであるアンディ・キャロルやクリスティアン・ベンテケよりも、リオネル・メッシのほうが共通する部分が多い。

こうした誤解は「その選手の役割は何か?」という難しい問いを「その選手は背が高く、最前線でプレーしているか?」という簡単な問いに置き換えた結果かもしれない。ある程度の時間をかけてイブラヒモヴィッチやベルバトフのプレーを見れば、彼らがターゲットマンでないことは明らかだった。

一方エディン・ジェコやロメル・ルカクのような選手はターゲットマンに近い特徴を持っていたが、このカテゴリーには分類しなかった。背が高くて身体が強いこともあってターゲットマンの仕事をこなすことができるが、彼らは足でシュートを打つ頻度がターゲットマンよりも遥かに多かった。こうした選手たちのことは「ハイブリッド・ストライカー」と呼んでいた。ターゲットマンの役割も生粋のゴールスコアラーの役割も、それぞれ部分的にこなしていたからだ。

２０１４年、ベンテケはブレンダンにとってスアレスの代役候補の筆頭だった。そして２０１５年、リッキー・ランバートでの実験が失敗したにもかかわらず、なおもベンテケが最優先の候補だった。

２０１５年の私は、ベンテケではなくエヴァートンのロメル・ルカクの獲得を支持していた。ルカクもまた「ハイブリッド」ストライカーであり、ベンテケのようなターゲットマンの役割だけでなく、リバプールのプレースタイルにより適した他の強みも持っていた。

しかし、この計画が実ることはなかった。リバプールのＣＥＯイアン・エアにとっては気の進まない任務だったが、「公園《パーク》を渡って」（スタンリー・パークを渡って）エヴァートンへと獲得交渉に行くと、キッパリと「リバプールには選手を売らない」と断られたのだ。

どのみち、断られてもあまり関係がなかった。ブレンダンのなかでは、ルカクとベンテケのどちらかを選べと言われたら、千回あっても千回ともベンテケを選ぶといった調子だったからだ。ここで仕事を始めてからの数シーズン、移籍委員会の一番の仕事はチームにまったく適していない選手の獲得を避けることだと感じていた。ベンテケは非常に優れた選手だが、リバプールには確実にマッチしていなかった。

選手獲得をめぐる議論は長らく続いた。私はメルウッドにフルタイムで常駐していなかったことをありがたく思った。エディのように毎日議論に参加していたら、２０１５年の夏を迎えるよりもずっと前に辞めていたことだろう。

何年にもわたってベンテケについての議論を続けた末に、オーナーたちが彼の獲得を認めそうになっていて驚いた。私は獲得しないよう強く進言した。トップクラスのチームのなかでターゲットマンを使っているチームはほとんどないことを示す分析も見せた（唯一の例外は、オリヴィエ・ジルーを使っていたアーセナル）。オーナーたちはベンテケがスタイルを変え、リバプールではターゲットマンのようにプレーしないかもしれない、と考えていた。そこで私は、さらなる調査をおこない、データベースを漁《あさ》りまわって、移籍後にプレースタイルを変えたターゲットマンがいないか探した。しかし、あらゆるリーグやシーズンを分析しても、プレースタイルを変えたターゲットマンの代表例や成功例は見当たらなかった。

オーナーたちとエディは慎重を期し、ベンテケの契約にあたって「シナリオプランニング」や、心理学者ゲイリー・クラインが提唱する「プレモーテム（事前検死）」をおこなった。プレモーテムは、自分たちの下した決定が失敗したと仮定し、「失敗の理由」や「決定に伴うネガティブな結果」を想像するものだ。ベンテケが機能しないであろう理由は明白だった――彼のスタイルはリバプールにフィットするものではない。獲得に伴うネガティブな結果としては、不要な余剰戦力となる可能性が挙げられた。

エディは、ベンテケがプレミアリーグで成功をおさめてきたという事実や、プレミアリーグのなかでターゲットマンを使うチームの数から、彼と契約したいプレミアのチームはどんなときも必ずあると考えていた。リバプールで失敗しても、買い手は存在するはずなので、財政的なリスクは大きくないだろうと判断していたのだ。

ベンテケに対するブレンダンの考えは理解できた。こちらが最善のプランで試合に挑んでも、ベンテケはいつもリバプール相手に点を決め、私たちとの対戦では本当に優れた選手に見えた。自分のチームとの対戦で何度も点を決める相手選手、という心理的影響はとてつもなく大きいに違いない。しかし、たいていの場合「この選手が自分たちとの対戦で良いプレーをしたか?」という問いの答えと、「この選手と契約すべきか」という問いの答えは異なるものだ。

実はお買い得だった「世界最高峰の若手」フィルミーノ

2015年の夏におけるもうひとつの大きな補強が、ロベルト・フィルミーノだった。彼とジェームズ・ミルナーは、移籍委員会が主導した契約のなかで2013年1月のコウチーニョとスタリッジ以来、久々に非の打ちどころない成功と呼べる選手だった。データ分析がフィルミーノ獲得の原動力となったが、私たちのモデル内で最初から価値の高い選手として際立っていたわけではなかった。データを深く掘り下げて初めて彼の価値を理解できたし、エディがフィルミーノは過小評価されていると主張していなければデータを見返すこともなかったかもしれない。

私たちは候補選手のパフォーマンス分析だけでなく、クラブの財務分析もおこなっていた。そのためには市場にいる選手たちの移籍金や給与を理解しておくことも重要だった——つまり、市場が金銭的に過大評価している選手や過小評価している選手を把握することだ。結局のところ、「マネーボール」の定義とは、パフォーマンスを向上させることではなく、クラブが費やす1ポンドあたりのパフォーマンス向上率を最大化させることだ。マンチェスター・ユナイテッドのグレイザー一家という明らかな例外を除いて、莫大な支出をすればほとんど誰もがチームのパフォーマンスを向上させることができるだろう。

私たちはフィルミーノの属性から推定し、移籍金を1900万ポンドと見積もった。彼はブンデスリーガの中堅クラブであるホッフェンハイムで4シーズンプレーしており、契約期間はあと2年だった。これらの要因から移籍金は控えめなものになると予想された。さらにドイツでプレーしていたため、「プレミアリーグでの経験」というプレミアム価格が乗せられることもなかった。若手フォワードでブラジル人であることは移籍金を押し上げる要因だったが、ブラジルのユース年代や代表での経験がないことは移籍金が上がらない要因となっていた。もちろん、ほかの要素がフィルミーノとすべて同じで、プレミアリーグ経験があり、ブラジル代表で20試合の出場経験を持つ選手がいるならそちらの方がいいが、そのほかの要素がすべて同じ選手などいないし、そんな経験を持つ選手は高額になる。

ボルシア・ドルトムントもフィルミーノとの契約に関心を示し、すでに2500万ユーロのオファーを出していたため、獲得するにはそれ以上を支払う必要があった。エディはフィルミーノが市場で大幅に過小評価されていると確信しており、彼との契約のために2900万ポンドを出すようオーナーたちを説得した。

フィルミーノが市場で正当に評価されていないと判断できる要素はいくつかあった。彼はほとんど怪我をせず、過去4年にわたりホッフェンハイムのほぼ全試合に出場していた。空中戦に強く、ゴール数は多くなかったものの（ブンデスリーガ4シーズンで10ゴール以上は1回のみ）、チャンスを作る力に秀でていた。

さらに、3つのポジションでプレーできるため――この点は長所のはずだが、弱点と見なされていたようだ――他のチームは彼がセンターフォワードなのか、攻撃的ミッドフィルダーなのか、それともウィンガーなのか、判断を迷っていたのだ。リバプールのコーチングスタッフでさえ、彼をどこに配置するべきか迷っていた。良い選手であることは認めつつも、チーム内での適切な役割を見いだせなかったのである。

私の観点では、複数ポジションがこなせる選手は大きな資産である。フィルミーノが3つのポジションをこなせるなら、それらのポジションに必要な選手数が少なくて済む。もうひとり、2015年の移籍市場での成功例――フリー移籍で加入したジェームズ・ミルナー――も、まさに同じ強みを持っていた。

私たちのデータ分析もフィルミーノの柔軟なスタイルに惑わされていた。ともかくストライカーのカテゴリーに分類されていたが、シュートの数値が高いわけではなかったため、ストライカーとして際立ってはいなかった。エディから、フィルミーノが多くの試合で10番タイプとしてプレーしていると言われ、私たちは再度評価をおこなった。同僚のダフに、試合ごとのフィルミーノの役割を分析する仕事を任せた。

私たちの選手分類ツールを使えば、各試合における選手の役割を判定することができる。これにより、フィルミーノが「ストライカー」の役割を務めた試合を他の「ストライカー」と、「10番」としての試合を他の「10番」タイプの選手と比較することが可能になった。そうして比較した結果、「10番」としてのフィルミーノは、ヨーロッパでも最高峰の若手プレーヤーであることが分かった。フィルミーノを上回る評価を得ていた若手選手――アレクシス・サンチェス、ハメス・ロドリゲス、イスコ、オスカル、ポグバ、ラムジー――は、ほとんどがチャンピオンズリーグに出場するビッグクラブでプレーしており、

2015年当時のリバプールの序列では非現実的なターゲットだった。

エディはフィルミーノとの契約においてデータ分析の貢献を讃えてくれているが、エディの意見がなかったら、私たちはより詳しい分析には取り組まなかっただろう。20～30試合分の動画を見るというエディの新しい分析プロセスからも、フィルミーノはパフォーマンスの波こそあるものの、特別な才能を持つ可能性が示唆されていた。

監督解任と新しい候補

2015／16シーズン

フィルミーノとミルナーを獲得したにもかかわらず、シーズンのスタートは落胆するようなものだった。8節を終えた段階で、勝ち点はわずか12。フィルミーノが先発したのは3試合だけだった。ベンテケは最初の6試合に先発して2得点を記録したが、6試合目でハーフタイムに交代させられた。こうした結果から我慢の限界を迎えたオーナーたちは、2015年10月にブレンダンを解任した。この解任には同情の声が多く挙がった——外部からは、移籍委員会の存在によって成功が阻まれているように見えたからだ。

メディアにも批判が並んだ。『デイリー・メール』紙のニール・アシュトンは、次のような批判を記した。

「ホッフェンハイムは昨シーズンのブンデスリーガで8位に終わったにもかかわらず、そのブラジル人フォワードのロベルト・フィルミーノを獲得するために2900万ポンドも支払うことにした理由を、いまだに委員会は説明していない」

『インディペンデント』紙の見解はこうだ。

「エドワーズが提唱した分析手法は、きわめて平凡な選手に過大な評価を与えるようだ」

『ガーディアン』紙のバーニー・ロネイは、こう書いている。

「リバプールは、この5年で50人と契約してきた。1シーズンに1チーム分だ。現在のメンバーは5人の異なる監督のもとで、バラバラな戦略に基づき、直近では移籍委員会という〝マネーボール〟スタイルを気取った深い考えもない寄せ集めの組織によって補強されたものだ」(なんて辛辣なんだ、バーニー⁈)。

クラブのレジェンドのひとり、ジェイミー・キャラガーも、スカイスポーツでコメントを残している。

「チームにはウィンガーがおらず、10番タイプが余っている。どうやって彼らを組み合わせるつもりだったのか、移籍委員会の考えが分からない。センターフォワードが4人、10番が3～4人いて、ウィングがいない。このメンバーには質やバランスの面で問題がある」


多くの補強が失敗であったことは事実だ。外部からは移籍委員会こそがすべての元凶だったように見えただろう。それでもオーナーたちは、共に作り上げてきたプロセスを信じ続けた。

私たちが契約した選手の多くは、ブレンダンの好みと彼以外の委員の意見が食い違い続けた結果として、第5、6、7番目の候補だった。スタリッジやコウチーニョの成功を受けてブレンダンと委員会の関係がより協力的になることを期待していたが、そうはならなかった。どのシーズンも、アレクシス・サンチェスやジエゴ・コスタといった第一候補について、データを用いて説得を続けているあいだに他クラブに獲られる始末。獲るべき選手の特定・検索プロセスは基本的に確かなものだったが、結果が伴わなかった。提案した選手はほとんど獲得されず、獲得してもしぶしぶ使われるだけだった。

次にどのような監督を選択するかで、分析モデルに対するオーナーたちの信頼が問われる。ユルゲン・クロップは最有力候補であり、ドイツ人監督であることが大きな文化的アドバンテージだった。協力的に仕事をする環境に慣れていたからだ。「移籍委員会」といった制度は2015年当時のイギリスではまだ異端視されていたが、ドイツではまったく物議を醸すようなものではなかったのだ。

ブンデスリーガでは、監督はスポーツディレクターの下に位置付けられる役職であり、選手の獲得にはほとんど意見を挟まなかった。リバプールに来たら、オーナーたちはユルゲンにブンデスリーガの大半の監督よりも遥かに大きな権限と影響力を提供できる一方で、ユルゲンは権限を持ちながらも協力的に仕事をできる。

私とエディは、ブレンダンの解任を事前に知らされ、ユルゲンや他の候補者たちのキャリアを分析するよう指示されていた。ユルゲンに関しては懸念の声もあった。ドルトムントでの最終2014／15シーズンが壊滅的な状況だった――ヨーロッパ最高峰のチームがドイツで7位に転落していた――からだ。

それでも私たちはユルゲンの能力に太鼓判を押した。そしてユルゲンもオーナーたちに「チーム全体を作り直す必要はない」と語って強烈な印象を与えた――他の候補者たちとは対照的な意見だったのだ。クラブはオファーを出し、それをユルゲンが受けてくれたことに私たちの誰もが喜び、胸を高鳴らせた。

私が最初にユルゲンを知ったのは2009年のことだった。スパーズの獲得候補リストにドルトムントの選手たちが載り始めた頃だ。それまでほとんど聞いたことのない選手たちだったが、ネヴェン・スボティッチ、マッツ・フンメルス、ヌリ・シャヒンは、私たちのポゼッションバリュー・モデルでヨーロッパ屈指の若手プレーヤーとして頭角を現しつつあった。まもなく、候補リストにはマリオ・ゲッツェ、ロベルト・レヴァンドフスキ、香川真司も加わった。優秀に見える選手たちがひとつのチームからこれほど多く出始めたならば、そのチームに注目せざるを得ない。

そしてドルトムントは期待を裏切らなかった。とてもエキサイティングで超攻撃的なゲーゲンプレス・スタイルのプレー。それ以来ジョン・ヘンリーも私もユルゲンのスタイルのファンだった。さらに決定打となったのは、彼が過小評価されている若手選手たちの力でいくつものタイトルを勝ち取ったという事実だ――それはまさに、私たちが獲得を目指しているタイプの選手たちだった。

●ドイツサッカーとの不思議な縁

不思議な偶然から、私はユルゲンがリバプールの監督候補となる随分前の段階で、ドルトムントが低迷した2014／15シーズンを分析していた。話は2015年3月に遡る。古くからの知人であるホルガー・ルールに招待され、ドイツサッカーリーグ機構（Deutsche Fußball Liga、DFL）の年に一度のアナリスト会議でプレゼンテーションをおこなうことになったのだ。

この会議には、ブンデスリーガ18チームと2部リーグ「ツヴァイテ・ブンデスリーガ」の18チームを代表するアナリストたちが出席していた。会議室には1本の長いテーブルがあり、その両側にビデオアナリストたちがずらりと並んで座って私の話を聞いていた。部屋の奥に座る人たちは、私の隣に置かれたモニターが遠すぎて見えないため、私とは別方向にある別のモニターを眺めていた。プレゼンにとっては理想的な環境ではない。

私はブンデスリーガチームの分析をいくつか紹介した。チーム力に関する私たちの指標によれば、悲惨なシーズンを送ってはいたものの、ドルトムントがドイツで2番目に強いチームであることは明らかだった。

シーズンが半分過ぎた段階で、ドルトムントはリーグ18チーム中17位で降格圏にいた。メディアはここぞとばかりに批判を浴びせ、ドイツの大衆紙『ビルト』は、スター選手ピエール＝エメリク・オーバメヤンがさらなる敗戦のあとに涙を流し、ユルゲンに慰められる写真を掲載した。その写真のキャプションには「Echter Schrott（完全なゴミ）」と記されていた。3月頃には多少の復調を見せ、10位に浮上していた。しかしドイツでは、2位につけるヴォルフスブルクや3位のボルシア・メンヒェングラートバッハが、バイエルン・ミュンヘンにとっての新たな対抗馬だというのが一般的な見解だった。ドルトムントは勢いを失ったというのが多くの人の考えだったが、データ人間の私は彼らがいまだにドイツで2番目に強いチームであると主張した。

その会議で私は、ドルトムントが2014／15シーズン残り8試合で平均2ポイントを獲得し、7位で終えるとだろうと語った。この予測には疑いを持つ人もいた。ボルシア・メンヒェングラートバッハが稼げるのは1試合平均1・5ポイントほどだと予想されていたからだ。つまり私は、ボルシア・メンヒェングラートバッハよりドルトムントのほうが強いチームだと言っていたのか？　その通りだ。

ドルトムントは、ゴール期待値で測られるパフォーマンスとは大きくかけ離れた結果に終わる試合が多かった。「完全なゴミ」と書かれるほど散々な状態だったが、26節を終えた時点でのドルトムントの「得失点期待値※」は、ブンデスリーガで3番目に良く、ヴォルフスブルクやメンヒェングラートバッハの成績を上回るものだった。ドルトムントは過去のシーズンと同じような量と質のチャンスを作り出していた。しかしそれまでとの大きな違いは、彼らのシュートがゴールラインを超えず、相手のシュートが超えていたことだった。

どのシーズンでも、ゴール期待値を上回る結果を出す特別な戦術や特別な選手を抱えたチームがあるが、それは例外的な存在だと言える。私は２００７／０８シーズンから２０１５／１６シーズンまでの9シーズンにわたり、ブンデスリーガ全チームのゴール期待値と失点期待値を収集し、それをもとに「勝ち点期待値」を算出した。たとえばＰＫは75パーセント、30ヤードの距離のシュートは１パーセントといった形で、各シュートが期待値通りの確率で決まると仮定した場合、[2]１試合平均で何ポイントの勝ち点を得られるかを算出したのだ。

それから、各シーズンで実際に獲得した勝ち点と「勝ち点期待値」を比較してみた。すると9シーズンのなかで、いくつかのチームは期待値を上回る勝ち点を獲得していた。

たとえば、バイエルン・ミュンヘンは期待値よりも平均5・5ポイント多く稼いでいた。それは主にはドイツ代表ゴールキーパーのマヌエル・ノイアーやリーグ最高のストライカーであるロベルト・レヴァンドフスキのおかげだと言える。ゴール期待値は平均的なキーパーに対する平均的なシュートのゴール確率をもとに計算されるものであるため、彼らが期待値よりも多くのゴールやセーブを記録することに驚きはない。しかしこうした優れた才能に頼ることができたとしても、バイエルンが実際に獲得した勝ち点は期

※Expected Goal Difference／得点期待値と失点期待値の差

待値よりも平均で8パーセント多いだけだった。

さらに、あるシーズンで勝ち点が期待値を上回ったとしても、次のシーズンの成績に相関関係はほとんどなかった。9シーズンのなかで、勝ち点期待値を上回ってシーズンを終えたのは69チームあったが、そのうち34チームは翌シーズンに勝ち点期待値を下回る成績となっていた。

つまり、あるシーズンで勝ち点が期待値を上回ったとしても、それが翌シーズンも続く保証はないのだ。その例がまさにドルトムントだった。世間的には、ユルゲンがドルトムントを破壊し、後任のトーマス・トゥヘルが救ったと言われるかもしれない。しかし統計に基づく退屈な事実からすれば、信じられないほど運に見放されたシーズンのあとに、パフォーマンスが期待値レベルに戻っただけだ。

ドルトムントの悲惨な2014／15シーズンは、期待値より16ポイントも少ない成績だった――9シーズンのブンデスリーガで3番目に悪い下振れの数値だった。その翌シーズンには、監督は新しくなったがメンバーはほぼ変わらぬままでシーズンを2位で終え、クラブ史上2番目に高い勝ち点を記録した。この勝ち点78は、期待値を5・5ポイント上回るもので、驚くにはあたらない範囲の適度な上振れだった。

いずれにせよ、ドルトムントの2014／15シーズンは憂慮する必要はなかった。このユルゲンの不運が続いていくという合理的な理由は何ら存在しなかった。私たちは全員、未来は明るいと確信していた。

●ユルゲン・クロップとの初対面

2015年10月下旬、エディは私に言った。

「ユルゲンに、君の部門が何をしているか説明するミーティングを設けないとね」

ユルゲンがリバプールの新監督に発表されたのは、その3週間前のことだった。彼の就任にリバプールの街全体が期待に胸を膨らませていた。ドルトムントに10年ぶりの成功をもたらし、2011年と2012年にブンデスリーガ優勝、2013年にはチャンピオンズリーグ決勝に進出させた男である。

ユルゲンはドルトムントで「ヘビーメタル・フットボール」と名付けたエキサイティングな「ゲーゲンプレス」戦術を推進したが、大きな不運に見舞われた2014／15シーズンの後で退任した。ジョン・ヘンリーは何年も前からユルゲンのフットボールスタイルを称賛しており、2012年の段階でリバプールの監督に迎えようとしていたほどだ。

一方、エディはリバプール初のスポーツディレクターへの就任が決まっていた。もうすぐ発表というところで、ユルゲンにはクラブがどのようにデータを活用して意思決定に役立てているか理解しておいてもらう必要があると考えたのだった。私にとって、ブレンダンとの経験は不幸なものだった。そして私は、ユルゲンが統計分析を使ったフットボールにほとんど触れてきていないことも知っていた。ミーティングで良い印象を与えることが重要だ。

私は丸々1週間かけて紹介用のプレゼンテーションを作成した。チームの強さをどのように評価し、どのように試合を予測するか。どのように選手の役割分類をするのか。各大会の勝ち残り状況を踏まえながら、どのようなモデルでクラブの収益を予測するのか。それから最後に、ドルトムントの散々な2014／15シーズンを例に挙げながら、私たちがチームのパフォーマンスに対してどのようなフィードバックをおこなうのかを説明する。

ミーティングの前日、私はパートナーにプレゼン資料を見てもらった。統計に詳しくない人にとって適切なレベルかどうか、セカンドオピニオンが欲しかったのだ。良いと思うけどひとつだけ提案がある、と彼女は言った。「ユルゲンのことを褒め称えてた部分は、最初に持ってきなよ」。それは良い提案だった――私はドルトムントの話から始めることにした。

メルウッドは2階部分がオフィスだった。多くのトレーニング施設と同じく、1階は選手とメディカル部門が使用する。受付から一番奥、「チャンピオンズウォール」――クラブ創設以来の獲得タイトル数が描かれ、チャンピオンズリーグ優勝トロフィーのレプリカも（どれほど特別なクラブかを思い出させるために）置かれていた壁――を過ぎたところに上への階段があった。そして階段を上った正面にあるのが監督室だった。

右に曲がり、プレーヤー・リエゾン・オフィス、コーチングスタッフのオフィス、役員室、対戦相手や試合後のビデオ分析室、トイレ、キッチン、印刷室の前を過ぎると、廊下の突き当たりに何の表札もないドアがある。そのドアを開けてから、さらに多宗教礼拝室、空室のオフィス、もうひとつのトイレを通り過ぎると、スカウト部のオフィスにたどり着く。私のいるリサーチ部門は、スカウトたちとオフィスを共有していた。

ユルゲンはメルウッドに到着した日に施設のツアーを受けたが、こんな奥まった場所まで紹介されたか、そもそも「リサーチ部門」という言葉が出たのかどうかは不明だった。

少しどころではなく緊張しながら、それらの部屋を通り過ぎて、ユルゲンのいる監督室のドアをノックする。

「調子はどう？　会えてうれしいよ！」

握手と、あの有名な笑顔に出迎えられ、座るように促された――それも、デスクではなくソファに。

「それで、君がデータの人？」

そうです、と私は答え、プレゼンを始めた。

まずは「ゴール期待値」について、初めての人向けに1枚のスライドで説明した。ピッチ上の特定の位置からは、ヘディングよりも足でのシュートの方がゴールになる確率が高い。もちろん、それは明らかだ。そしてゴールに近い距離や、キーパーがいない状態でのシュートであれば、ゴールになる可能性は高くなる。ここまでは問題ない。

ここでよくある反応が、「だから何？」だ。そのため私はユルゲンの興味を引くために、プレゼンの次のパートではドルトムントの2014／15シーズンと、彼のサクセスストーリーが崩れていった理由を掘り下げた。

私はユルゲンと、そのシーズン最悪の8試合について振り返った。彼にとってトラウマにならないことを願いながら。

2014年9月20日：マインツにアウェーで0対2の敗北。この試合は、高度な分析を使わずとも、ドルトムントが不運に見舞われたことは明らかだった。高額で獲得した新戦力チーロ・インモービレが1点差を追いかける状況でペナルティを獲得したが、これをセーブしたのがロリス・カリウスだった――彼は2016年にリバプールへ加入することになる。そして2失点目はオウンゴールだった。ゴール期待値で言えば、この試合の「公正なスコア」は1・8対1・7だった。ドルトムントが有利で、勝利という結果が一番可能性の高いものだったのだ。ユルゲンも、この分析と同意見だった。

「あの試合は僕らが勝つべきだったよな！　観てたの？」

いや、私は観ていなかった。ただデータを分析しただけだ。

2014年10月25日：ハノーファーにホームで0対1の敗北。これでリーグ戦4連敗。ゴール期待値によれば、ドルトムントは1・2ゴールを得られるはずだったのに対し、ハノーファーは0・5ゴールだった。この試合のシュートデータからは、ドルトムントが勝利する確率が56パーセント、引き分ける確率は31パーセントと算出された。

「この試合観てた？　僕らは完全に圧倒してた！　点が入らなかったのが信じられないよ！」

これも、私は試合を観たのではなく、データを分析しただけだ。メディアさえも、何かおかしなことが起きているのを感じ取っていた――ドルトムントはそのシーズン、チャンピオンズリーグでは最初の3試合に勝利していたが、ブンデスリーガでは1勝も挙げることができていなかった。こうした事態を、AP通信は「不可解」と記した。

2014年11月30日：フランクフルトにアウェーで0対2の敗北。リーグ最下位に転落。しかし枠内シュート数はドルトムント6、フランクフルト3で、シュート数はドルトムント17、フランクフルト10、ボックス内侵入回数はドルトムント35回、フランクフルト25回だった。ゴール期待値はドルトムントが2・2、フランクフルトが1・1で、両チームのチャンスの質や量に基づいて計算した勝利確率は67パーセントだった。

この試合は、運が結果に与える影響のケーススタディとなるような典型例だった。早々に失点したドルトムントは、それから質の高いチャンスを数多く作り出し、そのうち1本のシュートはポストに嫌われた。フランクフルトは、開始4分のゴール以降、ほとんどチャンスを作れていなかった。しかし最終的に、77分に守備のミスからフランクフルトに期待値0・45のシュートを決められ、勝負あり。

2014年12月17日：ホームでヴォルフスブルクと2対2で引き分け……ここまで来ると、ユルゲンはもう分析の意図を理解していた。2015年2月4日：ホームでアウクスブルクに0対1で敗北。2015年3月14日：ホームでケルンと0対0で引き分け。2015年4月4日：ホームでバイエルンに0対1で敗北。2015年5月2日：アウェーでホッフェンハイムと1対1で引き分け。

どの試合も、ドルトムントはもっと良い結果に値する内容だった。同じようなことが、何度も繰り返し起こってしまったのだ。ドルトムントの結果はパフォーマンスに見合ったものではなく、彼らは非常に大きな不運に見舞われていただけだった。ここで決定的に重要だったのは、ユルゲンの直感が私たちの分析結果と一致していたことだ。

プレゼンの残り部分も順調に進んだ。ユルゲンが1日ですっかりデータ分析を信じるようになったわけではないが、ミーティングは私の願いどおりデータを信じてくれる第一歩となるほどにはうまくいった。

第5章 大いなる成功——チーム史上初のプレミア制覇

マネがリバプールを選んだありえない理由

ユルゲンが監督に就任したことで、データ分析というエビデンスベースのクラブ運営戦略がついに成功へと向かう機会を得た。ドイツのエリートクラブのカルチャーにおいては、監督がスポーツディレクターと協力的に仕事をするのが一般的であり、ユルゲンはリバプールでも喜んでそのやり方を続けてくれた。エディも予定通り、ユルゲンが就任してすぐスポーツディレクターに昇進した。

ユルゲンの「ヘビーメタル・フットボール」というブランドと彼のカリスマ性は、選手たちにとって魅力的なものであり、「クロップのチームでプレーすること」は選手たちの心を高鳴らせるものだった。そのため、私たちは第一希望のターゲットと契約するチャンスがあるのではないかとも期待した。

ユルゲンの船出となった2015／16シーズンの結果は振るわなかった。だが光明も見えており、フィルミーノがレギュラーとして出場するようになり、カップ戦やヨーロッパリーグでは決勝に進出した。

2016／17シーズン

私にとって大きな驚きと共に大きな喜びであったのは、ユルゲンの獲得優先ターゲットのうち何人かは、私たちの統計モデルにおいても非常に高く評価されていた選手であったことだ。彼がセネガル人フォワードのサディオ・マネを高く評価しているのを聞いたときは、とても嬉しかった。のちにユルゲンは、ドルトムント時代にマネと契約するチャンスがあったのに逃してしまったことを最大の後悔のひとつと語っている。

「あれは私の評価が間違っていた。他にも誤った判断を犯したことはあるが、この件に関しては数年後に間違いを正すことができた」

マネのことは何年も前から好きだった。彼は2013／14シーズンのヨーロッパリーグで、レッドブル・ザルツブルクの一員として目覚ましい活躍を見せた。2014年4月、私とエディはレッドブルのフットボールディレクターであるラルフ・ラングニックと会った。彼が私たちのデータ主導の取り組みに関心を持ったからだ。彼には、私たちのポゼッションバリュー・モデルを通した何人かの選手評価を見せた。そのなかでマネはヨーロッパリーグにおいて2番目に優れたウィンガーだった。

ミーティングのなかでは移籍金の話にもなった。ラルフは、マネの移籍金が高額になるだろうと信じていたが、私は懐疑的だった。過去にオーストリアから1000万ユーロ以上で移籍した選手はいなかったのだ。しかしレッドブル・ザルツブルクは、オーストリアでかつてないほど強力なチームであり、その攻撃的なスタイルは、より大きなリーグの買い手を惹きつけた。そうしてサウサンプトンがマネを獲得した。報道によれば移籍金は1180万ポンドだったが、実際の金額がどうであれ、ラルフが正しく、私が間違っていた。この会話は、2年後に大惨事寸前の事態を引き起こすことになる。

2016年の夏、ユルゲンはマリオ・ゲッツェの獲得に熱を入れていた。ユルゲンがドルトムントでブンデスリーガ連覇を果たした頃の中心選手のひとりだ。無理もない話だが、ユルゲンも他の多くの監督と同じく、自分が指揮した経験のある選手を好む傾向にあるようだった。しかしユルゲンが違ったのは、ヨーロッパ最高峰の若手選手たちが彼のもとでプレーしていた点である。だがゲッツェは来ないという判断をくだした。

そのころ、マネはサウサンプトンで素晴らしい活躍を続けていた。2016年3月のリバプール戦では前半を0対2で折り返しながら、後半から投入されたマネが試合の流れを変え、彼の2ゴールなどによってサウサンプトンに3対2の勝利をもたらしていた。これは以前にも経験がある。かつてベンテケに試合のたびに得点されていたブレンダンと同じように、ユルゲンもマネの印象が相当強く心に焼き付いていたに違いない。しかし今回違ったのは、私もマネがリバプールにとって完璧な補強になると感じていたことだ。

ユルゲンはマネの獲得を強く求め、スカウトたちによるビデオ分析でも同じく優れた能力を持つ選手と判断された。全員の意見が一致した。マネこそ獲得すべき選手だ。

マネの代理人はリバプールからの関心に驚いていた。エディが代理人に会うと、こう尋ねられたという。

「前にサディオのリバプール行きを止めたのはあんたじゃないの？　あんたとデータ担当だろ？」

ラングニックと交わした会話が、どういうわけか「マネはデータ分析で高く評価されなかった」という完全に間違ったストーリーにすり替わっていたのだ！　私たちはマネのことを本当に気に入っているし、

２０１４年のときからそうだった、と言ってエディは誤解を解いた。当時口にしたのは単なる仮定の話で、オーストリアから出ていく選手の移籍金がそれほど高額になるかは分からないと述べただけだった。

エディは、マネの人柄についても詳細な調査をおこなっていた。リバプールはサウサンプトンから多くの選手を獲得していたため、意見を集めるのはそれほど難しくなかった。すると残念なことに、得られた意見はネガティブなものだった。要するに私たちは、マネとサインしないよう助言されたのだ。

サウサンプトンでのマネはプロフェッショナルとは言えず、トレーニングに遅刻し、「扱いにくい人物」とされていた。エディの仕事は、こうした性格に関する材料に対し、選手の能力やチームへのフィット、そして移籍の費用などを踏まえながら総合的に判断することだ。彼は性格面でのネガティブな意見は移籍を取りやめるほどのものではないと判断したが、それにはとても感謝している。この件は、選手に関する意見が、いかに信ぴょう性に欠ける情報源となりうるかを示す教訓となった。エディが聞いたネガティブな人柄とは真逆で、サディオ・マネはリバプールが獲得したなかでも最高水準の知性、誠実さ、プロ意識、そして勤勉さを持つ選手だった。

マネの獲得には何チームかの競合相手もいた。彼はマンチェスター・ユナイテッドとの契約を選ぶこともできた。チャンピオンズリーグでプレーすることはどんな選手にとっても大きな魅力であるため、リバプールも出場権を獲得することが至上命題だった。そうしないとマンチェスターのほうが魅力的な移籍先となってしまう。

私たちは２０１５／１６シーズンにヨーロッパリーグの決勝に進出したため、優勝すればチャンピオンズリーグ出場権が得られる状況だった。だが、リバプールは決勝でセビージャに敗れてしまう。驚いたことに、それでもマネはリバプールを選んだ。数年後、エディはマネと代理人にその理由を尋ねた。彼らがリバプールを選んだのは、ユルゲンの能力やマネに対する熱意、そしてリバプールでこれから何か特別なことが起こると信じていたからだという。

「先見の明」があった3つの移籍

これが、リバプールにとってユルゲンが決定的に重要な存在であることを示す最初の例だった。チャンピオンズリーグに出場でき、より高い給料が得られるマンチェスター・ユナイテッドか。ヨーロッパでの大会には出られず、しかしユルゲン・クロップのもとでプレーできるリバプールか。マネが選択したのはクロップだった。

2年前、アレクシス・サンチェスの獲得をめぐってアーセナルと競合したことがあったが、そのときサンチェスはアーセナルとアーセン・ヴェンゲルを選んだ。それが今や、最優先のターゲットが私たちを選んでくれるようになった。それは、リバプールでエキサイティングなアタッキング・フットボールができるだろうと選手たちを惹きつけるユルゲンのおかげだった。

私はマネに対するユルゲンの評価が私たちのデータ分析と一致したことを喜んだが、その喜びはさらに膨らんでいくことになる。たまたま私が自宅ではなく練習場で仕事をしていたとき、ユルゲンがオフィスに入ってきて、エディやスカウトたちと話し始めた。

「このジョエル・マティプはどう？　フリーで獲得できる。検討してみるべきかもしれない」

マティプは何度か試合で非常に大きなミスを犯していることで知られており、「毎試合ミスをする」と揶揄《やゆ》されていた。そんな彼を、ユルゲンが獲得しないかと提案している！　エディも数年前にいくつか映像分析をした結果、マティプのことは高く評価していなかった。

しかしユルゲンが言うのだからと、私たちは改めてマティプのことを見てみることにした。客観的な事実として、彼は若いのに豊富な経験を持っており、私たちのポゼッションバリュー・モデルでも、2012年以降プレミアリーグの平均的なセンターバックを明らかに上回るパフォーマンスを示していた。エディはマティプの映像分析を進めるよう指示し、その結果を確かめてから考えを改めた。ある朝メルウッドの廊下でユルゲンと出くわしたエディは、「マティプ――見たよ、いいね！」と言った。ユルゲンは「そうだろ、言ったじゃないか」と返した。エディは何と答えたか？「よし、契約しようじゃないか！」。

こうして、再建に向けた2つめのピースが揃った。マティプ獲得に同意したエディは、ドイツに足を運んでボルシア・メンヒェングラートバッハとの試合を観戦した。その試合でマティプはハーフウェイラインで足を滑らせ、それが失点につながってしまう。この試合はバイエルン・ミュンヘンのスカウトたちも観に来ていたが、このプレーに対するリアクションを見て、彼らもマティプを「毎試合ミスをする」選手だと思ったに違いない――そうエディは確信した。

この夏の3つめの大きな補強はジョルジニオ・ワイナルドゥムだった。ユルゲンとコーチたちはワイナルドゥムの大ファンであり、彼の所属するニューカッスル・ユナイテッドは降格が決定したばかりだった。データ分析では非常に優れた選手であることが示されていたが、チーム内で彼にフィットするポジションがあるかが気がかりだった。彼にとってベストなポジションは攻撃的ミッドフィルダーだったが、そこにはすでにコウチーニョとララーナがいた。フィルミーノもそのポジションでプレーできたが、2015／16シーズンのユルゲンは主にセンターフォワードとして使っていた。

今振り返ると、マネ、マティプ、ワイナルドゥムがスター選手になるのは疑いようのないことに思える。しかし当時、彼らはスター選手ではなかった。それぞれに欠点がある、というのがサッカー界の見解だった。そのため彼らの魅力は限定的なものに映り、私たちが思っていたほどの激しい獲得争いをせずに済んだ。

また、これまでの苦い経験から、才能ある選手を獲得するだけでは成功できないことも知っていた。だが2016年が過去と違ったのは、3人の獲得に関してユルゲンも全面的に同意しており、マティプとワイナルドゥムに関しては自ら提案してきたほどだった点だ。

個人的にも大きな期待をしていた新シーズンは、好調なスタートを切った。開幕戦ではアウェーでアーセナルに4対3で勝利した。マネ、マティプ、ワイナルドゥムは全員レギュラーに定着し、シーズンの最終日にチャンピオンズリーグ出場権を確保した。

しかし、そこに至るまでの道は想像以上に神経をすり減らすものだった――通常なら勝ち点76は4位確保には十分すぎる数字だが、このシーズンは「ビッグ6」のうち5チームが好調で、5位アーセナルの勝ち点75をギリギリ上回れるポイントだったのだ。他のビッグクラブが好成績を残したことにより、リバプールの向上は少し霞《かす》んで見えた。だがチャンピオンズリーグ出場権の獲得は財政面で大きな影響をもたらし、私たちは2014年に試みて失敗に終わったトップ4定着に向け、補強に乗り出す機会を得た。

再建へのたしかな手応え

２０１７年の夏になると、私たちの選手獲得プロセスがついにうまく回り始めた。あまりにスムーズだったため、エディがデータ分析のチェックをやめてしまったのではないかと妄想するほどだった。彼とは何ヶ月も会話を交わしておらず、もしかしたら私はもう必要なくなったのではないかと尋ねたが、そうではないと断言してくれた。

リサーチ部門の同僚であるマーク・スティーヴンソンは、データ分析の結果を表示するウェブサイトを作っていた。そのおかげで、選手評価がすべて好きなときに閲覧できるようになった。エディからの連絡がなくなった理由は、彼が嬉々としてこのウェブサイトを使い、何百人もの選手をふるいにかけていたからだった。彼は毎日ログインし、ランキングが急上昇した興味深い選手がいないか確認していた。私は選手の評価が日曜の夜にしか更新されないことを伝え、彼の仕事の効率を高めた――週に一度ウェブサイトをチェックすれば済む。

もうひとつの改善点は、選手の売却を通じて移籍に関する純支出を抑えられるようになったことだ。それまでは、スアレスやスターリングといったスター選手が売却できたときだけ大きな支出が可能となっていたが、今ではアカデミーから将来有望な選手たちが次々と送り出されるようになった。

エディは２０１２年以降アカデミーをすっかり刷新し、アレックス・イングルソープをトップに据えた。エディは、のちに様々なトップチームが欲しがるようなコーチたちをアカデミーへ次々と連れてきた。そうしたユースコーチの多くが、他のクラブでトップチームに昇進していった。[1] それだけでなく、エディは若手選手たちの成長を促すべくローン部門を設立し、のちにスポーツディレクターに就任するジュリアン・ウォードに管理を任せた。リバプールは、たいていローン移籍で成功をおさめた若手選手を売却するようになった。

さらにアカデミーはスティーヴン・ジェラード以来、久しぶりにトップチームのスター選手を輩出した。右サイドバックのトレント・アレクサンダー＝アーノルドだ。

●「絶対的キング」モハメド・サラーを割安で獲得できた理由

ここで話が少し遡る。２０１４年1月、リバプールが5年ぶりにタイトル争いをしていた最中、私たちはスイスのバーゼルに所属していた無名のウィンガーとの契約に動いていた。当時21歳だった彼は、ヨーロッパリーグとチャンピオンズリーグで目覚ましいパフォーマンスを見せていた。データ的にも素晴らしく、エディは彼がスーパースターになると考えていた。そんななか提示する移籍金がどんどん釣り上がっていき、私はかなり不安を感じていた。

モハメド・サラーを確実に獲得するには、スイスの移籍金記録を50パーセントも上回る額を支払わねばならないのか――しかし、そんな不安も杞憂《きゆう》だった。バーゼルと連絡が取れなくなったのだ。

なぜか。当時私たちは、チェルシーとの争いで値段を釣り上げられていた。移籍額は１２００万ポンドにも達し、スイス記録を大幅に超えていた。

しかしチェルシーにとっては大した額ではなかったのだ。マンチェスター・ユナイテッドにファアン・マタを売却して４０００万ポンドを得ていたチェルシーは、２０００万ポンドのオファーを提示。それを受けて、バーゼルは私たちとの交渉をやめたのだった。またしても、教訓にすべき失敗となった。

モーはジョゼ・モウリーニョが率いていたチェルシーで、1年間ベンチに座ることとなった。次のシーズンはフィオレンティーナへとローンに出され、その後ローマに移り、最終的にローマが獲得した。チェルシーは、その売却でモーの獲得資金をほとんど回収できたが、彼がベンチを温めているあいだも給与を支払い、イタリアでのローン期間中も給与の一部を負担していたに違いない。そのためこの獲得は、チェルシーにとってもモーにとっても非常に大きな時間の無駄だった。


2017年の夏、リバプールは再度モハメド・サラーと契約するチャンスを得た。今回はローマからの移籍だ。彼はチェルシーで「失敗」したと見なされていたうえ、チェルシーと同じミスを繰り返す危険を犯したくないクラブが多かったため、プレミアのクラブとの競合はほとんどなかった。しかし私たちは、証拠はたくさんあるのに他クラブが見落としている重要な点を知っていた。多くの移籍が失敗する理由は、実にさまざまだという点である。チェルシーへの移籍が失敗した理由が、モーのコントロールできない外部環境によるものだったとすれば、失敗とカウントしなくてよいのではないか。

チェルシーで、モーは当時世界的なスーパースターだったエデン・アザールと出場時間を争っていた。さらに、他のウィンガーや攻撃的ミッドフィルダーにも、スペイン、ドイツ、ブラジル代表経験者たちがいた。このチームで出場時間を得るのに苦労していた若手選手は、モーだけではなかった――ケヴィン・デ・ブライネも、2013／14シーズンのチェルシーでほとんど出番を得られず、サラーが加入する直前にヴォルフスブルクへとローン移籍に出された。

機会は限られていたものの、チェルシーで出場したときのモーは良いパフォーマンスを見せており、バーゼル時代の数値から期待した通りだった。サラーの「失敗」は、ピッチに立つことに失敗したという意味であり、チェルシーで出場時間を得るための争いを考えると、彼に「失敗」の烙印を押すことなどできなかった。

チェルシーからイタリアに移ると、2年半にわたってとてつもないプレーを見せた。私たちの詳細な分析モデルでも非常に高い評価だったが、基本的なデータにおいても輝いていた。ローマでの最終シーズン、彼は90分あたりにゴールもしくはアシストが0・94という数字を記録していた――センターフォワードとしてプレーしていない選手としては、きわめて高い数字である。

リバプールは2017年に3700万ポンドでサラーを獲得した。その夏の移籍市場で考えると、アーセナルはアレクサンドル・ラカゼットを4650万ポンド、チェルシーはアルバロ・モラタを5800万ポンド、マンチェスター・ユナイテッドはチェルシーで「失敗」したもうひとりの選手ロメル・ルカクを7500万ポンド（追加条件で1500万ポンド）で獲得していた。

モーの獲得がプレミアの他のビッグクラブとほとんど競合しなかったことが、私には信じられなかった。プレミアのライバルたちが彼を狙う可能性はあるかと尋ねたとき、エディは「もちろん他クラブも関心を持っているが、あの〝失敗〟を獲得して自分たちの名を落とすリスクを犯そうとするクラブはないに等しいだろう」と言った。ほとんどのチームでは確かなデータよりも主観的な意見のほうが尊重されており、ライバルクラブ内にそうしたバイアスがあるがゆえに、現在も私たちが優位であり続けていられるのだ。

ちなみに2017年当時、サラーはユルゲン・クロップの第一希望ではなかった。彼は、バイエル・レバークーゼンの才能あふれる若きドイツ人ユリアン・ブラントを推していた。しかしブラントを含め、獲得を検討した多くの選手のなかでも、モーの数字は並外れていた。シュートやチームメートへのチャンス演出を通じてチームの得点確率を高める力が、候補選手の誰よりも遥かに優れていたのだ。

ユルゲンは私の同僚たちに説得されてサラーとの契約に合意。そしてのちにこう語る。

「彼（サラー）が我々の力になると確信していた。マイケル・エドワーズ、デイブ・ファローズ、そしてバリー（・ハンター）から何度も強く言われたんだ。『さあ、さあ。モハメド・サラーこそが解決策です！』とね」

リバプールでの最初のシーズン、モーはプレミアリーグで32ゴールを記録した（ゴール期待値に比べたら持続可能とは思えないほどの上振れだったが、ゴール期待値自体も素晴らしく高いものだった）。そして、リバプールの成功に欠かせない存在となった。

「守備ができるかは関係ない。左サイドバックに必要なのは攻撃力だ」

2014年以降、リバプールの左サイドバックの先発と言えば、22歳を過ぎたばかりの頃に契約したアルベルト・モレノだった。だが私たちはこのポジションの層を厚くする必要があった。2016／17シーズンは、ミッドフィルダーが本職のジェームズ・ミルナーがモレノに代わって先発していた。

常に補強が難しいポジションのように思えていた左サイドバックだが、2017年夏には候補者を5人リストアップしていた。リバプールが契約に至ったアンディ・ロバートソンは、そのリストのトップではなかった。

代わりに際立っていたのはバンジャマン・メンディで、私のデータに基づくリストではトップだった。しかしメンディは、エディにとってのトップではなかった。「マンチェスター・シティが獲得に乗り出し、私たちの予算では太刀打ちできなくなるだろう」と的確な予測をしていたのだ。また、エディはメンディの人柄に対するネガティブな評価も重視した。これはエディの主観的な判断だった――前年の夏は、サディオ・マネのネガティブな性格評価に重きを置かなかった。

リストの2番目はローマのエメルソン・パルミエリだった。しかし彼について、私には少しためらいがあった。ヨーロッパのリーグに来てから2500分ほどのプレーしか分析していなかったからだ（コラム参照）。23歳で、プレミアリーグの平均的なサイドバックレベルのパフォーマンスを見せており、さらに成長していく可能性も高かった。確信を得るためにはもう少し多くの時間を見たかったが、第2候補に挙げるには2500分程度で充分だった。

しかし、エメルソンはシーズン最終戦で膝前十字靭帯（ACL）を断裂してしまう――そのため私たちは、別の選手を探さねばならなくなった。

どれほどのエビデンスが必要か

試合における選手のパフォーマンスは、状況に影響される面もあれば、機会、技術、運などからも何らかの影響を受ける。私たちが選手のパフォーマンスを分析する際は、これらの要素を可能な限り調整している。

試合の状況については、ホームアドバンテージや対戦相手の強さを考慮に入れることで調整可能だ。機会も調整できる——たとえば前線ではなく中盤でのプレー機会が多い場合、シュートよりもパスでの貢献を想定する。こうした調整をおこなうのは、純粋に選手の技術だけを取り出せるようにしたいからだ。

「運」、つまり「ノイズ」や「説明できない要因」は調整するのが難しい。シュートミスだったのに、キーパーもミスをした場合、その選手のシュート能力が実際よりも高く評価されてしまう可能性がある。素晴らしいパスだったのに味方が気を抜いていてパスミスとなり、その選手のパス能力が低く評価される可能性もある。

多くの試合を経れば、その選手のスキルは自ずとデータから浮かび上がってくるが、試合数が少ないと選手評価には運の要素が含まれてしまう。どういうことかと言えば、たとえば4試合で4ゴールを決めたストライカーがいいか、40試合で30点を決めたストライカーがいいかを考えると分かりやすい。

4試合で4得点したプレーヤーのほうが得点率は高いが、40試合で30点決めた選手のほうが長いあいだ継続して得点している。ベイズの定理という概念を用いると、少ない試合数でプレーした選手に運が与える影響を補正することができる。まず、その選手の得点率についての事前確率を用意しておく。たとえば、新しいストライカーは平均的な能力を持ち、4試合に1ゴール決めると仮定する。しかし、この事前確率はあくまで仮定に過ぎない。そこで、選手が試合とゴールを重ねていくのに合わせ、新たに得られたエビデンスとベイズの定理を用い、ゴール確率を更新できる。

事前確率で4試合1点のとき、新しいエビデンスが4試合4点であっても、サンプル数が少ないためエビデンスより事前確率の影響が強く残ったゴール確率が算出され、10試合4点程度となる。反対に、新しいエビデンスが40試合30点なら、サンプルが多いためエビデンスの影響を強く反映でき、ゴール確率は10試合6点程度に更新される。

プレミアリーグの実例を挙げよう。アダム・ル・フォンドルは2012／13シーズンにレディングで素晴らしいシーズンを送り、PKを除いて9ゴール決めた。90分あたりの得点率は0・54だ。一方、ジエゴ・コスタは2014年から2017年にわたってチェルシーで輝かしい3シーズンを送り、52ゴールを決めた。90分あたりの得点率は0・53ゴールである。ル・フォンドルの得点率はコスタよりも高いが、コスタは長期間にわたって得点率を維持しており、両者を同じ基準で比べるのは公平ではない。このエビデンスとベイズの定理を用いると、ル・フォンドルは観測時間（エビデンス）が少なかったため事前確率4試合1点（0・25）の影響が強く残り、ゴール確率は0・40まで引き下げられる。一方、コスタのゴール確率は0・49と算出される。観測時間（エビデンス）が多く、エビデンスの影響を強く反映できるため、0・53からほとんど変わらないのだ。[2]この結果は、私たち（少なくとも私自身）の直感に一致しており、コスタが優れた選手であるという認識を裏付けるものである。

アンディ・ロバートソンも23歳で、ハルがプレミアリーグから降格が決まった2014／15シーズン、出場時間は1500分を超え、データ上も優れた数値を残していた。そして翌2015／16シーズンは、2部のチャンピオンシップで突出した若手の左サイドバックとなっていた――私たちは彼をプレミアリーグ平均水準のパフォーマンスにあると評価していた。ハルで毎試合先発出場し、チームも昇格を決めた。しかし2016／17シーズン、ロバートソン（および将来のイングランド代表でマンチェスター・ユナイテッドに移籍するDFのハリー・マグワイア）が大半の試合で先発したにもかかわらず、ハルはプレミアリーグで80失点を喫し、ふたたび降格。ロバートソンの守備評価は高くなかった。ハルは昇格に際して監督と戦術を変更していたが、シーズン途中にも再び監督と戦術が変わるなど、分析が難しい部分もあった。

一方でロバートソンの攻撃面は優れていた――彼のドリブルやパスによって高まるポゼッションバリューは、常に平均を大きく上回っていた。ちなみに、モレノも守備能力より攻撃能力のほうが高いサイドバックだったが、それが原因でポジションを失っていたのだから、どの部分を評価すればいいのか悩ましい。

しかし、ここでもユルゲンが重要な役割を果たした。私たちがロバートソンの守備能力に関する懸念を伝えると、ユルゲンは答えた――守備ができるかどうかは関係ない、左サイドバックに必要なのは攻撃力だ。

守備の問題はロバートソンへのカバーを増やすことで解決できる。私はユルゲンの現実的なアプローチに感心した。完璧な選手を求めるのではなく、各選手の強みを最大限に引き出すと同時に弱点を最小化するべく、みずから進んで創造的な解決策を見つけようとするのだ。

彼はよく「極端な特徴」を1つか2つ持つ選手——つまり試合を変えられる選手が好みだと語っていた。試合を変えられるような選手が弱点を持っていた場合、ユルゲンは他の選手たちでそれをカバーしようとする。この哲学こそ、スカッド形成に対する私の考えとまさしく一致するものだった。

ロバートソンにとって、リバプールでのスタートは順調ではなかった。12月の初めまで、プレミアリーグでの先発はわずか2試合。モレノが左サイドバックのポジションを取り戻していた。しかしモレノが負傷すると、すぐにロバートソンがチャンスをものにした。

彼の攻撃力はまさに私たちが望んでいたもので、ユルゲンからはどんどん攻めに出ていく自由を与えられていた。守備能力は予想を超えて向上し、プレミアリーグ有数のオールラウンダー型左サイドバックにまでなった。

さらに彼は、非常にコストパフォーマンスの良い補強だった。エメルソンやメンディの移籍金と給与は、ロバートソンと比較にならないほど高かった。だが、もしマンチェスター・シティがメンディの獲得に乗り出さず、エメルソンが怪我をしていなければ、ロバートソンがリバプールに来ることはなかったかもしれない。素晴らしい若手の左サイドバックが3人も同時に市場に出ているのは異例だったが、今から振り返ると私たちは3人のなかでも間違いなく最善の選手と契約できたのだった。

「欧州最高の若手ディフェンダー」ファン・ダイクの加入秘話

2017/18シーズン

プレミアリーグもチャンピオンズリーグも好調な出だしだった。プレミアはマンチェスター・シティが独走していたが、リバプールも年明けの時点で2位とわずか3ポイント差の3位につけ、CL決勝トーナメントにも進出を決めていた。

私たちは魅力的な攻撃的フットボールを展開していた。サラーはマネやフィルミーノに続く補強の成功例となり、コウチーニョもこれまで通り素晴らしいプレーをしていた。彼ら4人は、ヨーロッパ最高峰の攻撃陣だった。しかし守備陣はヨーロッパ最高峰とは言えなかった。私たちは、こうした状況を変える機会を得ることになる。

2017年の夏、ブラジル人スターのネイマールに対し、パリ・サンジェルマンが契約解除金2億2200万ユーロを支払ったことに対し、バルセロナは想定外だったのか驚いているように見えた。この移籍に怒り狂うファンをなだめようと、バルセロナはドルトムントから1億3500万ユーロでウスマン・デンベレを獲得し、さらにリバプールからフィリペ・コウチーニョを獲得しようと試みた。コウチーニョは新しい契約にサインしたばかりで、私たちはバルセロナからの提案を飲む必要性はなかった。チーム最高の選手を売るべきではない、というのがエディの考えであり、コウチーニョは間違いなくそのひとりだった。

いくらなら移籍が可能かと何度も問い合わせを受けたが、エディは数字をほのめかすことすら拒否した。プレミアリーグの他のスポーツディレクターの多くは、間違いなく高額になる移籍について検討すらしないなんて狂気の沙汰だと考えていたが、エディは頑なだった。その夏の移籍市場は閉じたが、バルセロナは問い合わせを続け、コウチーニョ自身も移籍を求めるようになった。

そして2018年1月、ついにバルセロナがコウチーニョと契約。リバプールに前払い1億5000万ポンド、さらに、たやすく達成できそうな3700万ポンドのボーナスを支払うことで合意した。「価値以上の値段を提示されたら、どんなときでも売るべきだ」という古い格言があるが、コウチーニョの契約は1億4200万ポンドの価値があろうはずもなかった。

2017年の夏、バルセロナがリバプールを苛立《いらだ》たせてきたのと同じような形で、今度は私たちがサウサンプトンを苛立たせていた。サウサンプトンのセンターバック、フィルジル・ファン・ダイクと契約したかったのだ。彼はヨーロッパ最高の若手ディフェンダーでありながら、どういうわけかビッグクラブでプレーしていなかった。ファン・ダイクは分析上でも輝いていたが、その輝きは難しい分析を用いずとも誰の目にも明らかだった。しかし不運にも、私たちは過去数シーズンでサウサンプトンからマネ、ララーナ、ランバート、ロブレン、ネイサン・クラインを獲得していたため、ファン・ダイクまで狙えば歓迎されるはずがない。

それでも、コウチーニョが移籍したことで資金ができると、サウサンプトンがファン・ダイクの損失に見合うと感じる金額をついに払うことができた――センターバックとして当時の世界最高額である7000万ポンドと、400万ポンドのアドオンだ。リバプールは世界屈指の攻撃的ミッドフィルダーを失ったが、最高の若手センターバックを手に入れた。そしてマネやサラーのときと同じように、ユルゲン、スカウティング、そしてデータ分析部門の全員がファン・ダイクこそ最善の選択であると考えていた。加えて、まだ多くの資金が手元に残っていた。

2017/18シーズンは散々な形で幕を閉じた。リバプールはキーウでのチャンピオンズリーグ決勝にのぞんだものの、開始30分でモー・サラーが負傷交代し、ゴールキーパーのミスもあってレアル・マドリードに1対3で敗れた。だがキーウでは失意を味わったにもかかわらず、未来は明るかった。選手を惹きつけるユルゲンの力に後押しされながら、補強も非常にうまく進んでおり、さらなる獲得でチームを改善できると自信を持っていたからだ。

「これ以上、若手の右サイドバックは必要ない」

２０１８年の夏。コウチーニョの移籍金をもとに、ローマからアリソン・ベッカーを獲得した。なお、この移籍金はゴールキーパー史上最高額だったが、わずか数週間後にチェルシーがケパ・アリサバラガを獲得した際に破られることになる。それはともかく、アリソンもそのクオリティが自明なスター選手であったため、移籍金も高額だった。

アリソンは、エディが契約前に生で観戦した数少ない選手のひとりだ。観戦したのは、自分がキーパーの専門家でないことを自覚していたからだ。エディはアリソンを観たあとも確信を持てず、データ分析とGKコンサルタントのハンス・ライタートト（レッドブル・グループから加入）に普段よりも頼った。データ分析は、アリソンとアトレティコ・マドリードのヤン・オブラクがヨーロッパ最高のGKであることを示しており、ハンスも同意見だった。またユルゲンはセービングだけでなく足を使えるゴールキーパーを求めており、そうした点からアリソンがトップターゲットになった。

ファビーニョもモナコから加入した。右サイドバックとしてもプレーできる守備的ミッドフィルダーだ。リーグ優勝を果たしたモナコのメンバーたちにヨーロッパのビッグクラブが次々と触手を伸ばした2017年には、なぜか見過ごされてチームに残っていた。

少し不器用に見える選手だったが、ポゼッション時のパスや相手の攻撃を断ち切るプレーは、私たちのモデルで非常に高く評価されていた。複数ポジションをこなせる点もよかった。各ポジションのスペシャリストのバックアップが少なくて済むからだ。多くのメンバーに資金を薄く広く使うことを避けられる。

ファビーニョはモナコでセントラルMFとして活躍していたが、その前に3シーズン右サイドバックとしてプレーしていて、そのときもリバプールのターゲットになったことがあった。2016年に、ユルゲンが右サイドバックの補強を目指し、ヨーロッパ中の有望な若手右サイドバックを残らず分析していたのだ。このとき私とダフは、ファビーニョと契約できればと心を躍らせたものだ。まだ22歳で、ポゼッションバリュー・モデルでも際立った若手右サイドバックであり、スカウティング部門も素晴らしい補強になると太鼓判を押していた。

しかし私たちの作業は徒労に終わった。ある日のトレーニング後、ユルゲンがエディのオフィスに入ってきて、こう言ったからだ。

「これ以上若手の右サイドバックは必要ない。トレント・アレクサンダー＝アーノルドはかなり良さそうだ！」

私が本当に胸をときめかせたのはナビ・ケイタだった。スティーヴン・ジェラードの背番号8を受け継ぎ、私もそれにふさわしい選手だと思った。レッドブル・ザルツブルクで守備的ミッドフィルダーとして素晴らしい活躍を見せていた彼を2016年にも獲得しようと試みていたが、そのときはザルツブルクの姉妹クラブであるRBライプツィヒに移籍した。そこでは攻撃的ミッドフィルダーとしてプレーし、すぐにブンデスリーガのスター選手となった。

ケイタはパスとドリブルが際立っており、まだ23歳だった。私はモー・サラーを含めた他のどんな選手よりも、ケイタの加入に興奮していた。だが残念なことに、ケイタはリバプールで私が期待したほどのスターとはならなかった。度重なる怪我に苦しみ、大胆で攻撃的なスタイルが本当の意味で信頼されることはなかった。ケイタは得点のチャンスを生み出すためにボールを失うリスクを厭《いと》わない選手だったが、コーチ陣はミッドフィルダーには攻撃よりも守備面での貢献を重視していた。出場した試合では私が期待した通りのプレーを見せたものの、出場機会はあまり得られなかった。

待ち望んだ栄冠

2018／19シーズン　チャンピオンズリーグ制覇

2018／19シーズンは素晴らしいスタートを切ったが、2017／18シーズンと違い、それを維持し続けた。プレミアリーグでは勝ち点97を獲得し、史上3番目に高い勝ち点を記録した。これはマンチェスター・シティという名を冠したチーム以外では史上最高の勝ち点だった。2019年以前は、どんな年も90ポイントを獲得すれば優勝できていたが、不運にも私たちが優勝を競っているのは、ペップ・グアルディオラのもとでプレミアリーグ史上最高のチームとなったマンチェスター・シティだった。優勝争いは最終節までもつれたが、わずか1ポイント差で優勝を逃した。

だが、まだチャンスはある。あのバルセロナ戦での稀《まれ》に見る逆転劇のおかげで、私たちはチャンピオンズリーグ決勝に駒を進めていたのだ。

私はマドリードでの決勝に危うく遅れるところだった――同僚やVIPたちと乗ったスタジアム行きのバスが渋滞に巻き込まれてしまったのだ。試合まであと1時間。渋滞を抜け出す気配はない。私たちはスタジアムまで歩いていくことに決めた。

スタジアムの外で私たちを見かけたファンが何人か集まってきて、リバプールのレジェンドであるケニー・ダルグリッシュにチケットが余ってないかと尋ねたりしていた（余っていなかった）。私と同僚のウッディは、すかさずケニーのボディガード役を務めた。もともと海軍にいたウッディは見事に役割を遂行したが、私は想像しうる限り最も頼りないボディガードだった。

なんとかキックオフ数分前に到着したものの、そこで目にしたのは今まで観たなかでも最悪の部類の試合だった。しかし、そんなことは関係ない――私たちはトッテナム・ホットスパーを2対0で破り、優勝トロフィーを獲得した。私の心に深く刻まれているのは、翌日おこなわれたパレードだ。リバプールの街をバスでまわった。街頭から歓声をおくる数十万というファンのなかには、リバプールがふたたびチャンピオンズリーグを制するのを生きて目にすることが叶わなかった愛する人の写真を掲げる人もいた。名将アリゴ・サッキは、見事な表現をしている。

「重要でない物事のうち、フットボールは間違いなく最も重要なものだ」

2019／20シーズン　プレミアリーグ制覇

翌シーズンは、マンチェスター・シティが珍しく調子を崩したこともあり、勝ち点99でリーグ優勝を果たした。プレミアリーグになってからは初めてで、リーグ優勝としても30年ぶりだった。優勝メンバーは2018／19シーズンとほぼ同じだったが、アリソンがシーズン最初の試合で負傷したため、新加入のバックアップGKアドリアンがプレミアリーグ11試合に出場し、チェルシーに勝利したUEFAスーパーカップにも先発した。

このシーズンは最初の27戦で26勝し、残り1試合はアウェーでのマンチェスター・ユナイテッド戦で引き分けた。これはプレミアリーグ史上最高のスタートだった。驚異的なスタートを可能にしたのは、ほとんどの試合で先制点を奪ったことだ。27試合のうち先制されたのは5試合だけで、そのうち4試合で逆転勝利をおさめた。とりわけアストン・ヴィラ戦でサディオ・マネが終了間際に決めた劇的な決勝ゴールは記憶に残っている。

最初の27試合では全体の半分以上の時間をリードした状態で過ごし、ビハインドを負っていたのは全体の10パーセント未満だった。参考に、同期間でマンチェスター・シティは全体のおよそ42パーセントの時間をリードしていた。得点に関しては、シティが102ゴールで突出しており、リバプールは85ゴールだった。いつものように、シティはたびたび相手を圧倒し、3点差以上を付けた勝利は14試合もある。対照的に、私たちは大差をつけての勝利は7試合しかなかった。守備面では、アリソンや、相手に質の低いシュートを打たせるディフェンスのおかげでシティと遜色なかった。

根本的には、チームが抱える選手たちの質がチームの成功を左右する。そして優勝に大きく貢献した選手たちは、ほとんどが近年の移籍で獲得した選手たちだった。新加入のアドリアンは9試合に先発した。

2018年に契約したファン・ダイク、アリソン、ファビーニョ、ケイタはそれぞれ38試合、29試合、22試合、9試合に先発し、ファン・ダイクは全試合フル出場を果たした。2017年に加入したロバートソン、サラー、アレックス・オックスレード＝チェンバレンは、それぞれ35試合、33試合、17試合に先発。2016年加入のワイナルドゥム、マネ、マティプは35試合、31試合、8試合に先発。2015年加入のフィルミーノ、ジョー・ゴメス、ミルナー、オリギは34試合、22試合、9試合、7試合に先発していた。

これ以外の先発レギュラー選手は、2010年に獲得したジョーダン・ヘンダーソン（26試合先発）とアカデミー出身のトレント・アレクサンダー＝アーノルド（35試合先発）だけだった。このチームは、壊滅的な2014／15シーズンで馬鹿にされたチームとはまったくの別物に変わっていた。2015年以来、ほぼすべての選手はデータ分析、エディの新しいスカウティングプロセス、そして監督の承認を受けてから獲得された。

ようやく、スカッド形成に対して私たちのアプローチが機能することを示せたわけだ。しかもそれを、ビッグ6の大半よりも遥かに少ない純支出（選手獲得から売却を差し引いた支出額）で実現したのである。

成功の尺度は、トロフィーの数ではない

結果として、リバプールにとって1980年代以来最高と言える成功の時代を迎えることになった。チャンピオンズリーグとプレミアリーグに加え、2019年にはUEFAスーパーカップとFIFAクラブワールドカップを、2022年にはFAカップとリーグカップを制した。

2019年から2022年のあいだに、リバプールはクラブ史上最高勝ち点を3度記録した（92、97、99

ポイント)。これらの勝ち点はプレミアリーグ史上8位、4位、2位の記録である。また、90ポイント以上を獲得して優勝できなかったプレミア史上唯一のチームであり、しかもそれを2度経験した。ある種の快挙だろう。

こうした一連の成功に、データ分析は重要な役割を果たした。同時にそれは、スカウティングや監督と連携して働いた結果でもある。

FSGの社長マイク・ゴードンは、どの部門がどれくらい成功に貢献したかを判断するのはフットボール運営においてとても難しいと語っている。どの部門も、他の部門がきちんと機能しているからこそ成り立つからだ。

マイクの指揮のもと、FSGはスカッド形成や、ユルゲン、アンフィールドの拡張工事、そして新しいトレーニンググラウンドに投資し、成功への土台を築いた。エディは私たちのデータ分析に目を配り、多くの意思決定をデータに基づいておこないながら、選手の獲得や売却に向けた契約を完了させるという一番困難な部分を見事に遂行した。デイブ・ファローズとバリー・ハンターの市場に関する深い知識とリーダーシップのおかげで、リバプールの伝統的なスカウティング部門は、ヨーロッパでも最高峰の効率性を備えることができた。

そして何より重要なのがユルゲンだった。彼のカリスマ性とエキサイティングな攻撃スタイルは、選手をクラブへと惹きつけた。なかでも素晴らしかったのは、たいていエディやFSGと同じ選手を評価したことだ。そして、サラーの移籍でも最初はそうであったように、候補選手の優先順位に関して意見が異なった場合でも、私たちの説得をオープンに受け入れてくれた。どれもが、成功に欠かせない要素だった。

成功はトロフィーの数で測られるべきではない。もう少しだけ運があれば、リバプールはプレミアリーグで3回、チャンピオンズリーグでも3回、優勝していたかもしれない。逆にもう少しだけ運がなければ、何も勝ち取れなかったかもしれない。データアナリストとして、私は成功を別の形で測っている。チームの根本的な向上に目を向けるのだ。

まずは、選手補強について。ユルゲンは毎シーズン、スカッドに3人の選手を加えてきた。2015／16シーズンはフィルミーノ、ミルナー、クライン。2016／17シーズンはマネ、マティプ、ワイナルドゥム。2017／18シーズンはサラー、ロバートソン、ファン・ダイク。2018／19シーズンはアリソン、ファビーニョ、ケイタ。

そうして2018／19シーズンになると、プレミアリーグで先発したリバプールの選手のうち、83パーセントは2015年5月時点でクラブに在籍していない選手になっていた。さらにアカデミーから昇格したトレント・アレクサンダー＝アーノルドも含めると、90パーセントが新しく入った選手ということになる。

新しい選手を発見しては組み込むという作業が非常に早いペースでおこなわれ、ほとんどの選手が成功をおさめた。2015年5月から2019年5月のあいだ、プレミアリーグに残り続けたチームのなかで、リバプールよりも先発メンバーの顔ぶれが多く入れ替わったのはエヴァートンだけだったが、彼らのフィールド上のパフォーマンスはリバプールほど改善されなかった（控えめに言っても）。

データ分析に基づいた「チームの強さ」とは

次は、チームのパフォーマンスの改善について。2012／13シーズンから2015／16シーズンにかけては、1試合あたりの平均勝ち点が1・76で、「ビッグ6」のなかで最低だった。しかしゴール期待値という点ではわずかに下回る程度で、この指標では4位につけていた。一方2016／17シーズンから2019／20にかけては、1試合あたりの平均勝ち点が2・28となり、マンチェスター・シティ（2・35）にはわずかに及ばなかったが、3位のチェルシー（1・98）とは大きな差をつけた。この0・5ポイントもの向上はリーグ断トツのもので、同期間における得失点期待値（ゴール期待値と失点期待値の差）の改善率もマンチェスター・シティに次いで2位だった。

リーグの戦力評価も私の部門の仕事だ。その算出にあたり、私たちは過去のパフォーマンスに基づいて各チームの強さを評価する。2015／16シーズン開始時点で、リバプールのことはプレミアリーグで5番目に強いチームと評価し、平均的なプレミアリーグチームより25パーセント優れていると考えていた。当時、私たちが最強のチームと評価していたのがマンチェスター・シティで、彼らの数値は平均を92パーセントも上回るものだった。

それが2019／20シーズン終了時点になると、リバプールはリーグ2番目に強いチームと評価でき、数値は平均的なチームの2倍以上に達していた。マンチェスター・シティはリーグ全体を驚くべき速度で突き放し、平均的なチームの2・5倍以上の数値を記録していた。だが、私たちは彼らに食らいついていっただけでなく、数値の差も大きく縮めた。

財政面でのパフォーマンスにおいても大いに健闘した。2016／17シーズンから2019／20シーズンのあいだ、リバプールの平均勝ち点は87で、それを上回るのは平均勝ち点89のマンチェスター・シティだけだった。しかし、この期間の移籍における純支出は彼らの半分以下だった。

マンチェスター・シティは巨額を投じて少なくとも成功をおさめたが、ほとんど同額を投じたマンチェスター・ユナイテッドは1シーズンあたり平均勝ち点71しか得られなかった。チェルシー（75ポイント）やアーセナル（66ポイント）も、リバプール以上に支出していた。ビッグ6のなかでリバプールと似たような成果を出していたのはトッテナム・ホットスパーだけで、彼らの支出はビッグ6よりも遥かに少なかったものの、4シーズンの平均勝ち点73を記録していた。

プレミアリーグのチームにとっては給与こそ最大の支出項目であり、この支出こそ移籍支出よりも強く成功と相関している。リバプールの給与総額は成功に比例して増加した――選手契約の一部が成果ベースであったため、総額が上がるのは成功したことが原因の一部だった。そして成功をおさめたスター選手たちがより高額な給与で契約延長をおこないもした。それでもリバプールの総額はマンチェスターの両クラブより低く、チェルシーと比べてもプラス10パーセントには達しない程度だった。

給与と移籍純支出を含めたスカッドへの総支出は、マンチェスターの両クラブより30パーセントほど低く、チェルシーと同程度、そしてアーセナルより10パーセントほど高いものだった。それでもピッチ上でのパフォーマンスはマンチェスター・シティとほぼ互角で、それ以外のチームに比べると優に上回っていた。付けくわえると、ディシジョン・テクノロジーとの協力を続けていたトッテナムも、限られた支出で高いパフォーマンスを発揮していた。

一方で、当時マンチェスター・ユナイテッドとチェルシーはデータ分析を活用していなかった。マンチェスター・シティにはデータ/インサイトチームがあったが、選手補強に関するクラブの意思決定にデータ分析が大きな影響を与えていたとは思えない。

アーセナルには優れたデータ部門があった――2012年には「StatDNA」という分析会社を買収している。ジェイソン・ローゼンフェルドやサラ・ラッドのような非常に優秀な人材が、フルタイムでアーセナルのために働きだしていた。しかし、アーセナルのなかで意思決定にデータ分析がどの程度活かされているのかは不透明だった。サラは、アーセナルではアーセン・ヴェンゲルだけが唯一の意思決定者だったと語っている。[3] ヴェンゲルは誰にでも耳を傾けていたが、意思決定においてデータ、スカウティング、自身の意見のどれをどれほど重視していたのか、データアナリストたちには見えづらかったようだ。対照的に、2015年以降のリバプールでは、「データがノーと言っているなら、その選手とは契約しない」というのが基本原則となっていた。

獲得した選手の質と成功、チーム力の具体的な向上、財政面での効率性は、クラブの長期的な繁栄にとってはトロフィー以上に重要なものだ。これらの成果は、リバプールがトロフィーをひとつも勝ち取れなかったとしても、もっと多くを勝ち取っていたとしても変わらなかっただろう。ジョン・ヘンリー、マイク・ゴードン、そしてFSGの他のメンバーも同じ考えだった。エディが実行した選手獲得プロセスは、結果が最悪だった時期でさえ、結果そのもの以上に高く評価されていた。

●―失敗から学び、成功から学び、幸運から学ぶ

２０１２年当時、データ分析を用いた選手獲得は誰も試したことのない戦略だった。ファン・デル・ファールトやベイルの獲得など、スパーズではいくらかの成功をおさめていたが、スパーズの補強においてデータは一要素に過ぎず、中心的な役割を担うものではなかった。そのためリバプールでは、手探りで学びながら進んでいかねばならなかった。

シーズンを重ねるうちに、私たちが獲得した選手に対する答え合わせができるようになった。２０１３年に契約したイアゴ・アスパスとルイス・アルベルトは、結果的にとても優れた選手であることが明らかになった。才能ある選手として彼らにスポットライトを当てたデータ分析とスカウティングは、間違っていなかったのだ。

しかし彼らは、才能あふれる攻撃陣のなかでレギュラーに食い込めず、監督からも完全な信頼を得られなかった。そこで得られた教訓は何か？　良い選手であることは成功の必要条件ではあるが、十分条件ではないということだ。監督も同意した選手であることが欠かせない。そのことは、失敗に終わったバロテッリの移籍や、移籍当初に苦しんだフィルミーノの例からも学んだ。

自分に疑いの目を向け続けるのは非常に骨の折れる作業だ。それでも、プロセスが妥当なものかを確かめるために、私たちはいつも自らの判断を詳しく検証してきた。マルコヴィッチの移籍での失敗を受け、エディは最終候補の選手たち全員分の詳しいビデオ分析に目を通すという作業を追加した。ベンテケをめ

ぐる大失敗以降は、チームのスタイルと選手のスタイルに大きな注意を払うようになり、スタイルに合わない選手は除外するようになった。そしてベンテケにプレミアリーグの買い手がいたことは、「プレミアリーグでの経験」が買うときだけでなく売るときにも付加価値となることを示しており、この取引による財務上の損失を軽減する結果となった。成功よりも失敗について多く語っているのは少し奇妙に感じるかもしれないが、失敗からのほうが多くを学んだ、というのが本当のところだ。

もちろん成功からも多くを学んだ。複数ポジションをこなせるフィルミーノの柔軟性は弱点ではなく強みであること。ユルゲンがフォーメーションを変え、多才さを最大限に活かせる「偽9番」の役割に彼を据《す》えたとき、真のポテンシャルが解放された。マネからは、性格面での調査が常に信頼できるわけではないという教訓を得た。サラーは、フットボール界で言われる「失敗」が、しばしば誤解に基づくものであることを教えてくれた。そしてロバートソンは、優れた選手が降格したチームでプレーしていることもあると教えてくれた。

私たちは常に、エビデンスに基づいて判断することを心がけ、バイアスを避けようとしてきた。エディがスカウティングレポートを読まず、獲得を検討している選手について人と話すことさえ避けようとしているのは、自分の目でプレーを見るまで、その選手に対してプラスやマイナスのバイアスを持たないようにするためだ。それはエディが他人の意見に簡単に流されるからではない。他人の意見によって「誰もが」無意識にバイアスを受けることを知っているからだ。

しかし多くのスポーツディレクターは、自分の意見を持つ前に人の意見を聞いたり新聞を読んだりすることで無意識に影響を受ける点について、十分な注意を払っていない。

このバイアスの問題は他の分野ではよく知られたものだ。たとえば、犯罪の目撃者同士は警察への証言前に話し合うことを禁じられる。それぞれの体験を話してしまうと、出来事に対する互いの記憶に影響を与え合ってしまうからだ。[4]

私は運についても学んだ。統計学者として、フットボールには運が付き物であることは知っていた。だがそれを心から実感したのはバルセロナとの準決勝での勝利や、勝ち点97を獲得しながらプレミアリーグで優勝を逃したときだった。

運はスカッド形成にも影響している。たとえば、ブラックプールがトム・インスの移籍条件を変更していなければ、コウチーニョはリバプールに来ていなかっただろう。また、バルセロナが獲得を焦っていなければ、コウチーニョの高額な移籍金は得られず、ファン・ダイクとアリソンの獲得資金は足りなかっただろう。サラーがチェルシーで「失敗」していなければ、ローマで際立ったパフォーマンスを見せていた彼の移籍金は、リバプールの出せる額を超えていただろう。

選手獲得においては不運も経験した。たとえば、2014年にサラーの獲得に失敗したことだ。どのチームにも幸運と不運がある。リバプールが違った点は、エディとマイク・ゴードンが導入したデータ主導のプロセスにより、幸運を最大化し、不運の影響を最小限に抑えられたことだ。

最も重要な教訓は、チームワークだった。フットボールはチームでおこなう競技だ。フットボール運営もチームでなされるものだ。選挙予測や野球のセイバーメトリクスで有名な統計学者のネイト・シルバーは、著書『シグナル&ノイズ』のなかで、野球においてはスカウティングに対するデータの優位性が失われたように見えると述べている。[5] その理由のひとつは、スカウトが統計を利用するようになったからだ。

スカウトとデータの組み合わせは、どちらか単独よりも優れている。私たちの2016年以降の補強が成功した理由は、フットボール運営におけるすべての側面から承認を得たからだ。

データがイエスと言い、スカウティングがイエスと言い、ビデオ分析がイエスと言い、財務分析がイエスと言い、そして（何より重要なことに）監督がイエスと言ったとき、エディはその選手が成功すると確信を持って契約をする。これらのテストをすべて通過する選手は数少ないため、全員が同意するには多少の妥協が必要なときもある。だが2015年には笑いものにされていた委員会制のシステムが、ついに結果を出したのだった。

私たちはフットボールを変革した。選手や監督の獲得において入念なエビデンスベースのアプローチをおこなうことで、チームの運命を劇的に変えることができると示したのだ。

パート 2

誰も知らなかった
サッカーの
本当の見方

「平均的な人間が扱える確率は5つしかない。99パーセント、1パーセント、100パーセント、0パーセント、50対50、それだけだ」

——経済学者リチャード・セイラー

「プレーヤーを評価するというプロセスは、荒れた水面で上下するコルクの位置を、ロープに括りつけられて風に揺られる物差しを使って測るようなものだ」

——物理学者アルパド・イロ

「個人的には、自分なら僕にこんな額は払わない」

——ネイマール

第6章

ギャンブルとデータ革命

それでもゴール数は予測できる

フットボールクラブにおけるデータ革命は、ギャンブルにおけるデータ革命を直接の起源としている。フットボールのデータがオンラインで手に入りだした頃、それが試合の結果予測に使えるのではないかと考えた無名の学者たちがいた。彼らの研究は、のちのちイギリスの2つのクラブに大きな影響を与えることになる。

ゴールは滅多に起きない出来事だ。1995／96シーズンから2023／24シーズンまでのプレミアリーグ29シーズン[1]において、ゴールの総数は2万9706となっている。シーズン平均で1024・3ゴール、1試合平均で2・70ゴールだ。試合の7・8パーセントがスコアレスに終わり、6点以上決まる試合は5・9パーセントである。このゴールの少なさが、フットボールにおけるデータ分析を難しくしている。計測したい対象が稀にしか起きない出来事であり、コントロールや再現ができない状況（ラッキーなディフレクションやキックミスしたクロスなど）に左右されることも多いからだ。しかし、この短所は確率論を理解すれば長所に変わる。

ポアソン分布（別名「少数の法則」）は、稀な出来事のデータを扱うためのものだ。ある出来事が起こる平均的な頻度を知っていれば、それが特定回数起こる確率をポアソン分布で予測できる。計測の対象はなんでも構わない。たとえば、ある週に当選する宝くじの枚数や、DNAのなかで起こる突然変異の回数でもいい。出来事が一定の頻度で発生し、各出来事が互いに影響を及ぼさず独立して起こる場合、ポアソン分布を適用できる。

そして、フットボールチームが特定の点数を決める確率は、ポアソン分布が予測する値にかなり近いものとなる。厳密に言えば、フットボールにおいて各ゴールは互いに影響関係のない独立したものではない――リードしているチームの方が守備的になることが多く、そうなると守備的なチームの得点確率は下がる。しかし、それでもポアソン分布で導き出した近似値は、チームのパフォーマンスを予測するのに十分役立つ。

実生活での例を見てみよう。たとえば店で働いていて、客がランダムな時間に来店するとする。1時間に平均5人来るが、それは毎時間必ず5人という意味ではない。偶然に左右され、忙しい時間帯もあれば、静かな時間帯もある。最も可能性が高いのは4人か5人だが、7人のときもあれば2人のときもある。ポアソン分布によれば、ある1時間に9人以上来る確率は7パーセント、3人以下である確率は12パーセントである。

ポアソン分布に関して、私たちは心理的な盲点を持つ傾向がある。つまり、自然な結果のばらつきであることをうまく納得できないのだ。たとえば、あるチームがホームで平均1・5ゴールを上げる場合、ポアソン分布によれば無得点に終わる確率は22パーセントもある。しかしチームが実際に無得点だったとき、本当に弱いチームだと考えてしまったりする。だが無得点になる可能性は22パーセントもあるのだ。これは運をパフォーマンスと（ノイズをシグナルと）誤解した例と言える。情報が限られている場合、目にしたものから急いで結論を引き出してしまうのは注意が必要だ。

ポアソン分布で「から騒ぎ」を斬る

２０１１年、私はポアソン分布による予測をテストする機会を得た。この年のプレミアリーグでは、最初の99試合で２９５ゴールが記録され、１試合平均で約3ゴールが生まれていた。その後、イギリスのフットボールメディアでは、この「ゴール過多」[2]について多くの記事が書かれた。こうしたゴールの原因は、近年ストライカーに多くの資金が投じられたからだろうか、それとも守備がひどすぎるからだろうか？　集められた専門家たちは、それぞれの見解を述べた。１９８０年代に活躍したリバプールのレジェンドであり、果敢な攻撃を見せるミッドフィルダーだったレイ・ホートンは、すぐに守備を非難した。「このゴール過多はひどすぎる守備のせいだ。それに尽きる。最近は守備の技術が失われてしまったと感じている」。

一方、元アーセナルのサイドバックであるナイジェル・ウィンターバーンは、もう少し穏やかに語っている。「各チームがより冒険的なスタイルでプレーしているように見える。それが得点の数を増やしているだけでなく、失点の量も増やしている。ディフェンスラインを高く設定するほど、カウンターアタックに対して弱くなるからだ」。

しかし、ポアソン分布の力を借りた私は、まったく異なる結論にたどり着いた。フットボールデータ分析の分野で「ディクソン＝コールズ」として知られるモデルを使い、2011／12シーズン最初の99試合をコンピュータ・シミュレーションで分析するのは簡単なことだった。

1997年、ランカスター大学に在籍する研究者のマーク・ディクソンとスチュアート・コールズは、「Journal of the Royal Statistical Society: Series C (Applied Statistics)［王立統計学会誌：シリーズC（応用統計）］」に論文を発表した。[3] フットボールクラブのオーナーやマネージャーにはほとんど読まれていなかったが、2005年の暮れ、雨の降るロンドンで、当時の上司であるヘンリー・ストットがこの研究を見せてくれたとき、私は内容に引き込まれた。ユーストン・ロードにほど近いディシジョン・テクノロジー社の狭いオフィスで座りながら、ディクソンとコールズがいかにしてポアソン分布を用い、各チームの得点傾向と失点傾向をモデル化したかについての記事を読んだ。[4] そうして得られたチームごとの得点能力と失点能力の推定値をもとに、そのチームが1試合に平均して何ゴール得点／失点するかが予測された。

平均ゴール数が予測できれば、残りの作業はポアソン分布がやってくれる。平均値を入れるだけで、あらゆる結果の起こる確率（分布）が算出されるのだ。たとえばホームチームが平均1・5ゴールを挙げると予想される場合、ポアソン分布を使えば無得点になる確率22パーセント、1ゴールが33パーセント、2ゴールが25パーセントと算出される。

ディクソン＝コールズモデルを応用した私の分析では、シーズン開始から最初の99試合で予測される平均ゴール数は279だった。実際のゴール数（295）は予測を上回っていたが、「ゴール過多」と叫ばれるほど多いだろうか？ ここでも、ポアソン分布を使うと答えは簡単に計算できる。最初の99試合で平均279ゴールが予想される場合、295ゴール以上になる確率は17パーセント。[5] およそ6分の1の確率だ。

高額なストライカーや守備のひどさについて書かれた記事、そして守備技術の喪失を嘆いたり新しい攻撃戦術に理解を示したりする専門家の発言は、どれも「サイコロを振って6が出た」程度の説明で済む物事について、あれこれ語っているに過ぎない。短期的で再現性のない変動（あるいは端的に「運」）に対し、「ゴール過多」などと叫ばれる過剰反応は、フットボール界の悩ましい点だ。数回の敗戦で解任される監督。一時的なゴールの量産で「次なる大物」と謳われるストライカー。これらはポアソン分布で見れば、ちょっとしたバラつきに過ぎないことも多い。

「ゴール過多」現象の正体

この「ゴール過多」という些細な例で特に興味深かったのは、「本当は何が起きていたのか」を誰もが見落としていた点である——本当は2006年以降、プレミアリーグのゴール数は大きく増加していたのだ。2006／07シーズンに99試合で295ゴールが記録されていれば真に驚くべき出来事だっただろう。[6] しかし2011／12シーズンにおいては、まったく予想できないことではなかった。本当に起きていたのは「ゴール数が徐々に増え続けていた」という話だが、その変化は、想定できたはずの数値に人々が驚いて目を向けるまで見過ごされていたのである。本当はずっと前から変化は起きていたのだ。

ゴール数の増加の理由は主にビッグクラブにある。スパーズ、エヴァートン、マンチェスター・シティは守備力をほとんど落とさぬまま得点力を高めていった。アーセナルとチェルシーは得点率も失点率も増加していた。一方で、リバプール、ニューカッスル、ボルトン、ブラックバーンは2006年よりも

2011年のほうが失点しやすいと評価されていた。

これらの変化は5年をかけて緩やかに起きた。なかには明確に説明がつくものもある。たとえば、マンチェスター・シティは守備陣よりもテベス、アデバヨール、ジェコ、アグエロといった攻撃陣に多くの資金を投じた。モウリーニョ、ベニテス、アラダイスといった守備的な監督がそれぞれのクラブを去ったことも一因だ。どのケースでも変化は5年間を通じて段階的に進んできたもので、2011／12シーズンに突然起きたわけではない。

ディクソン＝コールズモデルの特徴のひとつは、チームの強さが時間とともに変化することを考慮できる点だ。選手の加入や退団、怪我や復帰を考えると、当然チーム力は変化していく。チームの強さの変化を素早く計算するためには、ベイズの定理を用いる。出場時間が少ない選手を分析する際に触れたように、ベイズの定理は事前の信念（belief／確信度）と最近の証拠（エビデンス）をもとに将来の予測をおこなう。たとえば、あなたが誰かを「優れた運転手」だと信じていたら、その人が翌年に事故を起こす確率は低いと予測するだろう。しかし、その人物が去年3回事故を起こしていたと知れば、その新しい証拠をもとに、あなたはその人物の運転技術に対する確信度合いを更新し、将来さらに事故を起こす確率を高く見積もるようになる。

フットボールチームについて言えば、ある1試合における得失点は、チーム力を示す証拠としては弱い。そのためチームの強さはゆっくりとしたペースでしか更新されていかない（得点や失点だけが手がかりである場合）。私たちの分析では、次のような経験則が導き出された。

「明日のチームの強さは、昨日までのチームの強さ98パーセントに、今日の試合における期待値との差を

2パーセント加えて決まる」

その理由はポアソン分布にある。たとえば1・5ゴールが予測される場合、偶然によって無得点や3ゴールになるのは珍しくない。そのため、この最新の証拠を過度に重視することはできない。さらなる情報（たとえば創出されたチャンスの数や質など）があれば、直近の証拠をもう少し重視し、過去の信念をもう少し修正することができる。

こうしたチーム力の緩やかな変化は、人間の心理的な本能に反する。ダニエル・カーネマンは、同じ戦績を持つ2つのチームの試合を例に、次のような説明をしている。[7]一方のチームがもう一方に圧勝した場合、人は勝ったチームが負けた方よりもずっと強いと判断するという。その信念の更新は2パーセント分どころではない。それに加え、過去についても誤った認識に変わってしまう可能性があるという。つまり、「後知恵バイアス」によって、勝ったチームの方がもともと明らかに強かったと感じるようになるのだ。

こうした点について、私はディシジョン・テクノロジー社のブログで「プレミアリーグのゴール……過多?!」[8]と題して分析を公開した。分析は正しいと自信を持っていたが、少しの不安もあった。何か決定的な要素を見落としていたらどうしよう？

実際この年の最初の99試合には、かなり妙な結果もあった。たとえばマンチェスター・ユナイテッドはアーセナルを8対2で破ったかと思えば、マンチェスター・シティにはホームで1対6で敗れていた。大敗したアーセナルはと言えばアウェーでチェルシーに5対3で勝っていたのだ。だがシーズンが進んでいくうちに、私の懸念は急速に消え去った。２０１１／１２シーズンは１０６６ゴールが生まれてプレミア新記録となったが、前シーズンの1063ゴールという記録から3ゴール更新されただけだった。

オッズはどれだけブックメーカーに有利に設定されているのか

ディクソンとコールズが画期的な研究に取り組んだモチベーションは、「ゴール過多をセンセーショナルに書きたてるフットボールメディアへの反論」という私のモチベーションよりも強力なものだった。彼らの論文のタイトルは「協会式フットボールにおける得点およびフットボール・ベッティング市場の非効率性のモデル化」だった。彼らはチームごとの得点力と失点力の推定を基に勝敗予測を立て、ブックメーカーのオッズを使って利益を得られるか調べたのだ。ブックメーカーのオッズは、結果に対する暗黙の確率を踏まえて算出される。たとえば、サイコロを振って6が出ることに賭ける場合、公平なオッズは5倍となる。6回のうち5回は負ける（たとえば、1ポンドの賭け金を失う）が、6回のうち1回だけ5ポンドを得る。このオッズは6が出る確率を正確に反映しているため、長期的には勝ちと負けが均等になる。

現在、ブックメーカーは公平なオッズを提示しないため、ベッティングは割に合わない勝負だと言われている。たとえば、ブックメーカーがサイコロで6が出ることに不公平な4・5倍のオッズを提示した場合、5ポンドを失うリスクに対して4・50ポンドしか得られない。カジノやスポーツイベントの賭けの多くは、期待値がマイナスだ。

たとえば実力の同じ2つのフットボールチームの試合で、ホーム勝利に2・25倍（5／4）※、引き分けに3・4倍（12／5）、アウェー勝利に3・1倍（21／10）というオッズが提示されるかもしれない。サイコロの例と同様に、フラクショナルオッズの表示形式は勝利と負けの比率を表す。

※5/4はフラクショナル式オッズの表示形式。右側の数字は賭け額、左側は利益を表す。利益とは元本を除いたもの。つまり5/4なら、4ポンド賭けて5ポンド利益となり、払い戻し総額は9ポンド。4ポンドを賭けて払い戻し9ポンドなので、少数表記のオッズでは2・25倍となる

たとえば5／4は、5回の外れに対して4回の的中、つまりホーム勝利の確率は9戦のうち4回＝44・4パーセントであることを示す。同様に計算すると、引き分けの確率は29・4パーセント、アウェー勝利の確率は32・2パーセントとなる。しかし、この数値は少し怪しい。これらの確率を足すと１００パーセントを超えてしまうのだ（この場合は１０６パーセント）。この余分な6パーセントが、ブックメーカーにとっての「オーバーラウンド」だ。つまり１００パーセントを超えた部分がブックメーカーの期待利益となり、ベッティング業界では「ジュース」「ビゴリッシュ」「カット」「エッジ」など様々な言葉で表現されている。この期待利益は、公平なオッズよりも不利なオッズを提示することで可能になっている。[9]

期待値マイナス6パーセントの賭けで利益を出すのは非常に難しい。１９９７年当時、ブックメーカーの利益率は11パーセントであり、理論上は利益を上げるのがさらに難しかった。ディクソンとコールズは、彼らの予測とブックメーカーのオッズが食い違う試合を探した。たとえばブックメーカーがアウェーチームのオッズを5／1（6倍）と設定した場合、彼らのモデルがアウェーチームの勝率を6分の1以上と予測していれば、その賭けは理論上プラスの期待値を持つことになる。彼らの調査では、この期待値の差が少なくとも15パーセント以上のとき、理論上プラスのリターンが得られたという（ただし、そのリターンは統計的に有意と言えるほどではなかった）。[10]

このあまり知られていない研究に、ベッティング業界で働く2人の男が関心を持った――それがトニー・ブルームとマシュー・ベンハムだ。

２０００年代半ば、ブルームとベンハムは、イギリスの一般的なブックメーカーが提供する勝敗や引き分けへの賭けより、もっと特殊な形式の賭けに興味を持っていた。そうした特殊な市場は、極東で盛んに取引されていた。その特殊な賭け方のひとつが「アジアンハンディキャップ」と呼ばれるもので、極東で人気の形式であることからそう呼ばれている。実力差をハンディキャップで補正してから賭けの勝ち負けを決めるのである。

たとえば、マンチェスター・ユナイテッドがホームでルートン・タウンと対戦する場合、ハンディキャップがマイナス1・5ゴールと設定されたりする。この場合、マンチェスター・ユナイテッドは実際のスコアからマイナス1・5ゴールされるため、2ゴール以上の差で勝利すれば賭けが当たり、それ以外は負けとなる。もうひとつの賭け方は「オーバー／アンダー」と呼ばれるもので、試合の総ゴール数に賭ける形式だ。たとえば、「2・5ゴール以上」に賭ける場合、試合で3ゴール以上が決まれば勝ちとなる。

ディクソン＝コールズモデルの強みのひとつは、あらゆる得点パターンの確率を計算できる点にある。これにより、あらゆる得点結果に基づく公平なオッズを簡単に計算できる。たとえば、アジアンハンディキャップがマイナス1・5の場合、ホームチームが2ゴール以上の差で勝利するすべての得点パターンの確率を合計すればいい。「2・5ゴール以上」の場合も同様に、総ゴール数が3以上となるすべての得点パターンの確率を合計すればいい。

ブルームは、ブックメーカー「ビクター・チャンドラー」で働いていたときに、このアジアンハンディキャップをイギリスに導入した。[11] そして彼は、アジアンハンディキャップの市場を調査していたとき、極東では適正でないオッズがつけられることが多いと気がついた。しかも極東のブックメーカーは、イギリスの業者よりも利益率を遥かに低く設定していたうえ、より高額な賭けも許容していた。そのためブルームとベンハムは、この市場で静かに速やかに大きな利益を得た。

市場も徐々に効率化されていったが、依然として隙は残っていた。ブルームは「スターリザード(Starlizard)」という会社を設立し、データ分析を用いて各市場の公平なオッズを予測し、自分たちの予測と実際のオッズの差異を利用して利益を上げた。ベンハムも同じような形で、「スマートオッズ(Smartodds)」という会社を設立した。

●「最も危険な時間帯は得点した直後」はウソだった

アジアンハンディキャップやオーバー／アンダーの市場に加え、「イン・ランニング」あるいは「イン・プレー」方式の市場も人気を集めつつあった。この市場では、試合中に、その時点までのスコアや残り時間に応じて最終スコアの確率が計算され、それに基づいてオッズが刻一刻と更新される。こうした市場では、ブックメーカーによる価格設定ミスや、賭ける側の過剰反応がさらに起こりやすかった。

たとえば、ゴールを決めてリードしたチームに多額の賭けが集中すると、ブックメーカーはそのチームのオッズを引き下げる。すると、現在負けているチームのオッズが過剰に上がることになる。つまり、勝つ確率が実際よりも低く見積られている状態になり、オッズが示すよりも高い確率で勝つ可能性がある。

1998年、今度はマイケル・ロビンソンと力を合わせ、マーク・ディクソンはディクソン＝コールズモデルを更新し、試合中のどの時点からも最終スコアを予測できるようにした。[12] このモデルをプログラム化できる人なら誰でも、秒単位でオッズの変動を算出可能になった。この研究は「A Birth Process Model for Association Football Matches(協会式フットボールの試合における出生過程モデル)」として発表され、試合の初めから終わりに向けてゲームの動態がどのように変化するかが明らかにされている。いくつかの発見はフットボール専門家の競技理解と一致していたが、直感に反する結果もあった。ディクソン＝ロビンソンは、得点率は試合が進むにつれて一般的に増加することを示した。そしてホームチームが1対0でリードしている場合、ホームチームの得点率は低下し、相手チームの得点率が上昇することを示した。これは直感的にも理解できる。ホームチームはリードを守ろうとする傾向にあり、それが得点率を低下させるのだ。そしてアウェーチームがリードしているときは、少し状況が異なり、両チームの得点率が上昇する。最後に、最初のゴールが決まったあとは、基本的に得点率が上がっていくことも突き止めた。つまり「ゴールが試合を変える」のだ。

彼らは「最も失点しやすい危険な時間帯は得点した直後だ」という格言、いわゆる「ストライクバック効果」についても検証した。その結果、それは真実ではないことが分かった。得点後2分間は失点の確率はむしろ低くなっていた。だがこれはおそらく、試合再開までに要する時間が影響している。とはいえ、得点後5分間における失点率も、他の時間帯と比べて高いわけではなかった。ディクソンとロビンソンは、この「ストライクバック効果」が叫ばれてきた理由は、おそらく人間が「驚くような出来事の発生頻度」を実際よりも高く見積もりがちだからだろうと指摘している。

●―果てしなく続く「情報ゲーム」

自分たちの優位性を守っていくために、ブルームとベンハムは現在、ディクソンやコールズとそれぞれ手を組んでイノベーションを続けている。どのブックメーカーも愚かではなく、どこも損をすることを心から嫌う。そのため、賢い業者はディクソン＝コールズモデルやディクソン＝ロビンソンモデルを独自に進化させ、自分たちのオッズが実際の確率からズレていないかを確認するようになった。

際限なく優位性を競い合うなかで、ブルームとベンハムは従来のブックメーカーがオッズ調整に使う情報（選手の負傷、モチベーション、天候など）も予測に活用し始めた。しかし彼らは従来のブックメーカーと違い、それを直感的にではなく分析的に用いた。これまでブックメーカーは、選手が負傷した場合に少しオッズを調整するかどうかや、一方のチームが試合を圧倒的に支配している状況で「イン・ランニング」のオッズ（ライブオッズ）をどれだけ積極的に調整するかを直感で判断していた。ブルームとベンハムは、そこにデータ分析を取り入れた。

片方のチームが試合を支配しているといった情報に対して、ベッティングの顧客が過剰反応または過小反応しているかを知る唯一の方法は、試合中に刻一刻と変化する情報を分析することだった。問題は、そうしたデータが存在しなかったことだ。そこで、スターリザードとスマートオッズは大量の人員を雇い、試合中の情報を片っ端から収集させた。

試合中のチャンスは、その質に基づいて評価が与えられた。たとえば、一か八かの遠距離からのシュートは低い評価を受ける一方、至近距離でのシュートは高い評価を得る。さらに、評価する対象はシュートに限らない。ストライカーがわずかにラストパスに届かなかったような惜しいチャンスにも評価が与えられた。ある関係者は次のように述べている。

「チームのパフォーマンスレベルを体系化するための非常に資金と手間のかかる方法ではあるが、現在のxG（ゴール期待値）よりも優れている。訓練を受けた人々が試合を見て、シュートには至らなかったような状況も考慮に入れられるからだ。ゴール期待値は、そういう状況には目を向けない[13]」

何千試合にもわたって集められたチャンスの質に関するデータは、試合が動いたときの市場の反応が合理的かどうかを理解するのに役立っただけでなく、ゴール期待値に関連するデータを大規模に集約した世界初のデータベースを意図せず生み出す結果にもつながった。このデータは定量的ではなく定性的だったが、非常に価値があった。大きなリーグにおいてさえ、定量的なデータが広く購入可能になるのは2000年代後半になってからのことだ。

ベンハムとブルームは、大きな額を賭けられるすべての試合から膨大なパフォーマンスデータを収集していた。それに基づいてギャンブルの世界で財を成した彼らは、ギャンブルで活かした優位性を2つのフットボールクラブに持ち込むことになる。

ギャンブルで財を成したふたりの男がサッカーチームを買収した結果

小さな頃からブライトン&ホーヴ・アルビオンのファンだったトニー・ブルームは、「リーグ1」(イングランドの3部リーグ)に所属していた同チームを2009年に買収した。それから14年後、ブライトンは新しくなったスタジアムでプレーし、プレミアリーグを6位で終えた。

マシュー・ベンハムは、小さな頃からブレントフォードのファンであり、リーグ1に所属していた同クラブを2012年に買収した。それから11年後、ブレントフォードは新しくなったスタジアムでプレーし、プレミアリーグを9位で終えた。

ブライトンとブレントフォードは、給与や移籍の出費を抑えながらも、予想を大きく上回る結果を残してきた。その成功の要因は、両クラブのオーナーがエビデンスに基づいた意思決定プロセスをクラブ運営に導入したことにある。

プロのギャンブラーは非常にリスクの高い仕事だ。賭けるチームの調子といった短期的な変動や無関係な情報に過剰反応して、シグナル（予測の手がかり）とノイズ（雑音）を混同してしまったら命取りになる。ネイト・シルバーはこう述べている。

「私たちの脳は、常にパターンを探すようにできており、本当はそのデータがノイズだらけだと理解するべきときにも、いつだってシグナルを見いだそうとする」[14]

ブルームとベンハムは、スポーツベッティングという過酷な世界で学んだシグナルとノイズ、あるいはスキルと運についての教訓をクラブ運営に応用した。

「シーズンを通して考えると、幸運と不運はプラスマイナスゼロになり、順位は嘘をつかないと人は言う。しかし、それは端的に真実ではない」[15]

ベンハムはそう語っている。フットボールクラブのオーナーとしては珍しい、洞察あふれる言葉だ。

ブライトンとブレントフォードは、それぞれスターリザードとスマートオッズのサービスを利用してパフォーマンスのデータ分析をおこなうとともに、世界中から選手をスカウトするのに役立てている。

ベッティングの世界では、プロのギャンブラーはブックメーカーが提示した価格と実際の確率を比べ、有利だと判断した場合に賭けをおこなう。同じことは選手の入退団にも言える。提示された獲得オファー額が、その選手のパフォーマンスよりもクラブにとって価値があると判断したときは売却し、移籍金として支払う金額より、その選手がクラブにもたらす価値の方が高いと判断したときは獲得する。

ブレントフォード

　こうした合理的な選手の売買を進めるには、相当な忍耐や一貫性を持った判断が必要だが、ブレントフォードはそれを見事に実践してきた。ブレントフォードは小規模なクラブだ。ベンハムが２０１２年に買収した時点では、１９４７年以来トップリーグに所属しておらず、当時のスタジアムである「グリフィン・パーク」は、１万２３００人しか収容できない小さな施設だった。[16]

　収入が少ないため、３部のリーグ１や２部のチャンピオンシップのなかでさえ財政的に不利な状況で戦わねばならなかった。２０１４／１５シーズンにチャンピオンシップに昇格したあとも、給与の面では同リーグの下位に位置していた。それからチャンピオンシップで過ごした5シーズンのあいだ、リーグ全体の給与は急速に増加していったものの、ブレントフォードの給与は最低水準であり続けた。

　そのうえ、移籍市場でも大きな支出をしていなかった。チャンピオンシップのチームは、選手を売却することで赤字を避けたり利益を出したりする傾向にある。多くのクラブが収入のすべてを給与に充てているため、選手を売却して補填せざるを得ないのだ。ブレントフォードは移籍市場においてチャンピオンシップの平均を遥かに上回る利益を上げていた。それは必要悪だったと言える——小さなスタジアムで収入に限りがある市場規模の小さなクラブにとって、財政を健全に保つためには給与を抑えながら移籍金で利益を得ることが欠かせなかったのだ。

　給与が低く、高く売れる選手が抜けるにもかかわらず、ピッチ上での成果は素晴らしいものだった。チャンピオンシップ昇格の初年度には5位となり、それから9位、10位、9位、11位、3位、3位と推移し、2020/21シーズンにプレーオフ決勝でスウォンジー・シティを破り、ついにプレミアリーグ昇格を果たした。

最も成績の悪かった2018/19シーズンには、新監督に就任したトーマス・フランクが最初の10試合で8敗を喫した。他のオーナーであれば監督交代を検討したかもしれないが、ディクソン＝コールズやゴール期待値の視点を持ったブレントフォードは、目の前の結果に振り回されることがなかった。ブレントフォードが昇格を決めたときもフランクが監督であったし、現在も監督を務めている。[17] ベンハムは、クリストフ・ビーアマンの著書『Football Hackers』（未邦訳）のなかで次のように述べている。「結果は取り組みの成果と完全に無関係というわけではないが、基本的にはノイズに過ぎない」[18]。

彼らの成功の秘訣は？　一言で表すなら「ベストな選手を売る」という戦略だ。ブレントフォードは毎シーズン少なくとも1人、多いときには2〜3人の主力選手を売却して利益を得てきた。

こうした取り組みは、チャンピオンシップへと昇格した頃に始まった。2012年の夏、ブレントフォードはアダム・フォーショーを半年のレンタル期間を経てフリーで獲得した。彼はエヴァートンのユースチーム出身でありながら、トップチームには定着できず、ブレントフォードに移ってからリーグ1での最終2シーズンで先発レギュラーとして活躍した。昇格メンバーの一員となったが、それにはお構いなしにウィガンへ約250万ポンドで売却された。この額はブレントフォードにとって、1999年以来最大の売却益となった。

その収入の一部を使って獲得したのがモーゼス・オドゥバジョとアンドレ・グレイだ。彼らは

2014/15シーズンのチャンピオンシップ初年度でほぼ全試合に先発し、グレイは17ゴールを記録した。成功した補強だったが、彼らはわずか1シーズンでクラブを去った――オドゥバジョはハル・シティに350万ポンドで、グレイはバーンリーに600万ポンドで移籍した。同じシーズンには、ブレントフォードで2シーズンを過ごしていたジェームス・ターコウスキーも、バーンリーに360万ポンドで移籍した。

このように成功した選手を売却しながら利益を得て、代わりを補強するというサイクルが続く。2016/17シーズンには、約75万ポンドでロッチデールから獲得していたスコット・ホーガンがアストン・ヴィラに約900万ポンドで売却された。そして2017/18シーズンに、ホーガンの代わりにエクセター・シティ（リーグ2）からオリー・ワトキンスを200万ポンド＋出来高払いの契約で獲得した。ワトキンスは類いまれな選手だった。クラブで3シーズン活躍したあと、アストン・ヴィラに約2800万ポンドで移籍した。彼のキャリアは大きな成功をおさめている（現在はイングランド代表でも活躍している）が、ブレントフォードはどのクラブより早くその才能を見抜いていたのだった。

そんなパターンが、何度も繰り返し続いた。ユースから昇格したクリス・メファムはトップチームで1年半プレーしたあと、ボーンマスに移籍した。サイード・ベンラーマやニール・モペイはわずか2年在籍したあと、それぞれウェストハム・ユナイテッドとブライトンに移籍した。エズリ・コンサは1年の在籍のあと、アストン・ヴィラに移籍した。ブレントフォードは、これらすべての選手で大きな利益を得た。

通常、主力選手の売却はクラブの成功につながらない。たとえば、スパーズはガレス・ベイルを売却したあとに苦しみ、リバプールもルイス・スアレスやラヒーム・スターリング売却の影響を感じた。だが、その原因は移籍で得た利益を賢く再投資できなかったことにある。

ブレントフォードは、データ分析に頼りながら戦力補強をおこなったことで成功した。レイトン・オリエント、ルートン・タウン、オールダム、ロッチデール、エクセター・シティなど、下部リーグの無名クラブから選手を獲得。また、一番の成功例だったサイード・ベンラーマとニール・モペイの2選手は、サンテティエンヌやニースというフランスのビッグクラブに移籍したが、そこではどちらもうまくいかず、アジャクシオやシャトールー、スタッド・ブレストといった小規模なクラブへのローン移籍で多くの時を過ごした。

スマートオッズは、リバプールと同じようにディクソン＝コールズモデルに基づいたツールを使い、各チームの能力をチャンピオンシップのチームと比較できるようにしていた。チャンピオンズリーグやヨーロッパリーグといった欧州トップレベルの試合を分析すれば、フランスのトップチームがイングランドのトップチームと比べてどれほどの実力を持つかを測定できる。それだけでなく、リーグの昇格や降格、そして国内のカップ戦を通して、各国内の1部リーグと2部や3部リーグの実力差も把握することができたのである。

ディクソン＝コールズモデルを欧州全体の試合に適用していたことにより、あるチームの対戦相手の強さをチャンピオンシップのチームと比較でき、選手パフォーマンスを上方または下方に修正できた。つまり、イングランドのリーグ2やフランスのリーグ・ドゥで活躍する選手のパフォーマンスを、チャンピオンシップの対戦相手基準に調整できる。こうした定量的な方法により、他リーグの選手がチャンピオンシップでどれだけ通用し成功できるかを判断していた。

スマートオッズは独自のパフォーマンスデータ——彼ら独自のゴール期待値——も豊富に揃えており、それを選手補強に活かしていた。そのため、グレイ、モペイ、ワトキンスなど、ストライカーの補強で大成功が多かったのも不思議ではない。このようなツールに加え、従来のスカウティングも活用することで、ブレントフォードは過小評価されている才能を発掘し、驚くような成功を手にしたのだった。

彼らが獲得した選手たちは代役として即戦力となっただけでなく、年齢も若かった。チャンピオンシップに参戦した最初の年、ブレントフォードはリーグで一番若く、平均24・8歳でリーグ平均より2歳も若かった。チャンピオンシップにいた7年のあいだ、ブレントフォードの平均年齢は常にリーグ3番以内の若さで、一番高かった昇格シーズンも、平均は25・2歳だった。

これはデータ主導の補強だったからだろうと容易に察しがつく。移籍金は平均すると20代半ばでピークを迎え、パフォーマンスは20代半ばから後半にピークを迎えるからだ。選手の売却によって利益を得るには、若い選手を買う必要があったのだ。ブレントフォードが大きな額で売却した選手のほとんどは、19〜23歳のときに獲得していた選手たちだった。

リバプールでは、私たちも似たような戦略をとった。２０１４／１５から２０１７／１８シーズンのあいだ、リバプールの平均年齢は常にリーグで3番以内に若く、２０１７／１８シーズンはリーグで一番若かった。チャンピオンズリーグの決勝にまで進んだ年だ。チーム内には、「24歳以上の選手を獲得しない」という暗黙の掟《おきて》があったが、このルールは場合に応じて緩められた。

たとえばジェームズ・ミルナーは29歳だったが、フリーの移籍であったうえ、非常に経験豊富な優れた選手で、どのポジションでもプレーでき、さらに監督も望んでいたため獲得された。若い選手を獲得する動機はブレントフォードとほとんど同じだった。選手のパフォーマンスや移籍金は、20代半ばに向けて高くなっていくのだ。良い選手を獲得することは、高い移籍金をもたらすか、より良い場合であれば、チーム力の向上とタイトル争いへの貢献につながる。

リバプールでは、チームが成功してからは、移籍金を得るために主力選手を売却する代わりに、彼らを維持する選択肢を持てるようになった。ブレントフォードも2021年に昇格したあと、リーグからの分配金などによって収益が増加したことで、同じく主力選手を保持できるようになった。昇格によって主力を売らなくなったことから、移籍の純支出こそプレミアリーグでも中規模となっているが、給与は一番低い水準を保ち続けている。

賢い投資は続けつつも、チャンピオンシップでの6年にわたる「スター選手を売りながらパフォーマンスを向上させ続ける」という驚異的なトリックを再現する必要はなくなった。彼らはこの贅沢《ぜいたく》を手にするにふさわしいと思う。

ブライトン＆ホーヴ・アルビオン

ブライトンは、トニー・ブルームによる導きのもとで目覚ましい成功をおさめてきた。彼らはブレントフォードに比べると、より一般的な道筋をたどった。2011年にチャンピオンシップへ昇格したときに、10年以上使用した仮設スタジアムから収容人数3万人以上の新しいファルマー・スタジアムに移った。チャンピオンシップでは財政面で中規模のチームであり、平均的な給与総額だった。

しかし給与規模に対して成績は基本的に高く、10位、4位、6位、20位[19]、3位と推移し、2017年を2位で終えてプレミアリーグへと自動昇格を果たした。

ブライトンの移籍戦略は様々に変わってきた。チャンピオンシップでの初年度には移籍に多くの資金を投じた。しかし、それからのシーズンでは初年度の投資を補填できるほどの移籍収益を上げていく。プレミアリーグ優勝を果たすレスター・シティにレオナルド・ウジョアを売却したことで大きな利益を得た。さらにウィル・バックリーとリアム・ブリッドカットは、元ブライトンのガス・ポジェ監督が指揮するプレミアリーグのサンダーランドへ移籍した。

ここでも同じような展開が繰り返され、ブライトンは売却によって利益を得た一方、ブライトン時代のポジェのもとで主力だったバックリーとブリッドカットはプレミアリーグに移籍して苦しんだ。バックリーはプレミアリーグでわずか9試合の先発出場にとどまり、ブリッドカットは19試合。ブライトンは、監督が古巣の選手を好むことを心得ていて、それをうまく利益につなげていたのだ。

チャンピオンシップでの最後のシーズン、ブライトンは多額の資金を投入し、効果的な補強をおこなった。シェーン・ダフィ、グレン・マレー、アントニー・クノッカールといった高額な選手たちは、昇格を決めたシーズンで重要な役割を果たした。

プレミアリーグに昇格すると、ブレントフォードと同じく分配金等による収入増を活かして移籍市場での支出を増やした。プレミアリーグに参入してからの3シーズンの純支出はリーグ平均を上回ったが、その後は急激に売却収入の方が増えていった。2021年の夏には、アーセナルがベン・ホワイト獲得のために5000万ポンドを支払った。その後、チェルシーがブライトンの選手やスタッフを次々と引き抜いていく。マルク・ククレジャ、ロベルト・サンチェス、モイセス・カイセドがチェルシーに移籍し、それぞれがブライトンに巨額の移籍金をもたらした。グレアム・ポッター監督とコーチングスタッフもチェルシーに雇われ、ブライトンは2150万ポンドの補償金を受け取った。だがチェルシーは投資に見合った価値を得られず、ポッターはわずか31試合で解任された。

そうした移籍での利益に加え、給与面でもプレミアリーグの平均より低い水準を維持しながら、平均年齢がリーグで一番高い部類のチームから、平均よりやや若いチームへと移っていった。

ブレントフォードと同じで、ブライトンも完全にデータ主導というわけではない。最近獲得して成功した選手たちのなかには、それまでほとんどトップチームでの経験がなかった若い選手も含まれており、若い選手へ自信を持って投資するにはデータ分析だけでなく従来のスカウティングも必要だったことが分かる。しかし重要なのは、データが意思決定プロセスの中心となっている点だ。

リバプールも三笘薫の獲得に乗り出すべきだった

ブレントフォードとブライトンが成功をおさめてきたのは、オーナーたちがリスクとリターンの関係を深く理解しているからだ。どちらのチームも、下部クラブからの選手獲得という「リスク」や、適切な価格であれば主力選手および監督を売却するという「リスク」をいとわなかった。こうした決断はリスキーなものだったが、クラブはリスクよりもリターンが上回ると判断して実行していたのだった。

リスクとリターンに照らしたアプローチは、私が数年前にマシュー・ベンハムと交わした短い会話からも明らかだった。私たちはどちらもアタッキング・フットボールの支持者だ。相手に大きく力が劣っているのでない限り、統計的に言えば引き分けは明らかに好ましい結果ではない。

オーナーであるベンハムはブレントフォードの監督に対し、相手や試合の状況に関係なく攻撃的であり続けるよう指示していると教えてくれた。開始1分でも攻撃をするし、終了間際に10人の状況で1対0でリードしていたとしても、攻め続けねばならない。そのアプローチは素晴らしいと思ったが、自分としてはアウェーのレアル・マドリード戦で最後の1分にリードしている状況なら守備的になるのも歓迎だと述べた。だがベンハムが言うには、フットボールにおいてはリスク回避への志向が強すぎるため、極端なほどの行動を要求しないと、監督から最適な攻撃マインドを引き出すことができないのだという。

プロのギャンブラーが備えるもうひとつのスキルは、市場の変化を見抜くことだ。優位性が失われる可能性や新しい優位性が生まれる可能性を敏感に察知するのである。

外から見ていると、ブレントフォードがプレミアリーグでは守備的なアプローチも取り入れつつあるのは興味深い。「ひたすら攻撃」は、チャンピオンシップで平均以上に位置するクラブとしては効果的かもしれないが、世界最高の攻撃陣と対戦するプレミアリーグの新参クラブには向かないのかもしれない。

リバプールはブレントフォードとブライトンの補強に感服していたが、それを彼らに伝えることはなかった。私と同僚のダフ・スティールは、各国リーグ内で際立った数値でありながら、リバプールにはあと一歩であったり、プレースタイルが合わなかったりする選手たちのリストを作っていた。

リーズのポントゥス・ヤンソンやコペンハーゲンのザンカはプレミア基準のセンターバックだったが、リバプールのハイラインに合うプレースタイルではなかった。どちらも、やがてブレントフォードに移籍した。そしてフランク・オニェカはデンマークで最も優れた若手ミッドフィルダーだった。ベンハムが所有する別のクラブ「FCミッティラン」でプレーしていた彼も、ほどなくブレントフォードに加わった。ヨアン・ウィッサは何年もフランスの2部および1部で素晴らしい数値を残していた——2012年であればリバプールの最終候補リストに載っていただろうが、彼がブレントフォードに移った2019年のリバプールは、もっと高額な選手を狙う余裕があったのだった。

ブライトンも、リバプールの観測対象に入っていた選手を獲得していった。パスカル・グロスはブンデスリーガ2部でプレミアリーグの平均を上回るパフォーマンスを見せており、ブライトンに移ってからもその水準を何年も維持した。エノック・ムウェプはオーストリアで最高の若手ミッドフィルダーだった。

三笘薫は日本で最高の選手であり、プレミアリーグの平均を上回る評価だった。それまで私たちのモデルで日本人選手がプレミアレベルやそれに近い水準として評価されることは稀だったこともあり、彼を獲得するか本格的に検討するよう推薦できなかったのはいまだに悔やまれる。

マルク・ククレジャもスペインでプレーしていた頃からプレミアレベルの選手だった。ブライトンに在籍したあとチェルシーが6200万ポンドという信じられないような額で彼を獲得すると、すぐにブライトンはペルビス・エストゥピニャンを獲得した。彼は私たちがスペインで唯一ククレジャと同等のレベルにあると評価していた若手のサイドバックだった。

ブライトンとブレントフォードは、どちらも「マネーボール・ダービー」とでも言える争いにおいて成功をおさめてきたが、その度合いは異なる。どちらも現在はプレミア所属のクラブとして成功し、どちらもブルームとベンハムがクラブを買収した当初はリーグ1（3部）に所属していた。

ギャンブラーの成功を測る自然な尺度は金銭だ。キーラン・マグワイアによる著書『The Price of Football』（未邦訳）によれば、2019年の時点でブライトンの持株会社はブルームから無利子で2億7100万ポンドの貸付を受けている状態だった。私は2023年にブライトンの最新状況を調べてみたが、そのときはブルームからの貸付額が3億7300万ポンドに増えていた。[20]ブライトンは給与規模を控えめに抑え、近年は移籍で収益を上げているものの、成功にはコストがかかるのだ。

ブレントフォードの成功にもコストがかかっている。2023年の財務報告では、ベンハムからの出資金と貸付金は1億4400万ポンドほどであることが分かる。[21]ブレントフォードの財務報告を見ていて面白かったのが、重要業績評価指標（KPI）に次の2つが記されていたことだ。ひとつはリーグの順位（プレミア2年目で9位）、そしてもうひとつが選手のパフォーマンスから計算した「リーグ順位期待値」（パフォーマンス上は7位）だ。

ブレントフォードのデータ主導の姿勢は、年間財務報告書にデータで「実際の順位結果よりもピッチ上のパフォーマンスは優れていた」と示すほど徹底的だ。ゴール数に関しても、結果よりパフォーマンスが優れていたことがゴール期待値を用いて示されている。

アルコール、タバコ、銃、そしてギャンブル

パニーニ社製のトレーディングカードで私が気に入っている1枚は、1977年に発売されたものだ。西ドイツ代表としてワールドカップを制したパウル・ブライトナーが、アイントラハト・ブラウンシュ

ヴァイクでプレーする姿が写っている。このチームのスポンサーはドイツのリキュールブランド「イエーガーマイスター」で、馬のひづめのような形の立派な髭《ひげ》を生やしたブライトナーが着た明るい黄色のユニフォームには、ゴシック体で大きく「イエーガーマイスター」と書かれており、写真が1970年代のものであることが分かる。

アルコールブランドがフットボールのユニフォームに広告を出していた時代は終わった。そして近い将来、ブックメーカーがユニフォームに広告を出す時代も終わるだろう。[22] ギャンブルは強い酒のようなものだ――適度な量なら楽しいかもしれないが、依存性や有害性がある。

トニー・ブルームとマシュー・ベンハムの物語を見ると、ギャンブルという不確実な領域で市場を凌《りょう》駕《が》することが可能だと感じられるかもしれない。しかしすべての成功の背後には無数の失敗と破産が存在する。スターリザードやスマートオッズが得た1ポンドは誰かが失った1ポンドであり、ブックメーカーも取り分を得ている。

スターリザードとスマートオッズは自分たちの優位性を保つべく、すべての試合に関する詳細なデータを収集するために数百万ポンドを払い、そのデータを分析するために博士号を持つ統計学者たちへさらに数百万ポンドを費やしている。普通のギャンブラーが勝てる見込みはほとんどない。

ブルームたちのようにデータを駆使して賭けるような「スマートマネー」が市場にいなかったとしても、ギャンブルの期待収益はマイナスであり、あなたが幸運にも勝ち始めたとしても、すぐにブックメーカーが賭け額を制限してくるだろう。それでも勝ち続けると、最終的には賭けることを拒否される。飲酒と同じで、ギャンブルは楽しいものかもしれないが、それが利益をもたらすことはめったにない。

第7章

「ゴール期待値」について正しく考察する

打つべきか、打たざるべきか

フィリペ・コウチーニョは典型的な「10番《ナンバー・テン》」の選手であり、ストライカーのすぐ後ろでプレーする攻撃的なミッドフィルダーだ。正確なスルーパスを通すことも、相手にとって危険なドリブルを仕掛けることもできる。また、シュート力も非常に優れている。

私が覚えているのはアンフィールドで観戦した彼のリバプール・デビュー戦だ――ロイ・ホジソン率いるウェスト・ブロムウィッチ・アルビオンに敗れて屈辱を味わった試合である。スティーヴン・ジェラードがPKを外したことと、ウェスト・ブロムのゴールキーパー、ベン・フォスターによる職人芸とでも言うべき時間稼ぎしか語ることのない内容だった。アディショナルタイムが過ぎるころ、コウチーニョがおよそ20ヤード（18メートル）の距離からシュートを放った。そのシュートはディフェンダーにブロックされた。リバプールが0対2で負けたため大して注目されなかったが、この最初のロングシュートは今後を示唆するものだった。

リバプールに在籍していた期間、コウチーニョはプレミアリーグ最高のロングシューターという評判を確立していった。流れのなかでボックス外から14ゴールを記録していた——この期間においては誰より多い数字だ。同じ期間に二桁ゴールを挙げたのは、セルヒオ・アグエロ、ハリー・ケイン、ヤヤ・トゥーレだけだった。コウチーニョのシュートの60パーセント以上がボックス外からのものだった。

私が観戦した試合から1年後、2013／14シーズンのタイトル争いの最中にフラムとのアウェー戦があった。試合はコロ・トゥーレのオウンゴールという悲惨なスタートだった。71分の時点でも1対2で負けていたが、そのときコウチーニョが20ヤードからシュートを放とうとした。テレビで試合を見ていた私は「打つな！」と叫んだが、彼は逆のことを感じたようで、シュートを打って見事な同点ゴールを決めた。その後ジェラードがアディショナルタイムに逆転ゴールを決め、タイトル争いに踏みとどまった。

私は結果を喜んだが、コウチーニョが遠い距離からシュートを放つ傾向には懸念を感じていた。リバプール在籍期間中にボックス外からのゴール数でリーグ最高を記録していたことは私の懸念を否定する材料とも言えたが、それでも意見は変わらなかった。彼は14ゴール決めるために281回のシュートを試みた。決まった14ゴールは貴重なものだが、そのうち267回はゴールにならなかった。シュートの3分の1は枠を外れ、3分の1以上はブロックされた。ゴールキーパーの方に飛んだのは80回のみで、そのうち66回はセーブされた。これだけの機会損失は、たまに決まる華麗なゴールに見合うものだろうか？

選手は「シュートが入る確率」を実際より高く見積もっている

コウチーニョのボックス外からのシュート成功率5パーセント未満という低さは、ゴール期待値の概念がまだ広く知られていなかった2014年当時においても、驚くようなことではなかった。シュートがゴールにつながる確率に関する調査は、1962年に心理学者ジョン・コーエンとE・J・ディアナリーによって発表されている。[1]

私は2006年にケン・ブレイの優れた著作『ビューティフル・ゲーム 世界レベルのサッカーを科学する』を読んでこの研究を知った。コーエンとディアナリーはウェスト・ブロムウィッチ・アルビオンとマンチェスター・ユナイテッドのプロ選手20人を含め、合計33人の選手に「ゴールキーパーがゴールライン上にいる状況で、1パーセントの確率でゴールを決められると思う距離」を尋ねた。選手たちは、100回に1回ゴールを決められる距離として、およそ32ヤード（29メートル）と予想した。その後、選手たちはシュート成功率が20パーセント、40パーセント、60パーセント、80パーセント、そして100パーセント決められると思う距離を尋ねられた。選手たちが20パーセントの確率で入ると予想した距離は21ヤード（約19メートル）だった――ペナルティエリアのやや外側だ。この実験の後半では、自分たちが予想した距離から実際にシュートを打ってもらった。その結果、シュートが決まる確率は予想よりも低く、21ヤードからのシュート成功率はわずか15パーセントだった。選手たちは、すべての予想に対して過度に楽観的だった。

このような楽観的バイアスは行動心理学の分野でよく知られたもので、ダニエル・カーネマンの『ファスト&スロー』でも詳しく述べられている。プロジェクトの費用、所要時間、成功の可能性を見積もる際、人は楽観的でありすぎることが多いのだ。そうした傾向は、フットボール選手にも当てはまるようだった。

コーエンとディアナリーの実験では、選手たちが自分のスキルや相対的に決めやすい状況（シュートの際にボールが動いておらず、ディフェンダーからのプレッシャーもない状況）を考慮していたのかもしれない。あるいは、キーパーにとっても相対的にセーブしやすい状況（実際の試合とは違い、シュートがいつ、どこから来るか分かっている状況）にあることの影響を少なく見積もっていたため、過度に楽観的な成功確率を予想したのかもしれない。

とはいえ、選手たちは成功確率をかなり正確に見積もっていたとも言える。数値だけを見れば、彼らの予想は実際に計測された成功率から常に約5パーセント以内であり、楽観的バイアスの例としては非常に軽いものだ。

私の知る限り、この実験はフットボールにおけるゴール期待値を検証した最初の例だ。ゴール期待値の本質は、各シュートにその成功確率を割り当てることである。それはまさにコーエンとディアナリーの実験がおこなったことであり、彼らはゴール期待値に関する最初の真実を明らかにした――ゴールからの距離が遠くなるにつれ、得点の確率は急速に低下するのだ。

●「ゴール期待値」が確立するまでの緩やかな道のり

私は2006年、初めてゴール期待値モデルの作成を試みた。コーエンとディアナリーの研究については知っていたが、「ゴール期待値」という概念を提唱したポラードとリープによる1997年の論文のことは知らなかった。[2] この研究については2007年に知ることになるが、何も知らなかった2006年の私は、コーエンとディアナリーが出した結論に対する裏付けや反証となるデータを見つけようと熱心に取り組んでいた。

当時、私はダニー・フィンケルスタインが『タイムズ』紙で毎週連載していたコラム「フィンク・タンク」のアイデア出しに多くの時間を費やしていた。コーエンとディィアナリーの研究は素晴らしい記事になると考えたが、ダニーからは現代のプレミアリーグチームがシュートに関してどのような結果を残しているかの分析も含めたいという要望があった――1962年に人工的な状況下で得られた結果が、およそ半世紀後のトップレベルのフットボールにも適用できるとは限らないというわけだ。

『タイムズ』との関係のおかげで、私たちはデータプロバイダーであるオプタ（Opta）から「マネージャーレポート」と呼ばれる資料を受け取っていた。各選手についての数値が表にまとめられた資料だ。私にとってありがたかったのは、シュートが「ゴールエリア内」「ペナルティエリア内」「ペナルティエリア外」「フリーキック」「PK」というカテゴリーに分類されていたことだ。完璧ではなかったが、このデータを使ってコーエンとディィアナリーの知見を現代にアップデートできた。

その結果は、コーエンとディィアナリーの研究が示唆していた通り極端なものだった。ゴールエリア内からのシュートは3分の1がゴールとなった。ゴール確率はペナルティエリア内（かつゴールエリア外）では14パーセントに低下し、ペナルティエリア外からのシュートではわずか4パーセントに激減した。

さらに直接フリーキックとPKの結果も得られた。直接フリーキックの成功率は8・4パーセントで、ペナルティエリア外からの他のシュートに比べると2倍以上の確率だった。一方、PKの成功率は77パーセントだった。

この成功率の大きな差――特にPKの成功率――は私に強い影響を与えた。私はロングシュートに対して複雑な感情を抱くようになったのだ。そうしたゴールはフットボールにおける醍醐味のひとつではあるが、私は大好きだった選手の何人かに対する評価を改めた。だがその見方は、リバプールを愛する友人たちにとっては異端的なものだった――スティーヴン・ジェラードはロングシュートを好み、誰もが知るような重要なゴールの数々を遠距離から決めてきたからだ。

また、審判からPKを認められなかったときの選手たちにも同情を抱くようになった。ペナルティエリア内でファウルを受けたとき、選手たちには直感的な計算が働く。PKを得られる確率と、そのままプレーを続けてゴールを決められる確率のどちらが高いか、という計算だ。PKの得点確率は非常に高い――77パーセントの成功率とは、ゴールエリア内からの平均的なシュートのおよそ2・5倍（！）にあたる。もしペナルティエリア内でファウルを受けた選手が、PKだと笛が鳴る確率は五分五分だと考えた場合、そのゴールの期待値は50パーセント×77パーセント＝38・5パーセントとなる。これは非常に価値の高い確率だ。プレミアリーグのシュートのなかで38・5パーセントもの成功率を持つのは20本に1本以下となってる。

ゴールエリア内からのシュートも得点確率はかなり高いかもしれないが、これらは発生することが滅多にない――1試合あたり平均して1・5本しか発生しない。ペナルティボックス内からのシュートは11本、ペナルティボックス外からのシュートは8本だ。直接フリーキック（1試合あたり1本）やPK（5試合に1本）はさらに稀である。

このような分析結果をもとに、私は「iBob」――「インボックス・アウトボックス」モデルを構築した。iPod Nanoが発売されたばかりの頃で、似たような名前にした方が時代の空気が伝わると思ったのだ。これにより、各チームのシュート数やゴール数を、シュートの質によって分類できるようになった。つまり

iBobモデルを使うと、他チームに比べてペナルティエリア内からのシュートを多く作り出すチームは、すべてのシュートを同等に扱うモデルよりも優れた評価が与えられるのだった。

●――PKはあまりにも決まりやすい――そしてそれは私のせいではない

2012年、私がリバプールに入って間もない頃、メルウッドでエディから新しい同僚たちに自己紹介するよう求められた。FSGによる買収以降スタッフの数が増え続けており、ジェラール・ウリエ監督時代の2001年に完成したメルウッドの建物は手狭になって使える部屋が限られていた。私はなんとか、木曜の朝にプレスルームを予約することができた。広々とした部屋は世界中の報道陣を迎えるのに十分なスペースを備えていたが、その巨大なスクリーンでたった4人の聴衆に向けてスライドを説明するのは何だか滑稽に感じられた。聴衆はビデオ分析部門のスタッフたちと当時リサーチ部門にいた唯一の同僚ティム・ワスケットの4人だった。

私はPKの相対的な価値や、レッドカードについての分析などを説明した。1点リードした試合終盤、50パーセントの確率で得点されそうな状況を、レッドカード相当の反則で防げるのであれば実行するべきだ。統計的には、敵に危険なチャンスを与えるよりは、10人で1点のリードを守り切る確率の方が高いのである。

こうした主張をビデオ分析担当者たちは直感的に理解していたが、数字を用いて説明されたのは初めてだったようだ。彼らは私と概《おおむ》ね同意見だったが、ある分析官は私を「フットボール界で最も冷笑的な男」と呼んだ。

言わせてもらえば、そうした評価はフェアではないだろう。フットボールファンは統計学者を憎むべきではない。ＰＫにこれほど極端な重みを与え、得点が非常に稀であるがゆえに、得点のチャンスを与えるくらいなら退場した方がマシな状況が生じるような競技そのものを憎むべきだ。

もうひとつ、ＰＫの価値やフットボールにおける予測の難しさを示す出来事が２０１１年に起きた。コートジボワールのウィンガー、ジェルヴィーニョがリールからアーセナルに移籍したが、私は２０１０年の夏にスパーズで彼を分析したことがあった。エディから、私たちが彼をこれほど高く評価している理由が分からないから説明してほしいと言われたのを覚えている。詳しく見てみると、彼が多くのＰＫを獲得していることが分かった。

もっともなことだが、エディは「ＰＫを獲得する力」が再現性のあるものなのか、そしてプレミアリーグでも通用する力なのかに懐疑的だった。おそらくアーセナルはエディのような懸念は抱かなかったのだろう。

ジェルヴィーニョは２０１１／１２シーズンの最初の試合、アウェーのニューカッスル・ユナイテッド戦にスタメンで出場した。後半30分、ジェルヴィーニョがドリブルでボックス内に侵入し、シェイク・ティオテに倒された。私は興奮して立ち上がった――ジェルヴィーニョがプレミアデビュー戦でＰＫを獲った！　そら見たことかとエディに電話をかけようとしながらテレビに目をやると、ジェルヴィーニョがジョーイ・バートンを平手打ちして審判からレッドカードを提示されていた。審判はＰＫを認めず、熱くなったバートンはジェルヴィーニョに詰め寄って激しく言い争っている。おそらく、プレミアリーグにおけるスポーツマンシップについて彼なりの高尚な考えを説いていたのだろう。ＰＫを獲得する能力はリーグが変わって簡単に通じるものではないのかもしれない。

「重み付けされたシュート」と「ゴール期待値」の関係

2007年、私はゴール期待値に関するポラードとリープの研究に出会った。ようやく普及し始めた選手の詳細データを活かし、UEFA欧州選手権やワールドカップの選手評価に用いる統計モデル「カストロール・インデックス」を開発していたときのことだ。

私は新しく手に入るようになったシュートごとの情報を利用して、iBobモデルの強化に励んでいた。コーエンとディアナリーの研究に触発され、ゴール確率に及ぼす距離の影響のモデル化に取り組み始めていた頃、各シュートに重み付けをおこなうポラードとリープのモデルについて書かれた文章を目にしたのだった。私は自分が読んでいるものが信じられなかった——10年も前の1997年に、自分がいま作ろうとしているモデルに似たものを作った人たちがいたのだ。彼らのモデルには私の頭にはなかったアイデアもいくつか含まれており、それらはありがたく活用させてもらった。

リープは1986年メキシコ・ワールドカップにおけるシュート489本の詳細なデータを集めた。そのデータには、ゴールからの距離や角度、シュートが「ファーストタッチ」だったかどうか、シュート時に1ヤード（約90センチ）以内に相手の守備がいたかどうか、ポゼッションが流れのなかから始まったか、セットプレーから始まったかといった情報が含まれていた。

これらのうち「ファーストタッチ」かどうか以外は、そのシュートがゴールになるかどうかの予測精度を向上させる要素であることが分かった。距離が遠くなり、角度が厳しくなり、守備選手が近いのはゴール確率が下がる要因だった。ほかのすべての条件が同じなら、コーナーからのシュートよりも流れのなかでのシュートの方が入りやすいことも明らかになった。

Optaから得た新しいイベントデータには、各シュートの詳細が記録されていた。たとえば、シュートを打った場所やシュートの状況（流れのなか、コーナー、カウンターなど）、誰がシュートしたか、そしてシュートがヘディング、キック、または「その他」（肩や腰など）によるものかといった情報が含まれていた。私がモデル化した結果は、ポラードとリープの結果と似たものだった。距離が遠くなり、角度が厳しくなるほど得点の確率が急速に低下していく。

セットプレーからのシュートは流れのなかからの同じ条件のシュートに比べて成功率が低くなる、というポラードとリープの発見も再確認できた。また、カウンターの状況で放たれたシュートは、通常の流れのなかでのシュートよりも遥かに高い価値を持つことが分かった。

すべての状況において共通するパターンは明らかだった。ゴールからの距離が遠くなるほど、ゴール確率は急速に低下する。ヘディングでのシュートは足よりも質が低い。ヘディングは足よりも威力や精度を生み出すのが難しく、しかもヘディングシュートはワンタッチでおこなわれるものだからだ。一方、足によるシュートではダイレクトで打つか、ボールをコントロールするかを選択できる場合が多い。

そしてボールが動いていない状況（PKや直接フリーキック）の方が、流れのなかでのシュートよりも基本的には望ましい。ここは少し説明が必要だろう。セットプレーの成功率は全体として流れのなかより低くなるし、直接フリーキックの成功率もわずか8パーセントほどだ。しかし、このフリーキックと比較しているのは「ボックス外からの流れのなかでのシュート」であり、そうしたシュートの成功率はさらに低いのである。

セットプレー、流れのなか、カウンターで成功率に差が生じる理由は明確だ。セットプレーでは、ボックス内に守備選手が密集していることが多い。一方、カウンターではシュートする選手とゴールキーパーのあいだに守備選手の数が少ないため、得点の確率が高まる。

私がコウチーニョのロングシュートを強く支持しない理由が、だんだん明確になってきたのではないだろうか。私たちのゴール期待値モデルでは、彼のボックス外からのシュート成功確率をわずか3パーセントと予想していた。そして実際の成功率は、予想を大きく上回る約5パーセントに達していた。ロングシュートを決める技術が非常に高い証である。これはゴール期待値モデルの予測より60パーセント以上も優れた数値だが、そうであってもゴール確率自体は低いものだったと言える。

より正確に評価できる「シュート後ゴール期待値」とは？

これまで説明してきたゴール期待値モデルは、すべてのシュートを分析するものだが、各シュートがどれだけ正確に放たれたかについては考慮していない。試合のハイライトを観ているとしよう。ストライカーがシュート体勢に入る。ここで「一時停止ボタン」を押してみよう。この瞬間は、一般的なゴール期待値モデルが計算を始めるタイミングである。リバプールでは、これを「シュート前（Pre-Strike）」モデルと呼んでいた。次の瞬間にシュートが打たれることは分かっているが、それ以外についての情報は得られない。つまり、そのシュートがゴールの隅に突き刺さるのか、一直線にゴールキーパーへと向かうのか、それともクロスバーの上を大きく外れるのかは分からない。

「シュート直前」に一時停止することには問題がある。それではゴールキーパーのパフォーマンスについて何も言えないからだ。ゴール期待値において高い成功率が予想されるシュートが枠を外れた場合、失点しなかったからといってゴールキーパーを評価するべきではないだろう——彼は立ったままシュートを見送っただけだからである。

また、選手の決定力、つまりゴール期待値を上回るパフォーマンスを発揮できるかどうかを評価することもできない。それを評価するには、まずシュートを頻繁に打つ選手とほとんど打たない選手のどちらがより高い確率でゴールを奪えるか、という問いから始めてみるべきだ。「シュート前」モデルに「シュート経験値」を加味すると、シュート経験の豊富な選手（プレミアリーグで何百回もシュートしてきた選手）の方が、ほとんど打たない選手よりも決定力が高いことが分かる。シュートの少ない選手は主にディフェンダーや守備的なミッドフィルダーが多く、得点のチャンスに慣れていないからだ。ストライカーに専念している選手の方が優れたシュート能力を持つことに驚きはない。

ゴールキーパーのパフォーマンスや、シュート能力を踏まえたゴール確率を算出するための解決策は、一時停止ボタンを押すタイミングを少し遅らせることだ。先ほどのハイライト動画に戻り、もう一度シュートシーンを再生しよう。ストライカーがシュート体勢に入る。ここでは一時停止ボタンを押さない。そしてストライカーがシュートを打ち、そのボールがまさに彼の足から離れようとしている。ここで一時停止するのだ。これをリバプールでは、「シュート後ゴール期待値（Post-Strike Expected Goals）」と呼んだ。

このシュート後ゴール期待値では、シュートの軌道を考慮することができる。そのシュートがゴールの上隅に向かっているのか、一直線にキーパーへ向かっているのかが分かるのだ。ゴール期待値にシュートの軌道情報を加えると、ものすごく極端な変化が起きる。シュート全体の3分の2がゴール確率0パーセントとなるのだ。プレミアリーグ全体の3分の1以上のシュートがそうであるように、ゴールの枠外へと飛んだらゴールにはなり得ない。また、全体の2パーセントはポストやクロスバーに当たり、「不運」とは見なされるかもしれないが、いずれにしてもゴールにはなり得ない。そしてシュートの4分の1以上は軌道が測定される前に守備にブロックされてしまうため、こちらもシュート後ゴール期待値の考え方では0パーセントとなり、計算から除外される。

シュートは、およそ10パーセントの確率でゴールに結びつく。枠内シュートの場合、その確率は30パーセントほどに跳ね上がる。このことは、ふたつの重要なポイントを示している。ひとつは、シュートが枠外だと10パーセントのチャンスが0パーセントに変わり、枠内なら30パーセントのチャンスに変わるという点だ。もうひとつは、ゴールキーパーにとってみれば、彼らは平均して成功確率30パーセントのシュートを止めようと試みているわけだ。

私が開発したシュート後ゴール期待値モデルでは、シュートがゴールラインを超えるときにゴール中央からどれだけ離れているかを考慮していた。シュートの軌道はゴール確率に大きな影響を与える。

流れのなかでペナルティスポットから打たれたシュートを考えてみよう。シュートがゴール中央に向かうとゴール確率はわずか15パーセント程度だが、ゴール上隅に向かえばその確率は90パーセント近くに跳ね上がる。この結果は直感に沿うものだが、セーブ率を用いてゴールキーパーのパフォーマンスを測定する際の問題点も浮き彫りにする。シュートの多くが正面に飛んできたキーパーの方が、アクロバティックで難しいセーブが必要とされるシュートが多く飛んできたキーパーよりも、セーブ率が高くなってしまうのだ。

●ーゴールキーパーの位置も考慮できる概念

同僚のダフ・スティールは、シュート後ゴール期待値モデルが抱える弱点を指摘した。すでにゴールキーパーが無力化されていて、ただゴールに流し込めば済む場合は、ゴールの隅を狙うよりも中央に蹴る方が明らかに合理的だろうというのだ。このままでは、必要がないときでもゴール隅に向かうシュートが高く評価されてしまう可能性がある。ダフは、ゴールキーパーの位置を考慮することでシュート後ゴール期待値モデルを改良する方法を示してくれた。シュートがゴール中央からどれだけ離れているかではなく、ゴールキーパーからどれだけ離れているかを考慮するのだ。

ダフの新しいモデルは「インターセプション・ディスタンス」という概念に基づいていた。ゴールキーパーがシュートを阻止するために取る最短経路の長さを意味する。この距離を活用して改良された新しいモデルでは、キーパーの位置が悪ければゴール隅を狙う必要がない場合にも対応できた。

リバプールでは、友人（かつリバプールのゴールキーパー・コンサルタントである）ハンス・ライタートと長らく歩みを共にしてきた。ハンスはかつてアウストリア・ウィーンというクラブやオーストリアU－21代表でプレーするゴールキーパーだったが、負傷により若くしてキャリアを断たれた。私が最初に会ったときは、レッドブル・グループでゴールキーパー部門のグローバル・ヘッドコーチを務めていた。

晴れた夏の日だったが、私たちはディシジョン・テクノロジーのオフィスにこもってアメリカのゴールキーパーたちについて議論を交わし合った（レッドブルはニューヨークにもクラブを持っているのだ）。ミーティングの時間が終わっても、ぜひ議論を続けたいと思った私たちは、ロンドンの日差しを浴びながらランチの店を探しに向かった。数時間後、もはや誰もいなくなったシャーロット・ストリートのレストランで、片付けようと待ち構えているウェイターを手で制しながら、ハンスはゴールキーパーのパフォーマンスについての考えを事細かに説明してくれた。これは普通のゴールキーパーコーチとは違う、と思ったのを覚えている。ハンスは非常に分析的かつ客観的な方法で選手のパフォーマンスを評価する。彼に誰かキーパーについての意見を求めると、たいてい、こんな返事が返ってくるだろう。

「彼については何も言えない！　まだ細かく分析していないからね」

私たちがハンスと取り組んだプロジェクトは、ゴールキーパーに対するハンスのビデオ分析を体系化することで、Optaからは得られないデータを収集することだった。ハンスはゴールキーパーの位置や、（シュート前とシュート直後に）静止していたか、動いていたか、それとも伏せていたのかを記録した。また、シュートを打つ選手のシュート前の動き、シュートが放たれたあとのストライカーの動き、ゴールキーパーが相手のプレッシャーを受けていたかどうかなども記録していた。

こうした客観的な情報に加えて、その状況の難易度やキーパーがわずかなミスをしたかについてはハンスの主観で判断を下していた。彼のデータは、ゴールキーパーのパフォーマンスに関する知見を大いに深めるものであり、私たちのシュート後ゴール期待値モデルとハンスの専門的な視点を比較することを可能にした。

その結果は示唆に富むものだった。ダフのモデルは、私たちがゴールキーパーの位置（ポジショニング）

について分析をおこなう手がかりとなった。もしキーパーの位置がもう少し違ったら、推定されるゴール確率は低くなっていただろうか？　私たちのモデルでゴールキーパーの位置が最適でないと判断されたシュートは、ハンスの分析における「なぜそんなに前に出るのか？」や「論理的でないポジショニング」といったコメントと一致することが多かった。データと専門的な意見を組み合わせることで、シュート後ゴール期待値モデルの結果をより深く理解し、その妥当性を裏付けることができた。

●「背景情報《コンテクスト》」

アンフィールドでの観戦中に、（たいていは周りの観客が「打て！」と叫ぶ声に反応して）コウチーニョに「打つな！」と立ち上がって叫ぶとき、私には選手が置かれた状況が正確に見えていた。目の前にディフェンダーがいるか？　ゴールキーパーがゴールラインから外れたところにいるか？　フリーの味方にパスを出せる状況なのか？

しかし、私たちが「シュート前」ゴール期待値モデルで使用していたOptaのデータは、そうした状況がまったく考慮されていなかった。このモデルだと、コウチーニョが中央でゴールから25ヤード（22メートル）の位置にいる場合、ゴール確率は3パーセントと表示するだけだった。キーパーが前に出すぎていても3パーセント。プレッシャーがないのか、厳しいプレッシャーを受けているのか、などにも関係なく常に3パーセント。それぞれのシュートには未知なる膨大な背景情報《コンテクスト》が存在する。そのため、私たちは個々のシュートについてフィードバックを提供することができないと理解していた。

いつものように、こうした問題に対する解決策は、より良いデータから得られた。２０１５年以降、プレミアリーグはトラッキングデータを提供するようになっていた。選手たちの位置が40ミリ秒ごとに記録されるのだ。これにより、Optaのデータからは分からなかった情報を把握できるようになったが、その使い道は限られていた。プレミアリーグの試合のみのデータであるため、プレミアリーグ以外の選手をスカウティングする際には役に立たなかったのである。

2017年、「StatsBomb（スタッツボム）」という新しいデータプロバイダーが登場し、どの大会についてもより詳細なシュートデータが提供されるようになった。このデータでは、試合中にシュートが放たれるたびに映像を一時停止し、その瞬間における全選手の位置を記録していた。これにより、どんなファンだって「ゴール確率が同じ」はずはないだろうと分かるようなシュート同士を、ようやく区別して評価できるようになった。

私はダフの「シュート後」ゴール期待値モデルに着想を得ながら、「インターセプション・ディスタンス」の概念を再利用することに決めた。すでに述べたように、キーパーがシュートの軌道から離れている場合、インターセプション・ディスタンスは大きいということになり、（当然ながら）得点確率が明らかに高くなる。

スタッツボムの新しいデータでは、ゴールキーパーだけでなく、すべてのディフェンダーの位置も把握できるようになった。しかも枠内シュートだけでなく、すべてのシュートに対する情報だ。さらに、守備選手のインターセプション・ディスタンス（シュートを阻止するために守備者が取る最短経路の長さ）も加味できるようになった。

また、従来よりも豊富なシュート情報を収集できるようになった――たとえば、ボールより前方または後方にいた攻撃側と守備側の人数、ゴールキーパーがどれだけゴールラインから離れていたか、守備選手との距離はどれくらいだったか、ディフェンダーたちやキーパーがゴールマウスをどれだけの範囲カバーしていたか、キーパーが静止していたか、動いていたか、伏せていたか、といったデータだ。

こうした情報の追加でモデルの予測精度は大幅に向上した――新しいモデルによる予測は、旧来のモデルと比べて平均で数パーセントほど実際の確率に近い値を示すようになった。新しいモデルは大幅に複雑化したものの、シュート成功率をより精度高く予測するためには払う価値のある代償だったと言える。

私たちも、これまで用いていた「セットプレー」や「カウンターアタック」というカテゴリーは、たとえばボールより後方（相手ゴール側）にいる守備者の人数や、それらの選手が効果的にゴールマウスを塞いでいるかといった、ゴール確率へ「実際に」影響を与える要因を代替的に表現したものにすぎないと理解していた。今や真の要因がデータで明確に分かるようになったため、「セットプレー」や「カウンターアタック」といったラベルの重要性は大きく減ったのだ。

この新しいモデルは他にも、ファンなら直感的に理解していたものの従来のゴール期待値モデルでは実現できなかった数々の予測を可能にした。たとえばディフェンダーは目の前の相手に対して「ゴール期待値の影（Expected Goals Shadow）」を生み出す。この影は、ディフェンダーの正面から放たれるシュートのうち、ゴール期待値が低下する領域を指す――正面である理由は、ディフェンダーがブロックできるのが基本的に正面のシュートに限られるからである。

また、守備選手がシュートに与える影響の大きさを初めて定量化することもできた。たとえばゴールキーパーがゴールライン上にいて、近くにディフェンダーがいないペナルティスポットからのシュートは、「シュート前」ゴール期待値ではPKと同程度のゴール確率とされる。しかしディフェンダーがブロックできる位置にいる場合、ゴール確率は30パーセント未満にまで低下する。

シュートを放つ選手よりゴールから遠い位置にいる場合でも、最も近くにいるディフェンダーは「影（シャドウ）」を生み出す――その結果、ディフェンダーがいない場合よりもシュート成功率が低くなる。変なことを言っているように聞こえるかもしれない。そのディフェンダーはシュートに直接的な影響を及ぼすことはできないからだ。

この場合「守備の影」とは、シュートを打つ人物に対する間接的なプレッシャーを形にしたものと言える。数メートル離れていたら、ディフェンダーは直接的にシュートに影響を与えることはできないが、守備者がそこにいることでシュートを打つまでの時間が制限される。少しシュートを急ぐ必要が生じるため、ディフェンダーが遠くにいてシュートまでの時間的な余裕がある場合よりも、結果としてゴール確率が下がるのだ。

シュート後ゴール期待値モデルは、ディフェンダーの存在が逆効果となってしまう場合についても精度が向上している。たとえば守備の「影（シャドウ）」が「スポットライト」に変わったとき――つまりディフェンダーがブロックを試みて失敗し、シュートがディフェンダーをくぐり抜けてしまった場合だ。そのシュートのゴール確率は、ディフェンダーがいなかった場合よりも高くなる。ゴールキーパーの視界が遮られ、反応する時間が短くなるからだ。

これはコウチーニョが用いる技術のひとつである。彼はディフェンダーにチャレンジを仕掛けさせ、相手がブロックしに来た瞬間にシュートを放つ。そのブロックが失敗すれば、ゴールキーパーの仕事は一層難しくなるというわけだ。しかしコウチーニョがボックス外から流れのなかで放った281本のシュートのうち、104本はブロックされている――つまり、ディフェンダーのブロック失敗は、かなり不確実な条件ということになる。

●―「成果バイアス」を回避せよ――結果よりパフォーマンスを見るべき理由

選手補強のほかに、私たちのゴール期待値モデルの主な使い道は、試合ごとにリバプールのパフォーマンスを追い、結果をシーズン前の予測と比較することだった。フットボールのデータ分析において何度も持ち上がるテーマが「成果バイアス」だ。試合結果に過度に注目し、その結果を生んだパフォーマンスに十分な注意を払わない傾向のことである。

ディクソン＝コールズに着想を得た予測モデルを用いることで、各試合前にリバプールと対戦相手がどのようなパフォーマンスを見せるか予測できた。また、ゴール期待値や「フェアスコア」モデルを使えば、各試合で実際にどのようなパフォーマンスを見せたかが分かる。

そうして各試合のパフォーマンスを試合前やプレシーズンの予測と比較することで、チームが向上しているのか後退しているのかを評価していた。このように、結果ではなく予測と実際のパフォーマンスに目を向けることで、運の影響によって良い結果や悪い結果が続いても一喜一憂せずに受け止められるようになったのである。

結果を「無視」しているわけではないが、フットボールにおける結果はチームの基礎的なパフォーマンスを反映したものに回帰する傾向にある。幸運は永遠に続くものではない。

こうしたスタンスであるため、リサーチ部門は練習場の他のスタッフと感情的なズレが生じることがあった。敗戦の翌朝のメルウッドは、たいてい葬式のような空気が漂っていたが、私たちの分析では、その試合にリバプールは勝てた（あるいは勝つべきだった）という結論に至ることも多かった。

そのため、私やデータチームのメンバーは、練習場にいる同僚たちよりも前向きな気持ちでいることが多かった。逆に勝利した翌日には、私たちが「楽しい雰囲気を台無しにする」こともあった。昨日のゴールはいつも決まるようなものではないし、無失点は運のおかげだったかもしれないと、同僚たちに思い出させていたからだ。

私がリバプールに参加した2012／13シーズンは、エヴァートンよりも下の7位で終えた。しかし、シュート前後のゴール期待値のパフォーマンスからは、3位または4位が妥当な結果だったことが示されていた。翌2013／14シーズンは2位で終え、結果だけを見れば前年と大きな差があった。そしてシュート前後のゴール期待値では、2位か3位が妥当な結果だと示されていた――パフォーマンスの面では前年とあまり変わりがない。つまり、前シーズンには実力が過小評価され、翌シーズンにはやや過大評価された形となった。

2013／14シーズンは、得点数が期待値を大きく上回った。スアレス、スタリッジ、スターリング、コウチーニョが原動力となり101得点を記録した。シュート前ゴール期待値モデルでは80得点が妥当な数値とされていたが、選手たちのシュート精度が非常に高く、プレミアリーグでも最高クラスのシュート後ゴール期待値を記録していた。

メルウッドで交わしたビデオ分析部門との会話を今でも覚えている。フットボールにおけるデータ分析は初めての人々だったため、私たちの分析モデルの妥当性に懐疑的だった。

「イアン、どうすればこのフェアスコアを信じられる？　うちはいつもフェアスコアより多くの得点を決めてるじゃないか」

私が彼らの立場だったら、まったく同じ質問をしたことだろう。2013／14シーズン以前の数年に比べると、この年は明らかに例外だった。シュート後ゴール期待値はシュート前ゴール期待値より20パーセントも高かったが、それは他のどのチームよりも高い数字だった。これはスアレスとスタリッジの高いシュート精度が要因でもあった。翌2014／15シーズン、スアレスが移籍してスタリッジが負傷すると、シュート前のモデルでもシュート後のモデルでも、期待値を下回るパフォーマンスとなった。しかし、仮にスアレスが残り、スタリッジが怪我をしていなかったとしても、2013／14シーズンのような極端な得点の多さを再現するのは難しかっただろう。

2014／15シーズンは、バルセロナに移籍したスアレスと、負傷したスタリッジを欠いた。最高クラスのフィニッシャーを2人失ったことに加え、得点率も平均へと回帰していき、期待値を20ゴールも上回った前年から、期待値を10ゴール下回る結果へと急落した。このときも同じように、シーズンの結果は2位から6位に落ちたが、パフォーマンスの変化はそれほど大きくなく、前年の2〜3位から4〜5位に落ちた程度だった。

ゴール期待値という概念や、シーズンの結果がパフォーマンスと乖離《かいり》するという事実を頭で理解していたとしても、あるシーズンに素晴らしい結果を経験したのに、次のシーズンには散々な結果に見舞われるなど、クラブはジェットコースターのように浮き沈みする。そしてそれこそ、私がリバプールに来た最初の時期に体験したことだった。

「ゴール期待値」がすべてではない

これまで私は、短期的なパフォーマンスを評価するうえでは、試合結果よりもゴール期待値の方が優れた指標だと主張してきた。そして長期的に言えば、強いチームはゴール期待値と実際のゴール数を比較したときに期待値より多くのゴールを決め、弱いチームは期待値を下回るゴール数になることが分かる。強いチームには優れたストライカーやゴールキーパーがいること、そしてゴール期待値モデルでは完全には捉えきれない有利な状況を作り出す能力を持っていることが要因だ。

選手やチームの実力を真に理解するためには、プロセス（ゴール期待値）と結果（実際のゴール数）の両方に目を向ける必要がある。私の基礎的なiBobモデルから、ポラードとリープの「重み付けシュート」、そして現在の洗練されたモデルに至るまで、ゴール期待値の歴史的な進化の過程においては、すべてのシュートを平均的な決定率で括るのではなく、それぞれのシュートを長距離になるほど0パーセントに近く、PKや触れれば入るだけの近距離になるほど100パーセントに近くなるような確率を割り当ててきた。

そうした進化の最初の一歩は、（またも）チャールズ・リープと統計学者バーナード・ベンジャミンによるものだ。彼らが1968年に発表した「Skill and Chance in Association Football（協会式フットボールにおけるスキルと確率）」[3]は、シュートの平均的な成功率が約10パーセントであると報告された初めての論文だった。パフォーマンスを評価するうえでの極端なモデルとみなすことができ、すべてのシュートに等しく10

パーセントというゴール確率が割り当てられている。
パフォーマンスに関して、もう一方の極端な考え方としては「結果」に基づくモデルがある。つまり「完全に後から振り返って」結果を見るのだ。そこではゴールはゴール、ミスはミスであり、それ以外の解釈は存在しない。しかし、パフォーマンスを最も正確に測定する方法は、ゴール期待値（確率）と実際のゴール数（結果）のあいだにある。

ベン・トルバニーは、自身のブログ「Stats and Snakeoil」でゴール期待値と実際のゴール数の相対値を分析している。[4] 彼は、ゴール期待値に基づく予測モデルと、実際のゴール数に基づく予測モデルの両方を構築し、それらを組み合わせたときに、それぞれのモデルよりも優れた試合予測が可能になるかを検証した。その結果、ゴール期待値と実際のゴール数の両方に基づくモデルは、いずれか単独よりも正確な予測をおこなった。予測が最適になるバランスは、ゴール期待値に70パーセント、実際のゴール数に30パーセントの比重を置くことだった。

リバプールでは、期待値と結果のバランスという問題に対してまた別の解決策を見いだした。フィールドプレーヤーとゴールキーパーのそれぞれにゴールスキルやセーブスキルを割り当てたのだ。シュート後ゴール期待値モデルの予測を一貫して上回った選手はスキル評価が上がり、その逆ならスキル評価が下がった。

その結果、ソン・フンミンのようなエリートフィニッシャーやアリソン・ベッカーのようなトップクラスのゴールキーパーは、モデルの推定値よりも多くのゴールを決めたり、失点を防いだりすることが予想される。その副次的な効果として、ソンのシュートをセーブすることやアリソンからゴールを奪うことは、評価の低い選手相手に同じことをするよりも高く評価されることとなった。

試合後の分析では、試合ごとに大きく変動するシュート成功率にはあまり注目しなかった。私の考えでは、結果論に陥りがちになるため、シュート成功率に過度な重きを置かず、控えめに扱う方が望ましい。

「シュートを打つ場所」はゴールに近くなり続けている

プレミアリーグにおけるデータ分析の影響について尋ねられると、シュートを打つ位置の平均距離が減少し続けている（ゴールに近くなり続けている）点を挙げる人が多い。プレミアリーグでは、流れからの足でのシュートの距離が年々短くなっている。2011／12シーズンは平均21・7ヤード（19・8メートル）だったのが、2022／23シーズンには19・4ヤード（17・7メートル）になった。その結果、シュート成功率は8パーセントから10パーセントに増加した。10パーセントは、ゴール期待値モデルが予測する通りの確率だ。シュート成功率が相対的に25パーセントも向上したのは大きな変化であり、フットボールにおけるデータ分析の勝利と称えられている。

だが、私はこの主張にかなり懐疑的だ。現在でも、ほとんどのプレミアリーグクラブはデータ分析を真剣に取り組んでおらず、その導入はシュート距離の減少のように着実に進んでいるわけではない。また、このような点からデータ分析を称えて推進する人々は、シュート距離を近くすることのデメリットを無視している。近距離のシュートを増やす代償として、シュートの総数が少なくなってしまうのだ。

2011／12シーズンには、流れのなかでのキックシュートが1試合平均18本だった。それが2022／23シーズンには15本となり、17パーセント減少した。シュート成功率の向上は、シュート総数の減少によってほぼ相殺されてしまっている。[5] その結果、流れのなかでのキックシュートによる得点は現在1試合平均1・5ゴールほどで、10年前と変わらない。

しかしながら、シュート数を減らしてでも近距離からのシュートを選ぶことには利点がある。すべてのシュートにはコストが付きものだ。ゴール期待値モデルでは都合よく無視されているコストである。ほとんどのシュートは――たとえ近距離からの質の高いシュートであっても――ゴールに結びつかず、得点を逃すと多くの場合ポゼッションを失うことにつながる。ゴール期待値の合計が同じだとして、質の低いシュートを多く打つのと、より少ない数で質の高いシュートを打つのを選べと言われたら、私は後者を選ぶ。その理由は、相手チームがポゼッションを始める機会を減らせるからだ。

ペップ・グアルディオラ監督は、この考え方をマンチェスター・シティで芸術にまで昇華している。彼のチームは、一か八かのシュートを打ってポゼッションを明け渡すことに満足せず、質の高い得点機会を作るためにボールを動かし続ける。これは皮肉なことだ。２０１８／１９シーズンにリバプール優勝の望みを打ち砕いたのは、まさしく滅多に入らないようなロングシュートだったからだ。シーズン残り2節、マンチェスター・シティはレスター・シティ戦で勝利を必要としていた。勝てば最終節を前にリバプールを上回って首位に立つ。いつものようにシティが試合を支配していたが、得点を奪えずにいた。すると70分が経過したところで、ヴァンサン・コンパニが25ヤード（23メートル）以上離れた位置からシュートを放った。それが見事にゴールの上隅に突き刺さり、決勝点となって1対0の勝利をもたらした。結果的にマンチェスター・シティは、リバプールを勝ち点1上回ってリーグ優勝を果たした。

シュートの距離が短くなってきているのは強豪チームだけではない。２０１０年以降、プレミアリーグではマンチェスター・ユナイテッドを除くすべてのチームがシュート距離を縮めている。アーセナルやマンチェスター・シティはもともと近距離からのシュートを好むチームであり、リバプール、スパーズ、ブライトンといったデータ分析を重視するクラブは、特に大きく距離を縮めている。しかし、アストン・ヴィラからウェストハム・ユナイテッドに至るまで、あらゆるチームも同じ傾向を示している。

例外であるマンチェスター・ユナイテッドは、シュート距離の平均が20ヤード（18メートル）辺りから変わらない。2010/11シーズンにはプレミアリーグで2番目にシュート距離が短いチームだったのが、2022/23シーズンには5番目にシュート距離が長いチームとなった。これは最近で言えば、シュート数の多いブルーノ・フェルナンデスが、コウチーニョと同じようによくロングシュートを試みていることが影響している。偶然にも、ブルーノのボックス外からのシュート前およびシュート後のゴール期待値は、リバプール時代のコウチーニョとほとんど一致している。だが実際のシュート成功率は、コウチーニョよりも低い。

ユルゲン・クロップが監督に就任した当初、リバプールは優れたゴール期待値モデルのおかげで、チームの基礎的なパフォーマンスが（生み出すチャンスの質と量や与えたチャンスの質と量という点から見て）非常に高いことが分かっていた。世界中がその事実に気付くよりずっと前から、私たちは自分たちが素晴らしいチームだと理解しており、悪い結果がいくらか続いても一喜一憂すべきでないことを知っていたのだった。

第8章 サッカーは「ポゼッション」で決まるのか

デス・バイ・フットボール

ブレンダン・ロジャーズにはプランがあった。「試合時間のうちボールを65～70パーセント保持していれば、それは相手にとってフットボールの死を意味する。フットボールで相手を死に追いやるんだ」[1]。これは彼がスウォンジーで採用していたプランであり、リバプールでも再現を試みたものだ。この考え方は非常に理にかなっていた。ボールを持っていなければ得点を奪いにくく、ボールを持っていれば失点を奪われにくい。

ボールを持つことは重要だが、ボールを持って何をするかこそ決定的に重要になる。この頃のリバプールでは、相手は喜んで私たちのミッドフィルダーにボールを持たせてくれた。リバプールの中盤が相手に得点の脅威を与えることがなかったからだ。

ただ単にボールを保持している場合と、ボールを効果的に使う場合の違いを理解するために、私たちは「ポゼッションバリュー・モデル」を開発した（第2章でも触れた）。それを私たちは「ゴール確率増減（Goal Probability Added）」と呼んでいたが、現在では「脅威期待値（Expected Threat）」として知られている。

このモデルの基本的な狙いは、ある状況から始まったポゼッションがゴールに結びつく確率を推定することだ。このモデルによって、中盤でのポゼッション支配という考えが不毛なものであることが分かった。得点のチャンスを増やすうえであまり効果的ではなかったのだ。

この点を強調するため、私はポゼッションバリュー・モデルを「デンジャラス・ポゼッション（危険なポゼッション）」というシンプルな概念にまとめた。2つの複雑な要因から、ポゼッションは勝利を予測するうえで不完全なデータとなっている。1つ目の要因は「位置」だ——相手陣内であれば、喜んでボールを持たせるチームもある。2つ目の要因は「試合状況」だ。リードしているチームは、ボールを保持せずに守備を固め、カウンターアタックのチャンスを待つ場合がある。

ほとんどの強豪チームはポゼッションを支配することを好むため、ポゼッションと得失点差の相関が高くなっている。2013年当時、私が同僚たちにポゼッションバリュー・モデルの良さを伝えようと試みていた頃、プレミアリーグは現在と似たような状況だった。得失点差が他より多いチーム、つまりマンチェスター・ユナイテッド、チェルシー、アーセナル、マンチェスター・シティ、リバプール、スパーズはすべてポゼッションを支配していた。

一方、得失点差が少ない（あるいはマイナスの）チームは、ポゼッションという点で相手に支配されていた。しかし、例外が2チームあった。それが、ロベルト・マルティネス率いるウィガン・アスレティックと、前シーズンにブレンダン監督のもとで展開したスタイルを維持していたスウォンジー・シティである。両チームともポゼッションにおいて強豪チームのような支配をしていたが、得失点差はマイナスだった。つまり、ポゼッション支配が効果を生んでいなかった。

私たちのポゼッションバリュー・モデルから分かったことのひとつは、アタッキングサード（ピッチを3分割したとき、相手ゴールに近い3分の1エリア）でのポゼッションが、残りの3分の2でのポゼッションよりも遥かに価値があるという点だった。私はポゼッションバリューを簡単に理解してもらえるよう「危険なポゼッション支配（Dangerous Possession Dominance）」という指標を考案した。これは、各チームのアタッキングサードでのポゼッションを示すものだ。残り2つのエリアでのポゼッションは無視される。

ポゼッション全体ではなく危険なポゼッションに目を向けることで、ポゼッションと成功の相関関係が劇的に高まった。ウィガンとスウォンジーはポゼッション率は高かったが、相手の脅威となるゾーンでのポゼッションではなかった。この2チームはアタッキングサードで相手を上回ったポゼッションを持つことがなく、そうした「危険なポゼッション支配」の欠如は、得失点差のマイナスに見合ったものだ。逆に「安全なポゼッション支配（Safe Possession Dominance）」、つまりアタッキングサードを除いたポゼッションは、得失点差との相関が大幅に低下する。

２０１２／１３シーズンのプレミアリーグのチームにおいては、ポゼッション率が50パーセント以下で、かつ得失点差がプラスであるチームは存在しなかった。しかし、スペインには例外的なチームが存在した。「ポゼッション率は高いが得失点差がマイナス」というロベルト・マルティネスのアプローチと対極にいた指揮官がディエゴ・シメオネだ。彼はアトレティコ・マドリードで初めてのフルシーズンを終えたばかりだった。

アトレティコは相手より5パーセント低いポゼッション率でありながら、得失点差はラ・リーガで上から3番目となる＋34を記録した。「危険なポゼッション」を見てみると、アトレティコは相手より3パーセント多かった――彼ら以上にアタッキングサードを支配していたのはレアル・マドリードとバルセロナしかいない。

シメオネのチームはボールを持つこと自体はあまり重視していなかった。しかし相手のアタッキングサードでポゼッションをし、自陣のディフェンシブサードではポゼッションさせないことには重点を置いていた。このプレースタイルを勧めているのではない（見ていて非常に退屈であったりする）が、単にボールを保持することではなく、「どこで」ボールを保持するかが重要であることを示す好例だ。

強弱や戦術を問わずあらゆるチームに共通するポゼッションの法則

ポゼッションは試合状況にも影響される。2012／13シーズンにおけるリバプールとニューカッスル・ユナイテッドの2試合が、そのことを見事に示している。ホームでの試合では、ポゼッション率でもアタッキングサードでのポゼッション率でも圧倒的に支配していたが、試合の結果は1対1だった。ニューカッスルはアウェーで引き分けなら満足だと考え、ボールをリバプールに明け渡していた。さらに、リードを奪ったときには自ら進んで後ろに引き、守備を固めていた。

一方、アウェーでの試合はリバプールが6対0で勝利したが、ポゼッション全般とアタッキングサードでのポゼッションは、リバプールよりもニューカッスルの方が多かった。ポゼッションに重きを置くリバプールでさえ、大量リードを奪った後は引いてカウンターを狙うことをいとわない。

ポゼッションと試合状況の関係を見ると、すべてのチームに共通したパターンが浮かび上がる。リーグのトップであろうが最下位であろうが、負けているときにはポゼッション率が増え、リードしていると減るのだ。リーグ平均で、負けているときには対戦相手よりもポゼッションが4パーセント多くなり、リードしているときには相手よりも4パーセント少なくなる——つまり、合計で8パーセントの差がある。

リバプールにおいては、試合でのポゼッション支配とその試合の結果のあいだに関係性は見られなかった。強いチームほどポゼッションが多くなる傾向があり、もちろん強いチームはより多く勝利する。しかし、任意のチームの1試合におけるポゼッションの増加が、その試合での成功率の増加と強く相関するわけではなかった。

データで重要なのは「次に何が起こるか」も取り入れること

当時の私がポゼッションバリューを説明するためのシンプルな方法としてポゼッションを例にしてきた理由は、2000年代半ばの段階では、プレー全般に関する統計として広く利用可能なデータの数が限られていたからだ。そしてシュート、パス、ファウルといったすべてのデータは、どれも合計値としてしか算出されていなかった。それが有効なデータ分析を阻む根本要因だった。

その理由を理解するために、フットボールのハイライト番組『マッチ・オブ・ザ・デイ』でお馴染みのテーマ曲を例に挙げてみよう。この曲の冒頭4小節に含まれる音符は、Aが1つ、Bが1つ、C#が8つ、Dが2つ、Eが3つだ。これは事実に基づくデータだが、音符の数の合計値を聞いたところで、この楽曲について何か有益な情報を得られるとは言いがたい。

フットボールを集計情報で分析しようとすることは、音楽を音符の使用回数で理解しようとすることに似ている。たしかに、ポゼッションの集計値と得失点差のように相関が見られるものもあるが、その相関が生じるメカニズムは明らかではない。

だが、すべてのオンボール・アクション（ボールに関わるすべてのアクション）を時系列で記録したイベントデータの登場により、状況は大きく変わった。これにより、適切な文脈——その直前と直後に何が起こったか——を踏まえて各イベントを分析できるようになったのだ。音楽と同じで、フットボールにおいても「次に何が起こるか」は非常に重要である。

適切なデータが利用できるようになってから、ポゼッションバリューのアイデアを思いつくまでは驚くほどに早かった。2007年にOptaのイベントデータを目にしてから数週間のうちに、私はピッチ上をボールがどう移動するかの分析に勤《いそ》しみ、ピッチのエリアに応じて価値を割り振り始めていた。

リチャード・ポラードとチャールズ・リープは、ゴール期待値という概念を提唱した1997年の論文のなかで、ポゼッションバリューと似た「Goal Yield（ゴール収益）」という考え方も導入している。[2] ポゼッションバリューの開発に取り組むなかでその論文を発見した私は、ゴール期待値のパートで語ったように、彼らが誰よりも早く10年前にこのアイデアを生み出していたことに感銘を受けた。この研究が可能になったのは、チャールズ・リープが自ら苦労してデータを収集したおかげだった。

2011年には、研究コンペのためにStatDNAという会社がいくつかのイベントデータを公開した。このコンペで優勝したのがサラ・ラッドで、彼女も独自にポゼッションバリュー・モデルを考案していた。ラッドを採用したStatDNAは、やがて独自にデータ分析への道を進み始めたアーセナルによって2012年に買収される。[3] また、カルン・シンが「脅威期待値（Expected Threat）」と呼ばれるモデルを作成した。そしてFacebookでのエンジニア職を辞め、彼もまたアーセナルに加わった。

リバプールの仕事に就いた私の最初の任務は、以前作ったモデルを改良して新しいポゼッションバリュー・モデルを構築することだった。メルウッドで働けるのは素晴らしい経験だったが、オフィススペースがなかった。ラファ・ベニテスの指示で建設されながらほとんど使われていなかった古い宿泊棟が私たちのオフィスに改装されるまでには、9ヶ月かかる予定だった。

そこで私と同僚のティムは役員会議室を使い、新しいポゼッションバリュー・モデルの内容について、ミーティングボードにアイデアを書きながら何時間も話し合った。誰かが会議室を使うときは、エディの小さなオフィスを臨時の作業所とした。ティムは椅子を持ち込み、エディの机の端にノートパソコンを置いた。私はファイル棚の上にノートパソコンを置き、立ったまま作業した。新しいモデルの開発は順調に進み、数ヶ月以内に完成した。

ポゼッションバリュー・モデル

ほとんどのポゼッションバリュー・モデルは、マルコフ連鎖[4]の仮定に基づいて作られている。仰々しい用語だが、要は「現在の状況が過去の影響を受けずに独立していると仮定する」ことを意味している。

マルコフ連鎖は、ギャンブルを例に挙げると分かりやすい。たとえば、あなたがポケットに2ポンドを持っていて、私が「仕掛けのないコインを投げて表になるかどうか」に1ポンド賭けようと提案する。あなたの目標は、手持ちが尽きる前に4ポンド増やすことだ。4ポンドを得る確率はどのくらいだろう？

最初の賭けでは50パーセントの確率で負け、50パーセントの確率で勝つ。2回賭けると、連続で負けて手持ちがなくなる確率は25パーセント、連続で勝って2ポンド増える確率も25パーセントだ。残りの50パーセントは、最初に勝って次に負けた場合（あるいはその逆）に該当し、結局資金は元と変わらない。

3回目の賭けのあとには、手持ちがなくなるか、1ポンド減っているか、1ポンド増えているか、または3ポンド増えているかのいずれかだ。こうした各シナリオの確率を計算できるのは、2回目の賭けの結果とその確率が分かっているからである。そして、この計算を繰り返すことで、長期的にどのような結果が起こり得るかを予測できる。

4回目の賭けのあとには、4回連続で表が出て目標の4ポンドを達成している可能性もある（確率は6・25パーセント）。だが、ほとんどの場合は賭けを続けることになる。25回の賭けのあとでは、手持ちがなくなっている確率は65パーセント、4ポンドを得ている確率は32パーセント、まだ賭けが続く場合が3パーセントとなる。最終的には、手持ちがなくなる確率67パーセント、4ポンドを手にする確率が33パーセントに近づいていく。

この計算が可能な理由は、ある時点であなたのポケットにある金額というのが、それまでにたどった道筋の影響を受けずに独立しているからである。つまり、10回賭けたあとに最初の2ポンドに戻った場合、そこから手持ちがなくなる確率は、過去にどんな勝敗をたどったかに関係なく、賭けを始める前と同じである。未来の確率は過去に依存しないというわけだ。

これがフットボールと何の関係があるのか？　同様のマルコフ連鎖分析を用いて、ポゼッションの価値を理解することができるのだ。フットボールでは、現在の状況は過去の影響を受けるものだが、受けないと仮定することで現実に近い推定が可能となる。私たちは、ひとつの試合をアクションごとに切り取り、そのひとつひとつに「試合状況」を割り当てる。どのような「試合状況」かは、ボールの位置と、チームがどのような形でポゼッションしているか（通常、守備、セットプレー、カウンター）に基づいて決まる。

たとえば「通常のポゼッションでセンターサークルでボールを保持している」というのが試合状況の一例だ。「セットプレーのポゼッションで、相手ゴール前でボールを保持している」というのも試合状況のひとつだ。その後、過去の試合データを活用して、ある試合状況から他のすべての試合状況への移行確率をそれぞれ推定する。たとえば「センターサークルでの通常のポゼッション」から「敵陣ボックス周辺の中央付近」への移行は比較的高い確率で起こるが、「自陣ボックス内での守備的ポゼッション」に移行する確率は非常に低い。このようにして、すべての試合状況間の移行確率を細かく記した表を作成する。

これにより、任意の試合状況（ある時点でポケットに入っている額）から、ゴールを決める確率（4ポンドを手にする確率）や、ポゼッションを失う確率（手持ちを失う確率）を計算するための材料が揃う。コインの賭けをする人と同じように、ある状況から次の状況へと計算を繰り返すことで、あるポゼッションの長期的な平均ゴール率を算出できる。この移行確率の表を用いることで、あるポゼッションの1ステップ後にどこにいるかを計算することができる。同じ表を用いれば、2ステップ後、3ステップ後、4ステップ後の状況も計算できる。

こうして計算することで、各試合状況におけるゴール確率が導き出される。自陣ボックス内の通常のポゼッションでは、ポゼッションを失う前にゴールを決める確率はおよそ0・2パーセントだ。フィールドの中央エリアでの通常ポゼッションでは約0・5パーセントの確率となるが、わずかな増加である。相手ボックスに近づくにつれて、ゴール確率（ポゼッションを失う前に得点する確率）は急速に増加し、ボックス付近では約1・5パーセント、ペナルティスポット付近では約10パーセントに達する。

そして中央でのポゼッションは、サイドでのポゼッションよりも価値が高い傾向にある。「守備的」なポゼッション――たとえばタックルしたあとに、ボールが行ったり来たりしている状況――では、ポゼッションの価値が低くなる。これは特に驚きではないだろう。そういう状況では、ボールが完全にどちらかのチームのコントロール下にないからである。

ゴールから遠い位置では、セットプレーのポゼッションの方が通常のポゼッションよりも価値が高い。より価値のある状況へと自由にボールを運べるからだ。しかし相手ボックス内では、通常のポゼッションよりも価値が低くなる。これはセットプレーだと相手チームがボックス内に密集するからである。

よりゴールに近い位置でのポゼッションか、カウンター攻撃のような有利な状況でのポゼッションの方がゴールを決める確率は高くなる。フィールド中央エリアでのポゼッションが「たった0・5パーセントのゴール確率」しかないのは意外かもしれないが、試合中には何百回ものポゼッションがあり、そのうち平均で2・70ゴールしか決まらない。

簡単なパスを何本も通すか、確率は低くても決定的なパスを通すか

試合状況ごとにゴール確率が異なるという考え方を踏まえると、各選手のアクションが試合に与える影響を評価できるようになる。自分が攻撃的ミッドフィルダーで、そのポジションから相手ボックス付近にパスを通そうとしていたとする。そうしたパスは、私たちが作った試合状況ごとのゴール確率の表を使う

ことで効果を評価できる。

たとえば、攻撃的ミッドフィルダーの現在の位置における試合状況が、「ポゼッションを失う前にゴールを決める確率が1パーセント」と評価されていたとしよう。そしてボックス周辺はもっと価値が高く、たとえば5パーセントの確率があるとする。もしパスを成功させれば、このポゼッションにおけるチームのゴール確率を1パーセントから5パーセントに高めたことになる。逆にパスが失敗すると、チームのゴール確率を1パーセント減らしたことになる。こうした計算をベースにして、私たちは選手が試合に与える影響を評価した。

フットボールでは点を決めることだけでなく、点を防ぐことにも注目しなければならない。パスが失敗したときはチームのゴール確率をゼロにするだけでなく、相手にポゼッションを与えゴールを決めるチャンスを与えることにもなる。たとえば攻撃的ミッドフィルダーのエリアは相手にとっては守備的ミッドフィルダーのエリアであるため、パスを失敗すると自チームの失点確率が0パーセント（ポゼッションしている場合、通常失点しない）から約0・3パーセントに増えてしまうのだ。

選手にとって重要なのは、そのパスが成功することで得られるリターンが、ポゼッションを失うリスクに見合うものかを判断することだ。ここでの例で言えば、パスが成功したときのリターンは大きい（ゴールの確率が4パーセント増加する）一方で、失敗した場合のコストはゴール確率の1パーセントの減少と失点確率の0・3パーセント増である。

「シュート後ゴール期待値」を用いることでキーパーのセーブ率を補正できたのと同じように、試合状況のゴール確率の推移を見ることで、パス成功率を補正することができる。たとえば攻撃的ミッドフィルダーのエリアから相手ボックス周辺へのパスを100回試み、そのうち25本が成功したとする。この25本のパスは、それぞれゴール確率を4パーセント高めるため、合計で100パーセント増加させることになる。これらのポゼッションから「実際に」いくつのゴールが生まれたかは関係ない。私たちのモデルでは、100本のパスでゴール確率を100パーセント高めたと評価され、その選手にはゴール確率100パーセントが付与される。

一方で、その選手がおこなったパスの大半は失敗に終わっている。先ほど触れたように、このパスが失敗した場合のコストは合わせて1・3パーセントだ。100本のうち75本が失敗しているため、コストは合計で97・5パーセントとなる。そのため、この選手の100本のパスは成功と失敗を合計して「2・5パーセント分、チームのゴール確率を高めた」ことになる。

もしパスが24本しか成功していなかったら、チームのゴール確率を高めるのではなく低下させていただろう。そのため、このパスに関しては、成功率が25パーセントであればチームのゴール期待値を高めることになる。この「ナンバー10」の典型のようなパスにおいて、50パーセントの成功率があると非常に優れた選手と評価することができる。

反対に、短く安全なパスばかりの選手がチームにもたらすゴール期待値をプラスに保つためには、ほぼ100パーセントの成功率が必要になる。そうしたパスはチームの得点確率にほとんど影響しないが、ポゼッションを失った場合には代償を払うことになるからだ。

ジョー・アレンが好例だ。パス成功率が非常に高い選手で、それが彼の価値を高めていたが、チームのゴール期待値にプラスの貢献をするためには、パスの成功率を極めて高い水準で維持する必要があった。

他方、リスクの高いパスを試みる選手は、より低い成功率でも許容される。運は勇敢な者に味方する。2011／12シーズン、私がスティーヴン・ジェラードやルーカス・レイヴァの価値を称賛していた頃、ジェラードのパス成功率はわずか80パーセントだったのに対し、アレンは91パーセントだった。

ジェラードよりもリスクを取らずに、彼と同程度のゴール期待値をチームに追加している選手たちもいた――マイケル・キャリック、ミケル・アルテタ、ギャレス・バリー、そしてポール・スコールズだ。逆に、ボールを失う機会が多かったものの、私たちが非常に効果的なパサーと評価していた選手たちもいる――アレックス・ソング、ジェームズ・ミルナー、ダニー・マーフィー、そしてヨアン・キャバイェだ。

ジョー・アレンはパス成功率が高いもののチームにもたらす価値は低い選手で、チームメートのレオン・ブリットン、スパーズのサンドロ、ウィガンのMFジェームス・マッカーシーやジェームズ・マッカーサーと似ていた。

選手のパスの効果をゴールや失点の期待値から測ることは、その選手がチームの成功確率を高める可能性を評価する第一歩にすぎない。スウォンジーやウィガンのミッドフィルダーたちは、（おそらく）中盤では安全なポゼッションを重視しろという監督の戦術的指示に従っていたのだろう。機会さえあればジェラードのようなプレーができたのかもしれない。しかし私たちは彼らがそうできるという証拠を見たことはなく、一方で他の多くの選手がリスクの高いパスを試みて成功させるのを目にしてきた。トップレベルの試合経験が豊富な選手を獲得する際に役立つ経験則は、「見たものがこそが手に入るもの」だ。

なぜ「ヨーロッパのベストディフェンダー」を間違って選んでしまったのか

リアム・リッジウェルは非常に優れたフットボーラーだった。プレミアリーグのウェスト・ブロムウィッチ・アルビオンやバーミンガム・シティでレギュラーとして活躍し、バーミンガム・シティではリーグカップを、アメリカのポートランド・ティンバーズではMLSカップを制した。しかし、そんな高い能力を持つ選手を、２００７／０８シーズンにおけるヨーロッパ屈指のディフェンダーと評価する人はほとんどいなかっただろう。そのシーズン、バーミンガムでプレミアリーグ33試合に先発出場したが、チームは19位で降格した。そのときの失点期待値はリーグで下から2番目だった。[5]

２００７／０８シーズン終盤にスパーズ・ロッジでダミアン・コモリと会ったとき、私たちの分析モデルの価値にダミアンが確信を抱いたのと同じミーティングで、彼は私が作った「ヨーロッパのベストディフェンダー」リストは、アタッカーのリストに比べてまったく説得力がないと指摘した。そのリストでは、リッジウェルが抜きん出て優れているとされていた。リーグ最低水準の守備とされたチームの先発だったにもかかわらず、どうしてそんな評価になったのだろう？

守備のアクションはデータとして記録されたのち、ポゼッションバリュー・モデルによって評価されていた。しかし守備アクションの多くは、その成果が肯定的に測定される。Optaは、独自の基準に基づいて「ミス」や「チャレンジでの敗北」（相手にドリブルで抜かれる）といった守備面での失敗もいくつか記録していた。しかし守備アクションの大半はタックル、インターセプト、ブロック、クリアといったものであり、これらは基本的にポゼッションの奪還につながるため、ポゼッションバリューの観点から見れば守備的にプラスの価値をもたらすと評価される。これらのアクションはすべて失点を防ぐのに貢献するからだ。

リッジウェルは特にインターセプトやクリアを積極的に試み、とりわけ危険度の高い自陣ボックス内でその傾向が強かったため、大きなプラス評価につながっていた。また、シュートをブロックし、ゴールライン上でのクリアによって相手の高いゴール期待値を失点ゼロに抑えることもあった。しかしバーミンガムの守備はプレミアリーグの基準では決して優れているとは言えず、そんな守備陣の中心にいるのがリッジウェルなのだった。

他のチームスポーツと同様に、フットボールでも守備能力の測定と分析が最も難しい課題だった。私たちが直面した問題は、タックルが「発生せず」に危険なチャンスが生まれた場合、ディフェンダーの位置情報がデータでは分からなかったことだ。リバプールにおいても、エディは守備のパフォーマンスを判断する際、ビデオ分析やスカウトの意見を重視していた。

イベントデータを用いて守備パフォーマンスを測定することは難しい。積極的にアクションを起こさないディフェンダーが、危険な状況を招いたり防いだりする上で重要な役割を担っていることが多いからだ。それに対してリッジウェルは、果敢にアクションを起こしていたが、それはチームの守備が機能していなかったからであり、その責任の一端は彼自身にもあった。

当時は基本的にディフェンダーたちの位置を把握できなかったため、それに近しいデータを作り出す必要があった。私たちは、相手がシュートを打ったり、より危険な位置にボールを移動させたりしたとき、どのディフェンダーが責任を負うべきかを推測することにした。ボール保持中のアクションとして記録された位置は分かっているため、彼らが通常どのようなポジションにいるかは把握できる。そのため、相手の攻撃アクションが起こった場合、通常その周辺にいるディフェンダーを推測することができた。

たとえば、中央でシュートを打たれた場合、センターバックがより多くの責任を負う。左サイドからクロスを上げられた場合は、左サイドバックが右サイドバックよりも多く責任を負う。「守備責任」という概念を導入することで、相手のチャンスを許した場合の減点と、チャンスを防いだ場合の加点を割り当てることが可能になった。

リッジウェルの場合、ゴールラインでのクリアやシュートブロックで多くの加点を得ていたが、バーミンガムが許した多くのチャンスの責任も負っていた。そうしたチャンスを許したのは彼だけの責任ではなく、自分の役割以上に危険を食い止めてはいた。リッジウェルは間違いなくバーミンガムシティでは最高のディフェンダーだったものの、守備責任という点を踏まえると、ヨーロッパ屈指のディフェンダーとして評価することはなくなった。

この新しい守備評価にも、不完全な部分はあった。相手のチャンスに対し、平均的な守備位置に基づいて責任を割り当てるしかなかったからだ。そのため、基本的に複数のディフェンダーが責任を共有する形になった。それで問題ないことも多かったが、時には明らかなポジショニングのミスをした選手がいて、失点が誰の責任かファンにも一目瞭然の場合があった。

また、モデル上で不当に責任を割り当てられるケースもあった。思い出すのは、リバプールとウェストハム・ユナイテッドの一戦だ。リバプールの左サイドバックを務めるアルベルト・モレノは、ウェストハムのゴールラインでミカイル・アントニオにタックルを受けてピッチに倒れた。しかし数秒後、ウェストハムがリバプールの左サイドからクロスを上げ、アントニオが得点した。左サイドからクロスを上げられたため、守備責任のモデル上、モレノにはその責任の一部が割り当てられることになる。だがこのときのケースでは、彼の責任とは言えなかった。クロスが上がる頃に、ようやく守備へと戻っている状態だったからだ。

「リッジウェル問題」は解決できたとは言え、欲しい情報に近い代替データを用いていたことが原因で、守備の評価は攻撃の評価よりもやや精度が劣っていた。しかし、それでも守備パフォーマンスを把握する上では十分に役立ち、フィルジル・ファン・ダイク、ジョエル・マティプ、ママドゥ・サコの獲得を薦めることができた。守備能力を真に理解するには、トラッキングデータの登場まで待つことになる。

●— シュートの功罪を科学する

ヨハン・クライフは言った。

「ボールはひとつしかない。だからこそボールを持たねばならない」

ポゼッションバリューの観点では、ボールの保持には大きな責任が伴う。ボールを持つと、チームの現在のゴール期待値に責任を持つことになるからだ。自分がボールを持って何をするかでゴール確率が変化するだけでなく、自分の判断でチームのゴール確率をゼロにしてしまう可能性さえある。

ポゼッションバリュー・モデルの開発に取り組んでいたとき、私はディーン・オリバーの著書『Basketball on Paper』（未邦訳）に大きな影響を受けた。[6] オリバーはバスケットボール選手の評価にあたって統計的手法を使用しており、それはまさに私がフットボールで実現したいと考えていたことだった。オリバーの本では、「使用率（usage）」という概念が紹介されている——選手がボールを失うか、シュートを打つか、得点をするかでポゼッションを終わらせた（ポゼッションを使用した）割合を示すものだ。

ポゼッションが終わるときは、実質的にチームの得点チャンスの終わりを意味する。通常、それはチームにとって悪いニュースだ。しかし選手がシュートを打つことでポゼッションを終えたなら、たとえゴールに結びつかなかったとしても、選手からすればボールを失うコストよりもゴール期待値が上回ると判断した場合だったことも多い。

一方、シュートを打つことにはポゼッションを終わらせる以外に、もうひとつの代償がある。シュートは、チームメートを犠牲にして放たれるという点だ。つまり他の選手がポゼッションを使用する機会を奪うことになる。

使用率を分析することで、さまざまなタイプのアタッカーがチームに与える影響を明らかにすることができた。モハメド・サラーやロベルト・レヴァンドフスキのような、高い頻度で質の高いシュートを打つ選手はチームにとって非常に貴重な存在だが、数多くシュートを打つため「ポゼッションの使用率」が高い。この傾向は、他の選手がシュートを打つ機会を減らすことにもつながる。

また、シュート頻度が高い選手には「収穫逓《てい》減《げん》の法則」が当てはまる。つまり、こうした選手がゼロから1人に増えるときの影響の方が、1人から2人に増えるときの影響よりも大きいということだ。2人目の選手がピッチにいない場合やシュート頻度が低い場合の方が、1人目の選手のシュート機会は多いだろうからだ。

この「使用率」の概念は、アタッカーがポゼッションを使用したり継続させたりすることで、チームに価値を追加しているかに目を向けるきっかけとなった。私たちが好むストライカーのタイプは「トリプル・スレット（三重脅威）」と呼ばれるものだった。シュート、パス、ドリブルの3つを通じてチームに価値をもたらす選手のことだ。このタイプの選手には、シュートだけでなくパスやドリブルの選択肢もあるため、守備側にとって厄介な存在となる。そしてシュートだけが得意な選手よりもポゼッションの使用率が少ない。

贅沢なことにリバプールは、ロベルト・フィルミーノ、サディオ・マネ、モハメド・サラーという3人のトリプル・スレットを揃えることができた。サラーは最もシュート頻度が高い選手であり、フィルミーノのパス能力から恩恵を受けていた。選手の貢献をパス、シュート、ドリブルという異なるアクションに分けて評価することで、私たちはチームワークについても理解できるようになっていった。

シューターが多すぎると、パスでボールが危険なエリアに侵入しなくなる。パサーが多すぎると、ボールが相手ゴールに向かってシュートされなくなる。反対に、サラーの存在がフィルミーノのチームへの影響力を増加させることもあった。

すべてのデータ分析は、作成者の主観的な信念から自由ではない

ポゼッションバリュー・モデルは、長年リバプールにおいて選手分析の中心を担ってきた。このモデルには推定や仮定も多く含まれていたが、効果は非常に高かった。私たちはこのモデルを使って何千人もの選手をフィルターにかけ、チームに違いをもたらせそうな十数人にまで減らすことができた。こうして選

郵便はがき

63円切手を
お貼り
ください

101-0003

東京都千代田区一ツ橋2-4-3
光文恒産ビル2F

(株)飛鳥新社　出版部　読者カード係行

フリガナ ご氏名	性別　男・女 年齢　　歳
フリガナ ご住所〒 TEL　　(　　　)	
お買い上げの書籍タイトル	
ご職業　1.会社員　2.公務員　3.学生　4.自営業　5.教員　6.自由業 7.主婦　8.その他（　　　　　　　）	
お買い上げのショップ名　　所在地	

★ご記入いただいた個人情報は、弊社出版物の資料目的以外で使用することはありません。

このたびは飛鳥新社の本をお購入いただきありがとうございます。

今後の出版物の参考にさせていただきますので、以下の質問にお答え下さい。ご協力よろしくお願いいたします。

■この本を最初に何でお知りになりましたか

1.新聞広告（　　　　　　新聞）

2.webサイトやSNSを見て（サイト名　　　　　　　　　　　　　　　）

3.新聞・雑誌の紹介記事を読んで（紙・誌名　　　　　　　　　　　　）

4.TV・ラジオで　5.書店で実物を見て　6.知人にすすめられて

7.その他（　　　　　　　　　　　　　　　　　　　　　　　　　　　）

■この本をお買い求めになった動機は何ですか

1.テーマに興味があったので　2.タイトルに惹かれて

3.装丁・帯に惹かれて　4.著者に惹かれて

5.広告・書評に惹かれて　6.その他（　　　　　　　　　　　　　　　）

■本書へのご意見・ご感想をお聞かせ下さい

■いまあなたが興味を持たれているテーマや人物をお教え下さい

※あなたのご意見・ご感想を新聞・雑誌広告や小社ホームページ・SNS上で
1.掲載してもよい　2.掲載しては困る　3.匿名ならよい

ホームページURL https://www.asukashinsha.co.jp

手を絞り込めたことで、スカウティング部門は各選手の詳細なビデオ分析をおこない、データでは捉えきれない部分を補完できた。そこからさらに絞り込まれた選手については、20〜30試合分のビデオが詳細に分析された。数名に対してしかできないような分析だ。

２０１９年のチャンピオンズリーグ決勝でスパーズに勝利した際の先発選手のうち、９人はポゼッションバリュー・モデルの助けを借りて獲得された選手だった。例外は、アカデミーが生んだ才能あふれるトレント・アレクサンダー＝アーノルドと、データを活用する以前の時代にダミアン・コモリが獲得したキャプテンのジョーダン・ヘンダーソンだけだった。

さまざまな経験を通して、このモデルの仮定のどこは妥当で、どこは変えるべきかを学んできた。現在の世界においては、ただ「数字に従うだけ」で済ませる誘惑があるが、私はネイト・シルバーの意見に賛同する。「数字はみずから口を開くことはできない。我々が数字を代弁し、数字に意味を与えるのだ」。

もし私たちが、最初にモデルが弾き出した数字にただ従うだけで、改善の余地がないかを批判的に検討しなかったら、リッジウェル問題を解決することはできず、効果的なディフェンダーではなく、積極的にアクションを起こすディフェンダーを獲得していただろう。また、選手たちのゴール期待値を単純に足し合わせるだけで済ませていたら、チャンスを創出する選手とシュートを打つ選手の関係性を理解することはできず、スキルを補完し合うアタッカーを見つけるのではなく、シューターばかりを集めるという誤りを犯していたかもしれない。

私たちが「数字を代弁する」もうひとつの方法は、フットボールの仕組みをモデル化する際に、数百もの小さな決定や仮定をおこなうことだ。すべてのデータ主導型モデルは、その作成者の信念や決定を反映したものだ——一般に信じられているほど客観的なものではない。

ポゼッションバリュー・モデルにおける大きな仮定のひとつとなっているのが、マルコフ連鎖だ。現在は過去と無関係だ、という前提である。しかし、これは明らかに正しくない——たとえば、ボールが反対のサイドに素早く渡されたあと、再び元のサイドに戻された場合、守備陣形が崩れている可能性がある。私たちは、直近のいくつかの試合状況を踏まえてポゼッションバリューが変化していくような、より複雑なモデルを作ることもできた。[7] これは良いアイデアに聞こえるかもしれないが、いくつかの問題が生じる。強いチームは通常、ポゼッションが多い傾向にあるが、ポゼッションと成功の関係は複雑なのだ。

StatsBombで働いていたディネシュ・ヴァトヴァニは、ポゼッションバリューを計算する際に、「ある試合状況に至るまでの過去情報を利用すると、長いポゼッションに高いゴール期待値が割り当てられる可能性がある」と指摘した。シンプルに、強いチームはポゼッションの時間が長いからである。これはデータモデルにおける「情報漏洩」の一例であり、モデルが本来学習すべきではないものを学習してしまう状況だ。

マルコフ連鎖を前提として考えた場合、攻撃的ミッドフィルダーがいるようなエリアでのポゼッションはゴール確率1パーセントと判断される。しかしマルコフ連鎖の前提を取り除き、たとえば直前のいくつかのボールタッチに基づいてゴール確率が変わるとしたら、一連の長いポゼッションの末に攻撃的ミッドフィルダーのエリアでポゼッションが生じたとき、ゴール確率が1パーセント以上と評価される可能性がある。

この場合、直前のいくつかのボールタッチが本当にゴールの可能性を高めているかどうかが問題となる。それほど長くポゼッションがおこなわれたという事実から、アルゴリズムがシンプルにマンチェスター・シティやバルセロナのようなチームのポゼッションなのだと判断し、それゆえに平均よりも高いゴール確率を割り当てただけかもしれない。

ポゼッションバリューは選手によっても変化する。攻撃的ミッドフィルダーのエリアにおけるポゼッションではゴール確率1パーセントとされるかもしれないが、もし選手がリオネル・メッシなら、その数値は1パーセントを優に超える。平均的なゴール確率は、選手を比較するための基準点にすぎない。攻撃的ミッドフィルダーのエリアにおけるメッシの貢献は、ゴール確率1パーセントを遥かに越える状況を生み出すことが多い。このように、常に基準点を上回る能力こそ、彼が優れた評価を得る理由である。

私たちにとって重要な作業となったのが、ディクソン＝コールズに触発されたチーム力に関するモデルとポゼッションバリュー・モデルを組み合わせたことだ。対戦相手の強さを考慮して選手の評価を調整することで、たとえばドイツやギリシャでプレーするミッドフィルダーと、プレミアリーグでプレーするミッドフィルダーのゴール確率を比較できるようになった。

私が「ピッチの隅からのこのポゼッションで得点する確率は1パーセント」などと言うとき、それは平均的なプレミアリーグチームが平均的なプレミアリーグの対戦相手と戦う場合を指している。もしバイエルン・ミュンヘンが相手ならゴール確率は下がり、スコットランド2部のハミルトン・アカデミカルが相手ならゴール確率は上がるだろう。ギリシャ・スーパーリーグはプレミアリーグには到底及ばない。

そしてコスタス・ツィミカスはギリシャ・スーパーリーグでプレーしていた際、リーグ最強のチームと対戦する必要がなかった。なぜならリーグ最強のオリンピアコスに在籍していたからだ。彼が対戦した多くのチームは相対的に質が低かった。そのため私たちはポゼッションバリューにおける彼の評価を大幅に引き下げて調整したが、それでもプレミアリーグ平均を上回っており、アンディ・ロバートソンの控えとして契約できたことを喜んだ。

ポゼッションバリュー最大の利点は、選手のすべてのアクションをひとつの通貨、すなわちゴールに変換することだ。タックルであれ、パスであれ、シュートであれ、ファウルであれ、すべてがチームのゴール（および失点）確率にもたらした変化によって測定される。それにより分析が簡略化され、選手を評価するための指標がひとつに絞られる。

現在では選手のパフォーマンスを測る指標が何百も存在し、どれが重要でどれがそうでないかは素人目には分からない。

「この選手はチームの得点確率をどれだけ高めるか？」

このたったひとつの問いに集中することで、私たちの分析は遥かに分かりやすいものになっている。

一方、ポゼッションバリューの弱点は守備の質の計測にあった。この問題は、すべてのディフェンダーの位置を確認できる新しいデータソースが利用可能になることで、解決されていくことになる。

第9章 選手をどこまでも追いかけ、丸裸にせよ

クロップの「スプリント能力」が測定された日

アンフィールドの役員席は、基本的に一般のスタンド席よりも落ち着いて観戦できる場所だ。そんな役員のボックス席でも全員が熱狂した瞬間が一度だけあった。それが2018年のエヴァートンとのマージーサイドダービーだ。

試合はアディショナルタイムに突入しても0対0のままで、エヴァートンのファンは青い発煙筒を焚きながら彼らにとって勝利とも言える引き分けを祝っていた。しかし試合終了直前、エヴァートンのゴールキーパーのミスからディボック・オリギが決勝点を決めた。役員席の（私を含めた）「プラウン・サンドイッチ（エビサンドイッチ）族※」だけでなく、ユルゲン・クロップも感情を爆発させた。大興奮でピッチに飛び出し、センターサークル辺りまで入っていってキーパーのアリソンと喜び合った。しかしこの行動の代償は高くついた――後日、フットボール協会から不適切な行為として8000ポンドの罰金が科されたのだ。

試合が終わると、私たちは走行距離やスプリント数など各選手のフィジカルデータを集計する。しかしエヴァートン戦後の記録には、メンバー欄にひとつの名前が加わっていた。「ユルゲン・クロップ」と。

※企業の招待席やVIPエリアで観戦する人々のこと。もともとはマンチェスター・ユナイテッドのロイ・キーンが、試合に関心を持たず、豪華な食べ物などをつまみながら試合を眺める人々を批判した表現

彼が大喜びしてピッチを駆け回った走行距離は77メートルで、そのうち8メートルはスプリントに相当するスピードだった。最高速度は時速26キロで、試合中のアリソンの最高速度を上回っていた。リバプールのミッドフィルダーは、それぞれ11キロ以上を走り、フォワード陣は時速32キロ以上を記録していた。しかし、51歳であることを考えると、クロップのフィジカルパフォーマンスは称賛に値するものだった。

これらのデータは、サー・ケニー・ダルグリッシュ・スタンドの高所に設置されたビデオカメラによって集められたものだ。カメラはピッチ全体を一度に撮影できるほどの高さにある。この動画がアルゴリズムに送られ、そこで「オプティカルトラッキングデータ（光学追跡データ）」へと変換される。「オプティカル（光学）」とは映像がデータのソースであることを指し、「トラッキング（追跡）」とは選手の位置を追跡するデータであることを示している。

このデータでは、22人の選手全員とボールの位置が40ミリ秒ごとに記録される。この種の技術はコンピュータ・ビジョンと呼ばれている。スマートフォンで使われる顔認識や翻訳用の外国語文字検出アルゴリズムと同じ原理だ。

映像をデータに変換するのは簡単ではない。アルゴリズムはピッチの白線がどこにあるのかを認識し、選手の位置を特定し、さらにその選手が誰であるかを判別しなければならない。場合によっては、データを修正するために手作業が必要になることもある。

たとえば、控えの選手がタッチライン付近でウォーミングアップしていると、誤ってピッチ内の選手として記録されてしまうことがある。同じことは、試合終了間際にピッチに駆け込んだ監督にも言える。トラッキングデータの技術とアルゴリズムを作るために費やされた努力は価値のあるものだった。そのデータは、私たちの試合の分析法を劇的に向上させたのだ。

知らぬ間に進行する契約

2013年、私のもとにデイヴィッド・ウッドファイン（ウッディ）から電話がかかってきた——当時ウェストハムでパフォーマンス分析部門の責任者を務めていた人物だ。彼はプレミアリーグがトラッキングデータ提供会社と契約するという話を知っているかと尋ねてきた。私はその話を知らなかった。

彼は他の多くのクラブの分析担当者と同じく、クラブが利用できるトラッキングデータに不満を抱いていた。そのため各クラブは自分たちで独自にデータ提供業者を探す必要があり、それだとホームの試合分しか受け取ることができなかった。アウェーゲームのデータは、そのスタジアムに自分たちと同じ業者のカメラが設置されている場合のみ利用可能だった。

最大のデータ提供業者は1990年代から存在する「プロゾーン（Prozone）」だ。そこはまた、現在のフットボール界で重役となった人たちの多くがキャリアをスタートさせた会社でもある。しかし2013年頃には、多くのクラブがプロゾーンのサービスに不満を抱いていた——料金は上がり続け、利用可能なデータは集計された要約データに限られ、手の加わっていない生の位置データは提供されていなかった。

通常、クラブの職員たちは手に入るデータの質の低さについては内々で愚痴を漏らすだけだ。しかしウッディはプレミアリーグの情報部門責任者ポール・ゴーナルと会い、各クラブが抱える不満を伝えた。するとポールは、すでにプレミアリーグがリーグ全体のトラッキングデータを収集する構想を検討しており、まもなくデータ提供業者「カイロンヒーゴ（ChyronHego）」と契約する予定だと教えてくれたという。

素晴らしいニュースだったが、ウッディは少し困惑した――なぜプレミアリーグはこのデータ収集計画について各クラブに知らせていなかったのだろう？　リーグはトラッキングデータを商売に使えそうだとは認識していたが、その導入がクラブに与えうる影響を十分に考慮していなかったようだ。

ウッディは各クラブがトラッキングデータにアクセスできるようにするためのロビー活動を開始し、その最初の連絡相手が私だったのである。無料で利用できれば、どのクラブのパフォーマンス分析予算にも大きな影響を与えるため、ウッディの活動に賛同する分析担当者は後を絶たなかった。

一方で私は、契約には生データへのアクセスを含めるべきだと強く主張した。プロゾーンは長年トラッキングデータの門戸を開かず、データを誰とも共有しようとしなかった。こうしたプロゾーンの保護主義的な姿勢がなければ、フットボールにおけるデータ革命はもっと早く起きていただろう。

こうしたデータの「門番」については、レッドソックスに貢献したビル・ジェイムズからも私とエディに警告されていた――1980年代の野球界にも同様の独占があり、その会社はデータを外に出さないように必死だったという。ビルは、進歩の障壁になっていた独占を打ち破ったことが、自身最大の功績のひとつだと教えてくれた。もしプレミアリーグがクラブに生のトラッキングデータを提供してくれれば、プロゾーンの独占を打ち破ることになる。

ウッディはリバプール、エヴァートン、アストン・ヴィラ、チェルシー、マンチェスター・シティ、アーセナルのパフォーマンス分析担当者たちから賛同者を集めた。プレミアリーグはクラブがトラッキングデータにアクセスできるようにすると同意したが、導入初年度の2014／15シーズンは、利用できるデータが自分たちの試合のみに限られていた。

私は他のチームのデータも見たいと思っていた——自分たちのデータだけでは、選手の身体的な負荷を分析する以外ほとんど役に立たなかったからだ。戦術面においては自分たちのパフォーマンスを評価できたが、それは相手のパフォーマンスにも左右される。そして相手チームのパフォーマンスについては、自分たちとの対戦以外でのパフォーマンスが分からなければ多くを語ることができない。

ウッディの活動に参加したクラブはデータ共有の原則に同意し、再度リーグに働きかけた。そしてプレミアリーグはアナリスト・ミーティングを初めて開催し、そこでは新しいトラッキングデータの計画についても議論された。

このミーティングは、ベイカーストリートのシャーロック・ホームズ・ホテルで午後におこなわれた。会議室は地下にあり、空調は故障していたか、そもそも存在していなかった。むさ苦しい空気のなかで、私はデータ共有のアイデアを提起した。これには、主に小規模クラブからの反対が多かった。自分たちにそうしたデータを活用できる能力はない、というのだ。データを共有することで自分たちが得られるメリットはなく、より進歩的なクラブに有利になるだけだと主張した。

最終的に、導入に賛同した7クラブ間で、この7チームが関わる全試合のデータを共有できることになった。これが、すべてのデータ共有に向けた重要なきっかけとなる。次のミーティングで、私たちはデータを共有する7クラブがプレミアリーグのすべてのチームについて14試合分のデータと、シーズン全38試合のデータ7クラブ分を持っていることを指摘した。一方で、共有していないクラブは自分たちの試合データしか利用できない。こうした差が広がるにつれ、データを共有していないクラブも折れていき、2016年にはすべてのチームが共有に合意し、プレミアリーグ全380試合のデータにアクセスできるようになったのである。

トラッキングデータは大混乱！ 識別ミスで「入れ替わり問題」も発生

プレミアリーグ公式のトラッキングデータは、最高のスタートを切ったわけではなかった。このデータを精査するために、同僚のティム・ワスケットがデータを可視化するプログラムを開発した。コンピュータ画面には、昔の『Football Manager』のゲームのように、ピッチ上を動き回る全選手を鳥瞰図でアニメーション表示できるようになった。

しかし時々、選手がおかしなポジションに表示されることがあった。ディフェンダーがストライカーの位置にいたり、その逆が起きたりするのだ。この問題の原因は、選手の識別が入れ替わってしまうことにあった。選手の進路が交錯すると、コンピュータ・ビジョンのアルゴリズムはどっちがどっちか追えなくなることがあるのだ。特にコーナーキックのように多くの選手が密集する場面では、ひどい混乱が生じていた。

また、私たちはＵＥＦＡ主催の全試合についても別の提供業者からトラッキングデータを受け取っていたが、これらのデータについては２０２１年までＵＥＦＡによる品質管理がおこなわれていなかったため、信頼性が低かった。選手が突然０・５秒ほど消えたかと思えば、魔法のように姿を現すことも度々あった。ある試合では、ジェームズ・ミルナーがコーナーキックを蹴ったあと、データを信じるならば、それから７分間コーナーフラッグに立ち尽くしていた。

トラッキングデータの品質をチェックできたのは、私たちがオンボールイベントのデータも持っていたからだ。ティムはオンボールイベントとトラッキングデータを同期させた。たとえば、オンボールデータが「ファビーニョが中盤の中央でパスをした」と示しているのに、トラッキングデータが「ファビーニョが左サイドバックの位置にいた」と示していた場合、どちらかが間違っていることになる。

しかし、この同期作業はティムにとって困難な課題となった。イベントデータで記録されるタイミングは実際のタイミングと数秒の誤差があり、トラッキングの位置情報も数メートルの誤差があったからだ。さらに、トラッキングデータ自体には「イベント」が記録されておらず、選手とボールの位置情報しか含まれていないという問題もあった。そのため私たちは、イベントが発生したかどうかをトラッキングデータ内で判定する方法を開発しなければならなかった。

ティムは試合を速度と加速度のセットに還元することで、この問題を解決した。ボールが選手から急加速して離れたときは、パスがおこなわれた可能性が高い。選手の近くでボールが急減速すれば、おそらくパスを受けたと考えられる。また、ボールが突然方向を変えたら、ヘディングやワンタッチパスと考えられる。

しかし、判別が難しいイベントもあった。ファウルやタックルのようなイベントは、ボールの動きに特有の変化が見られるとは限らなかったからだ。それでもティムは最終的に、オンボールイベントの大半をトラッキングデータに正確なタイミングで同期させることに成功した。

「オフ・ザ・ボールの動き」を計測するには

トラッキングデータの本当に重要な点は、戦術面にある。選手たちのオフ・ザ・ボールの動きが把握できるのだ。私たちのポゼッションバリュー・モデルは十分に機能していたが、各試合状況に付与したゴール確率は、あくまで近似値に過ぎないことも分かっていた。

たとえば、敵陣寄りの中盤（アタッキング・ミッドフィールド）で、固められた守備に対してボールを保持している状況と、同じ場所でボールを持ちながらストライカーが2人のディフェンダー間の大きなスペースへ走り込んでいる状況とでは、まったく異なる。トラッキングデータを用いることで、ゴール確率の予測精度を高めることができた。

この新しいデータは恵みでもあったが悩みの種でもあった。そのデータは重たく[1]、整理が難しく、何らかの考察を引き出す難易度が高くもあったからだ。より磨きをかけねばならなかったが、そうしたモデルの構築には多くの作業が必要だった。

「オプタ・フォーラム」は、イギリスで初めて定期開催されたフットボール分析のカンファレンスだ。2014年にロンドンのブルームズベリー地区にあるロンドン大学バークベック校の埃が舞う地下講義室で始まった。このカンファレンスの狙いは、優れた分析アイデアを持つ者なら誰もがデータを活用できるようにすることだった。

2017年頃には規模が飛躍的に拡大しており、バークベック校では手狭となってユーストン駅の向かいにある豪華な建物に会場を移した。私はリバプールのチーフスカウトであるバリー・ハンターの隣に座り、アメリカ人のウィル・スピアマンによる「Physics-Based Modelling of Pass Probabilities in Soccer（サッカーにおけるパス確率の物理ベースモデル）」という発表を聞いた。ウィルはパスの成功確率を計算するためのアプローチについて説明し始めた。

そのなかで彼は、パスの受け手はボールの軌道上にいなければならず、ボールをコントロールする時間も必要だと述べた。ボールが速く動いているほど、コントロールできる確率は低くなるという。発表は、フットボールファンにとっては数学的な要素がいささか多すぎた。そのため開始から10分ほど経ったところでバリーが私に顔を寄せて「聴衆は飽きてるようだ」とささやいた。だが私は答えた。「聴衆なんてどうでもいい。これは素晴らしいと思う」。

この2017年と、その前年にウィルがおこなった発表は、トラッキングデータを使って誰かが何か実用的なことをしているのを初めて目にした瞬間だった。彼のアプローチは、フットボールの根本原理に基づくものだった。選手は空間を支配するものだというアイデアや、パスを出したり受けたりするために必要な時間についての考えなどは、私たちが直感しているフットボールの仕組みを言語化するものだった。

彼の資料の冒頭には、次のような文章が置かれていた。

「フリーでファーサイドに立っているのにクロスがまったくやってこない選手の価値をどのように定量化できるだろうか？」

これこそ、まさにトラッキングデータの力を引き出せるタイプの研究だった。私は2018年にウィルを雇い、リバプールのためにトラッキングデータを活用した新しいポゼッションバリュー・モデルを作ってもらうことにした。

サッカーの見方が変わる「ピッチ・コントロール」の概念とは

ウィルの研究の基本的なアイデアは、「ピッチ・コントロール」と呼ばれる概念だった。それは笑えるほどシンプルな考え方で、「ピッチ上の任意の場所に誰よりも早く到達した人が、その場所を支配する」とでも要約できる。この考え方だけでも、フットボールについて多くを物語っている。

たとえば、選手がふたりだけの試合を想像してみよう。両選手はそれぞれの自陣センターサークルの端に立っているとする。この場合、両選手はそれぞれ自陣を支配している。なぜなら、自陣ハーフ内はすべての地点において相手よりも自分の方が近いからだ。しかしグレアム・テイラーが言ったように、「フットボールにおいて、時間と空間は同義だ」。私たちが気にすべきなのは、誰がボールに最も近いかではなく、誰が「一番早く」ボールに到達できるかだ。この1対1の試合においては、一方の選手の加速力が相手よりも高い場合、その選手はハーフウェイラインに早く到達でき、その結果、相手ハーフの一部も支配することになる。このように、ピッチ・コントロールという考え方は選手の身体能力を自然に組み込むものとなっている。足が速ければ速いほど、より多くのピッチを支配できる。

だがコントロールする領域を増やすためには、かならずしも相手より足が速い必要はなく、相手より先に動いているだけで十分な場合もある。たとえばボールまでの距離が相手と同じで、身体能力も同じだった場合、相手が止まっていて、こちらがすでに走っている状態であれば、自分の方が先にボールへたどり着く。先に走り出すことで、ピッチ上の支配領域が少し増えるというわけだ。反対に、たまたまボールから遠ざかる方向に走っていた場合、いったん減速してから向きを変え、再び走り出さねばならず、先に到達することはできない。

ピッチ・コントロールという基本的な考え方は、プロのフットボール選手が直感的に理解していることを、数学的に理解することを可能にした。たとえばストライカーが、静止していたディフェンダー2人の間を抜けて背後に走り込むと、ディフェンスラインの裏のスペースを一時的に支配することになる。また、2人のディフェンダー間の距離が広すぎる場合、ストライカーが前方に走り込まずとも、ディフェンスラインの裏のスペースを部分的に支配できる可能性がある。選手は走り出すと前方のスペースの支配領域が増す一方で、背後のスペースの支配領域は減少する。

リオネル・メッシはディフェンダーが空けたスペースを盗み取る達人だ。速攻の際、ディフェンダーはゴールマウス付近の危険なスペースを埋めるべくゴールに向かって急いで戻る。メッシはボールを持たずにその数ヤード後ろを追うが、ディフェンダーが止まるよりも手前で止まる。ディフェンダーがたった今離れていったポジションに、メッシは立つ。そこにはパスを受けられる広いスペースができている。減速は加速と同じくらい重要なのだ。

厄介だけどおもしろい「3つの不確実性」

ピッチ・コントロールにおいて、相手よりも先にたどり着くことに加え、もうひとつ重要なのが「不確実性」だ。

不確実性の第一の要素は「時間」である。ロングボールは目的地へ到達するまでに時間がかかる。そのためボールが落ちてくるまでに、多くの選手が集まってくる時間があることが多い。長い距離のパスのあとでは、どちらのチームもボールを完全なコントロール下に置けないことが多く、両チームが支配を争う状況になる。ピッチ・コントロールは不確実な状態となり、どれだけ多くの選手がボールの目的地に到達できるかで、ボールを支配する確率が各チームに割り当てられる。

不確実性の第二の要素は「ボールコントロール」だ。特定の地点に最初に到達できるかと、その地点に来たパスをコントロールできるかは別問題である。ボールがパスされたあと、受け手の選手がボールをコントロールできる確率は、ボールの速度やその選手がどれだけ速く移動する必要があるかに依存する。選手がボールをコントロールするには少し時間が必要であり、速いパスや、伸ばした体でパスを受けようとするときは、コントロールできるかどうかが不確実になる。

不確実性の第三の要素は「未知」である。トラッキングデータがあれば、試合の状態についてすべてが分かると考えがちだ。なにせ、すべての選手の位置が40ミリ秒ごとに可視化されるのだ。しかし、まだ多くの未知が存在する。

たとえば、その選手は疲れているかもしれないし、負傷しているかもしれないし、単に手を抜いているかもしれない——そうであれば、私たちが思っているほどピッチを支配していない可能性がある。また、選手がボールの方を向いていなければ、パスが出されたことに気付くのに1～2秒かかるかもしれない。あるいはゲームの状況変化に反応するのが少し遅れたり、負傷して動けなくなったりしている場合もある。

戦術に関する未知もある。理論的には右サイドへのパスに追いつけるサイドバックであっても、トニー・ピュリスのような守備的な監督の下ではハーフウェイラインを超えることをためらうかもしれない。こうした未知の要素があるため、ピッチ・コントロールは断定的ではなく確率的な表現がなされる。理論上相手より0・5秒早くボールに到達できるとしても、ピッチ・コントロールはその選手が必ずボールを受けられるとは予測せず、その確率は70パーセントという形で予測するだろう。残りの30パーセントは、未知の要素のいずれかが働いて相手がボールを手にすることになる。

これらの不確実性を、ピッチ・コントロール・モデルに組み込む必要があった。各要素はモデルの複雑さを増すが、複雑さを高めてまで組み込む価値があるのかは検討する必要があった――モデルの複雑さが増すのなら、その分予測の精度も向上しなければならない。ピッチ・コントロールの素晴らしさは、加えた複雑な要素のすべてが、フットボールの観点から直感的に説明できる点にある。

たとえば、ピッチ・コントロール・モデルに選手ごとの最高速度や加速力を取り入れると、モデルの複雑さが増す。しかしながら、相手より速く走れる選手がピッチのより多くを支配するというのは直感的に理解できる。

また、ボールの滞空時間を組み込むと、ピッチ・コントロールの数値はより不確実になる。直感的な説明で言えば、ロングパスでは五分五分の状況が増える。「ロングボール戦術」が良い例だ。ロングパスを使えばボールを素早く相手陣地に運ぶことができるが、その代償としてピッチ・コントロールを失うリスクが高くなる。しかし、ロングボールが必ずしもコントロールを失うわけではない。たとえばカウンターアタックの状況で、こちらの選手がピッチを全速力で駆け上がり、相手チームがこちらの陣地に取り残されている場合、「いいとこ取り」が可能になる。つまりロングボールで素早く相手陣地にボールを運びながら、コントロールを維持することができる。

「ボールコントロール」という複雑さを加えると、「タッチ」という概念の重要性が浮き彫りになる。タッチが優れた選手は、平均的な選手よりもボールをコントロールするために必要な時間とスペースが少ない。言い換えれば、タッチの良い選手は、ピッチ・コントロールを確かなものにする「見えない力《フォース》」を自分の周りにまとっていると言えるのだ。

ボールコントロールは攻撃と守備の違いも浮き彫りにする。守備の選手はボールをコントロールする必要をあまり感じないことが多い。どんなタッチであれ、相手からボールを遠ざけるものであれば良いタッチとなる。密集したエリアでは、守備の選手はボールを丁寧に扱う必要がないため、ボールタッチに注意を払う必要がなく、攻撃の選手よりもわずかにピッチ・コントロールの数値が高くなる。

ファンが「最高の選手」を考えるとき、往々にして「タッチ」の優れた選手――ペレ、クライフ、マラドーナ、メッシのような選手を思い浮かべるだろう。そしてタッチが優れた選手ほど高額であることが多い。予算が限られている場合、そうした選手を獲得するのは難しい。タッチの優れた選手に対抗する戦術は、彼らの影響力を抑えることに専念することだ。その最も簡単な方法のひとつは、コントロールが五分五分になる状況を多く作り出すことだ――これが低予算のチームがロングボール戦術を選択する理由のひとつでもある。

「カウンターアタック」という分類も不要になる

私たちの元々のポゼッションバリュー・モデルと同様に、「どこで」ボールを保持しているかも非常に重要になる。オリジナルのモデルでは、ピッチ上の位置とポゼッションのフェーズという2つの要素だけが、ゴール確率の計算に用いられていた。だがそれだと、フットボールという競技をテーブルサッカーのように見ているようなものだ。

テーブルサッカーでは、選手たちの位置に厳しい制限があり、ピッチを左右にしか動けない。オリジナルのポゼッションバリュー・モデルも同様で、ポジションAからポジションBへのパスの平均的な影響しか見えず、その結果、個々の状況を平均化したゴール確率しか算出できなかった。

しかし、トラッキングデータを活用すれば、膨大な量の背景情報を加えることができる。ゴール確率の計算も、ボールを持つ選手に対する守備のプレッシャーを踏まえたものになる（守備者の位置が分かるようになるため）。そして、守備側や攻撃側の選手がボールより前方または後方にどれだけいるのかも知ることができる。

そのおかげで、「カウンターアタック」や「セットプレー」といったラベルが不要になる。これらのラベルに含まれていた有益な情報が、選手の位置データとして明確に可視化されるからだ。「カウンターアタック」のポゼッションが価値を持つのは、ボールの後方（相手陣側）に守備選手がほとんどいないからだ。守備選手の位置が直接確認できるのであれば、「カウンターアタック」というラベルは必要ない。

カウンターアタックの機会は、タッチミスや不正確なパスによって簡単に台無しになることがある。ミスが前進を遅らせ、相手に戻る時間を与えてしまうからだ。トラッキングデータを用いれば、こうした状況を刻一刻と反映しながら、ゴール確率がダイナミックに変動していく。

ピッチ・コントロールのアプローチでは、正確なパスで前進の勢いを維持し、ボールとゴールのあいだにいる守備選手の数を減らす場合、大いに評価される。一方、受け手がボールをコントロールするためにスピードを落とさねばならず、守備側に陣形を整える時間を与えるような少し不正確なパスは、評価が低くなる。

「パスが受け取られる確率」の計算方法

ピッチをコントロールすること、そして重要なエリアをコントロールすることは大切だ。しかし、ボールを重要なエリアに運べることも大切だ。ストライカーが走り込んだところで、そこにボールが供給されなければ意味がない。こうした点は、ボールコントロールという概念と密接に結びついている。

攻撃的ミッドフィルダーが2人のセンターバックのあいだを通してストライカーにパスを通そうとする場面を想像してほしい。そのパスがセンターバックに近ければ近いほど、そしてスピードが遅ければ遅いほど、インターセプトされる可能性が高まる。こうしたパスは、ストライカーに向けて素早く鋭く届けられる必要がある。しかし、速いパスは受け手のボールコントロールが難しくなる。つま先で触れるのがやっとで、ボールがキーパーの方へ流れていってしまうこともある。

ボールや選手のスピードと方向を分析することで、こうした複雑さを取り込めるようになる。無数のパスのデータを使用して、パスのスピードと精度が、ボールを受け取る能力やインターセプトする能力にどう影響するかを計算するのだ。たとえば、パスが相手選手の近くを通る場合、味方選手がボールを受け取る確率は低くなる。なぜなら、相手選手がインターセプトする確率が高くなるからだ。

こうした形でパスを分析することで、パス能力についてより深く理解できる。たとえば、それぞれのパスには固有の難易度がある——その難易度は、味方選手がパスを受け取る確率によって表される。また、そのパスがほんの少し違う角度やスピードだった場合、受け取る確率がどのように変化するかを考えることもできる。このような分析によって、選手がパスをどれだけ巧みに実行したかを知ることができる。

たとえば、その選手が出せた可能性のある他のパスを、わずかな違いをつけながらすべて検証し、それらのパスが味方に受け取られる確率が実際に出したパスの確率よりも低い場合、実際のパスが非常にうまく実行されていたことが分かる。一方、パスが不正確でディフェンダーに向かってしまった場合、わずかな違いをつけて検証された仮想的なパスの多くは、実際のパスよりも受け取られる確率が高くなる。つまり、この選手はパスをうまく実行できなかったことが分かるのだ。

すべてを組み合わせて、実際のシーンを検証してみよう

これらの要素を活用すれば、より優れたポゼッションバリューを計算することができる。あるアクションが価値を持つためには、チームが高いピッチ・コントロールを維持している場所にボールを移動させる必要がある。

しかしピッチ・コントロールを考えるだけでは足りない。よりゴール確率が高まる場所（つまりピッチの前方で、ボールと相手ゴールのあいだにいる守備選手が今より少ないエリア）にボールを移動させねばならないからだ。だが、それでもまだ十分ではない。ボールが目的地に届く可能性が高く、相手にインターセプトされる可能性が低いパスであることも重要になる。

例1：2019年4月10日　CL準々決勝　1stレグ　リバプールvsポルト

2019年のチャンピオンズリーグで、リバプールがホームでポルトと対戦した試合の一場面を例にしてみよう。中盤でボールを持っていたナビ・ケイタには、どのパスを選択するか考える時間的な余裕が

あった。モハメド・サラーは右サイドから走り出し、相手左サイドバックを引きつけてポジションを空けた。そしてジョーダン・ヘンダーソンがその空いたスペースに走り込む。モー・サラーは足が速いため、すぐ近くに相手の守備が2人いたものの、ディフェンスライン裏の中央付近のスペースを部分的に支配していた。そしてリバプールの右ウイングの位置にポルトの選手が誰もいなくなっていたため、ヘンダーソンはそのエリアを完全に支配していた。

一方でセンターバックのフィルジル・ファン・ダイクは自陣を完全にコントロールできるポジションにいた。ディフェンスに戻すパスは成功率が非常に高いものであり、よほどひどいパスでない限りポルトの選手にインターセプトされることはないと言えた。しかしボールを戻すとゴール確率は非常に低くなる——これはローリスクである代わり、リターンも非常に低い選択肢であった。

モー・サラーの裏への抜け出しは非常に価値のあるスペースを作り出していた。もしケイタがサラーにボールを届けられれば、得点確率は10パーセントに達していただろう。しかし、2人のディフェンダーがサラーを追っていたことに加え、ポルトの選手が他にも2人いたため、そのパスの成功確率はわずか10パーセントと評価されていた——これはハイリターンではあるが、非常にリスクの高い選択肢だ。

ヘンダーソンは右ウィングの広いスペースにいた——ここにパスが通れば、ゴール確率は5パーセントになる。とはいえ、そのパスも決して簡単ではない。パスが不正確だと2人の選手にインターセプトされる可能性があったからだ。ここでヘンダーソンがパスを受け取る確率はおよそ60パーセントと評価されていた。これはリスクが中程度でリターンが高い状況であり、私たちのモデルでは最適な選択肢だと示されていた。

ケイタはファン・ダイクに何の価値も生まない安全なパスを送る選択肢を退け、非常に価値の高い場所にいるもののボールが届く見込みも少ないサラーへのパスも却下した。そして、ヘンダーソンへのパスを選び、ゴール確率を5パーセントに高めた。この選択に対してケイタは高い評価を与えられた。もしサラーへのパスの成功確率が高かった場合、その選択肢の方が価値があったため、ヘンダーソンへのパスはこれほど高く評価されなかっただろう。しかしサラーへのパスは現実的とは言えず、ケイタは正しい選択をしたのだ。

例2：2019年3月31日　プレミアリーグ　リバプールvsスパーズ

2019年3月のスパーズ戦は、トラッキングデータが優れた材料であることを示す完璧な例だった。スパーズのカウンター攻撃となり、自陣に1人残ったファン・ダイクは、スパーズのムサ・シソコとソン・フンミンの2人に対応しなければならない状況となった。シソコはドリブルしながらゴールに向かっている。ファン・ダイクはシソコの前進を妨げる必要があったが、シソコより遥かに危険なストライカーであるソンにパスを送られるのも防ぐ必要があった。ファン・ダイクにパスコースを切られながらプレッシャーをかけられたシソコは、16ヤード（14・5メートル）の距離からシュートを選択したがボールはクロスバーを大きく越えていった。ファン・ダイクはボールに触れることなく、高い技術による決定的な守備を遂行したのである。

トラッキングデータを用いてボールを持っていない選手の位置も把握できるようになったことで、私たちはようやくファン・ダイクが試合に与えた影響を十分に理解できるようになったのだ。イベントデータだけを用いていた世界では、シソコの枠外シュートだけしか記録されず、ファン・ダイクはシュートを打たれた責任の一端を負わされてすらいたかもしれない。

　トラッキングデータを組み込んだことで、私たちはディフェンダーへの評価、とりわけセンターバックへの評価に対する確信を深めることができた。サウサンプトン時代のファン・ダイクはイベントデータを使ったモデルでも優れた評価を得ていたが、トラッキングデータを使ったモデルで確かめると、それ以上に傑出していた。

　２０２１年、リバプールは新たなセンターバックを探しており、エディはＲＢライプツィヒのイブラヒマ・コナテを高く評価していた。コナテは、イベントデータモデルに比べ、トラッキングデータモデルでの方が圧倒的に高く評価されていた。

　原因は、ＲＢライプツィヒの怒涛のような攻撃スタイルにあった。ＲＢはポゼッションを奪うと一斉に前線へと押し寄せ、チャンスを最大限に活かそうとする。この戦術は成功をおさめてきたが、ディフェンダーが困難な状況に直面することも多い。ポゼッションを失うとカウンター攻撃に晒されることが多く、攻撃に加わらなかった1～2人のディフェンダーが広大なスペースをカバーしながらカウンターへの対応を迫られるからだ。

　イベントデータでは、どれほどコナテが自らに非のない困難な状況に直面していたかを把握することができなかった。しかし、すべての選手の位置情報を把握できるトラッキングモデルでは、1対1や2対2といった状況での失敗について、コナテへのマイナス評価が大きく軽減された。そもそも守るのが非常に難しい場面だからだ。反対に、こうした状況で守備に成功した場合は、より高い評価が与えられた。そのためトラッキングデータモデルではコナテが理想的な補強選手とされ、リバプールでも広いスペースを守りながら成功をおさめている。

人工知能が開く新たな未来

2018年頃まで、自分たちが所属するリーグのトラッキングデータしか利用できなかった。その状況は「ブロードキャスト・トラッキング」の登場で変わった。この技術では、スタジアム内に複数のカメラを設置する必要がなく、試合のテレビ放送だけでトラッキングデータを生成できる。これは、ここ数年のコンピュータの情報処理能力や人工知能技術の飛躍的な向上によるものだ。

テレビ放送からトラッキングデータを集めるのには固有の問題もある。ひとつは、すべての選手が同時にカメラに映っているわけではないこと。さらに、逆アングルからのリプレイがあったり、広告が入ったり、監督のクローズアップなどが写されて、データの質に深刻な影響を与える可能性がある。

たとえそうであっても、あらゆるリーグのトラッキングデータを得られることは、補強選手を探すためには非常に魅力的である。自前のリサーチ部門を持つ数少ないクラブのひとつであるリバプールは、ブロードキャスト・トラッキング・データを活用した最初のクラブとなった。このデータの利用を検討するクラブが増えてくると、リバプールに意見を求めてくるようになった。

しかし驚いたことに、多くのクラブが関心を示していたのは、このデータを使ってフィジカル面での分析をすることだった——つまり、選手の試合中の走行距離やスピードの推定に関心を持っていたのだ。他のクラブでは、スカウティング部門と同じくらい、フィットネス部門もこの新しいデータソースに興味を持っていた。プレミアリーグが他のヨーロッパのリーグよりも「フィジカル」なリーグだと考えていたからだろう。

それには私も同意するが、ここで言うフィジカルとは、他のリーグよりも蹴られたり身体をぶつけられたりする場面が多いということであり、試合中の走行距離などはあまり関係がない。リバプールのトラッキングデータモデルでは選手のスピードと加速力が重要だったが、それはピッチ・コントロールやパスを受ける際の能力に対する影響を測定しているにすぎない。

トラッキングデータにおける次なるフロンティアとしては「ポーズデータ」と人工知能がある。ポーズデータは現在チャンピオンズリーグの試合で提供されている。40ミリ秒ごとに選手1人あたりの位置を1か所記録するのではなく、選手1人につき29か所の位置が記録されるというものだ。つまり選手の足、足首、膝、腰、肩、肘、手、目、耳といった部位の位置が収集されるのである。[2]

非常に素晴らしいデータではあるが、分析が難しい。膨大な量の生データを取り込んで保存するのは困難であり、リバプールではこれを扱うためにソフトウェア開発者のイアン・ジェンキンスを雇った。この新しいデータによって、従来のトラッキングデータでは分からなかったことを知ることができる。

たとえば、選手がどちらを向いているのか、どこを見ているのか、ジャンプしているのか、キック動作をしているのかといった情報だ。このデータを用いることで、選手の意思決定やスキル実行についてさらに多くのことを語れるようになるが、有益なモデルを作るには従来よりも桁違いに多くの作業が必要となる。ポーズデータの明らかな活用法のひとつは、未知の要素を減らすことだ。たとえば、選手が地面に倒れていたり、ジャンプ中だったりすることが分かれば、ボールに向かって加速できないと判断できる。この情報を取り入れることで、ピッチ・コントロールの計算がより正確になる。

もうひとつのフロンティアは人工知能である。リバプールではトラッキングデータの分析において、ピッチ・コントロールのような単純な原則に基づいたモデルを構築するアプローチを取っていた。このアプローチの強みは、モデル作りのアイデアがシンプルであるため、データサイエンスの専門家でない人々にも説明が可能になることだ。スポーツディレクターや監督に分析の価値を納得してもらうためには、フットボールの用語で説明できたほうがいい。

一方で、データ分析における別のアプローチとしてＡＩがある。きわめて複雑なモデルにすべてのデータを投入し、自分が選んだＡＩアルゴリズムに合わせて予測値が返ってくるという仕組みだ。ＡＩの性能は非常に強力で、各ＡＩモデルは基本的にリバプールで使われてきたような手作りのシンプルなモデルよりも予測力が高い。

ただし、そこには代償もある。ＡＩモデルがなぜそのような数値を算出したのか、理由を把握しきれないのだ。つまりＡＩモデルが導き出す答えは、直感的に腑に落ちるものでないことや、データアナリストでさえ解釈が難しい場合が多いのである。

しかし、トラッキングデータに活用する場合は、ＡＩモデルは非常に有用になる。あまり解釈に問題の出ないＡＩの応用法がさまざまに存在するからだ。リバプールではＡＩ企業のDeepMind社と協力し、「ＡＩがフットボールに何をもたらせるか、フットボールがＡＩに何をもたらせるか」を探ってきた。

この協力によって、選手の進行方向の「予測」ができるようになった。[3] ブロードキャスト・トラッキング・データでは、カメラに映っていない選手の位置が分からないため、それを予測する必要がある。重要なのは、予測が正確かどうかだけだ——そういう状況こそＡＩの応用に理想的だ。この予測は、選手がこの先にどこへ進むかを予測することにも結びついた。試合を一時停止し、10秒後に選手が走っている可能性の高い場所を予測してもらえるようになったのだ。[4]

こうした予測にはワクワクするような可能性がある。このＡＩアルゴリズムは、たとえばサイドバックが攻撃に参加した場合や守備にとどまった場合など、試合がどのように展開する可能性があったかを繰り返しあらゆるパターンで提案できる。つまり実際に起こったプレーの有効性を、起こりえた無数の可能性と比較することができるのだ。

また、ＡＩモデルを用いてコーナーキックでの攻撃と守備の陣形を分析し、得点確率を高めるための選手の位置や動きを提案することもあった。[5] このモデルの精度は驚くべきものだ——ＡＩの考えたコーナーのプランは、まるで人間が考えたもののようにリアルで、専門家でさえ見分けがつかないほどだったのである。

ＡＩの導入やポーズデータの登場により、選手のパフォーマンスをより深く分析できるようになっていくだろう。これまでにない戦術が探求されていく可能性さえある。しかし、最初にトラッキングデータが導入されたときと同じように、新しいデータは恵みでもあるが悩みの種でもある。有益な分析を引き出すには多くの労力が必要になるからだ。

だが、かつてどのクラブにも先駆けて導入したトラッキングデータから有益な情報を得たのと同じように、この新しいデータから得られるリターンも大きいだろう。

第10章

「投資」のルール——移籍金と年棒の裏にある真実

「パフォーマンス」に投資する

お金そのものが直接ゴールを決めることはできないが、ゴールを決められる選手をクラブに惹きつけるためには大きく役立つ。2021／22シーズンのプレミアリーグでは、36億ポンドが給与に[1]、18・5億ポンドが移籍金に費やされた[2]。

チームのパフォーマンスを向上させる選手を見つけることは重要だが、その選手がコストに見合った価値を持つかを見極めることはまた別の問題だ。結局のところ、「マネーボール」の基本的な考え方は、パフォーマンスを向上させることそのものではなく、コストを最小限に抑えながらパフォーマンスの向上を最大化することにある。

プレミアリーグのチームでは、収益のうち65パーセントが給与に、25パーセントが移籍金に使われている。たとえば、サウサンプトンは2021／22シーズンに1億5100万ポンドを稼ぎ、1億1300万ポンドを給与に、5100万ポンドを新加入選手の移籍金に費やし、売却で3100万ポンドを得た。マネーボールの基準は金《マネー》だ。そして、その90パーセントは選手に使われる。手元の資金でより大きな効果を得たければ、資金を効果的に使わなければならない。

リバプールは世界で最も収益の高いクラブのひとつだが、そうであっても稼いだ額だけしか使えない。しかもマンチェスター・ユナイテッドのようなより収益の高いクラブや、マンチェスター・シティのような湾岸諸国が所有するクラブと競っている。リバプールでの私たちの任務は、責任を持ってクラブの収益を活用することだった。

そのためにはどのようなパフォーマンスに移籍金が積まれ、どのようなパフォーマンスに高い給与が支払われるのかを理解する必要があった。それから、他クラブと比較した自分たちの財務状況も把握しておかねばならない。給与や移籍金に使う収益は、他クラブと比べて多いのか少ないのか。このレベルの支出としては周りより優れたパフォーマンスであるのかどうか。

著書『The Price of Football』のなかでキーラン・マグワイアは、アーセナルを例に挙げながら、1992／93年の創設以来プレミアリーグの収益と支出がどのように拡大していったかを紹介している。1993年から2019年にかけてアーセナルの収益は2671パーセント増えた。年平均13パーセントの増加だ。一方で給与総額は3169パーセント（年平均14パーセント）増加している。

イングランドのクラブは収益の大半を移籍金や給与に費やしてしまうため、継続して利益を出せるクラブは少ない。フットボールクラブを別の視点から見ると、非常に複雑な仕組みで選手たちにお金を分配する場所だとも言える。どの国のリーグでも、クラブにとって群を抜いて大きなコストとなっているのが給与である。

プレミアリーグでは、収益の約65パーセントが給与に使われている。高いと感じるかもしれないが、チャンピオンシップ（2部）に目を向けてみると、ほとんどのクラブが収益の100パーセント以上を給与に使っている。オーナーたちは、プレミアリーグ昇格を目指してギャンブルをしていると言える。

収益増加の主な要因はテレビ放映権契約だ。2021／22シーズン、プレミアリーグのテレビ放映権契約は25億ポンドの収益をもたらした。その恩恵を最も受けたのはマンチェスター・シティで、1億5300万ポンドを受け取った。一番少なかったノリッジ・シティでも1億ポンド。また、チャンピオンズリーグに出場するプレミアリーグチームには、追加で8000万～1億2000万ポンドの放映権収入がある。

さらに、ビッグクラブはスポンサー権やユニフォーム販売、そしてチケット収入といった商業活動からも多くの収益を得ている。プレミアリーグの平均では、収益のうち約15パーセントを試合日から、およそ30パーセントを商業活動から得ている。しかし、バーンリーやブレントフォードのような小規模クラブでは、テレビ放映権料が収益の約80パーセントを占めている。

もうひとつ、チームにとって収入源になるものがある。選手の売却による移籍金収入だ。しかし、これらは通常クラブの財務諸表に収益としては計上されず、特別利益として計算される。移籍金収入が一度きりで再現性のない収益であることが多いからだ。

プレミアリーグ以外では、移籍金収入が重要な収益源となっている。たとえば、チャンピオンシップの各クラブは、平均すると選手獲得に支払う額よりも選手売却で得る額の方が多い。しかしプレミアリーグでは、移籍で収入を得ても、遅かれ早かれ移籍市場での支出が上回る。

クラブは何を基準に給与を払っているか

プレミアリーグ

リバプールは長年にわたり、選手の給与や移籍金を効率的に支出するのが得意ではなかった。2012年、私がリバプールに入ったときの最優先事項だったのは、給与や移籍金の水準に見合ったパフォーマンスを実現させることだ。統計学者のW・エドワーズ・デミングの言葉を借りれば、リバプールは「自分たちがしていることを計測し、それを分析し、改善する」必要があったのだ。

最初のステップは「計測」だ――つまりデータの収集である。リバプールには選手に支払う給与の詳細なデータがあったが、他クラブの状況と比べたかった。そこで私たちは、他クラブが支払っている給与を調べるミッションに取りかかった。簡単に得られる情報ではなかったが、代理人や選手や監督との私的な会話を通じて、他クラブの選手たちがどれほどの給与を得ているのか推測することができた。

当時、プレミアリーグが各クラブに公開していた情報のなかには各クラブの給与総額もあったため[3]、推測した選手たちの給与額をチーム全体の総額と比較し、現実的な推測かどうかを確認できた。チーム全体の給与総額が分かっていたことは、情報のない選手の給与を推測する助けにもなった。たとえば、あるチームの1人を除いて全選手の給与が分かっていて、総額も分かっていたら、情報の欠けている1人の給与は簡単に計算できる。

最終的に、私たちはプレミアリーグの4シーズンにわたり、全選手の約30パーセントに関する給与推定額を集めることができた。このデータをもとに、給与とパフォーマンスデータの相関関係についての分析を進めた。

私は6つのデータに基づいて給与を推測した。それらのデータは頭文字をとって「PRAISE（プレイズ／称賛）」と呼んでいた。

Pはポジション（Position）だ。ポジションが違うと給与も異なる。

Rは評価（Ratings）だ。強いチームほど給与水準が高い傾向にある。そして私たちのポゼッションバリュー・モデルで評価の高い選手の方が給与が高いのかも調べた。

Aは年齢（Age）。非常に若い選手や非常に高齢な選手は給与が低い傾向にある。

Iはインフレーション（Inflation）だ。これまで記してきたように、プレミアリーグでは収益の増減に合わせて給与も増減する傾向にある。そして長いあいだ両者は増加を続けている。

Sは契約形態（Signed）だ。移籍での獲得なのか、ローンなのか、生え抜き《ホームグロウン》選手なのか、契約の種類によって給与が異なる。

そして最後のEは経験（Experience）だ。レギュラー選手の方が控え選手より給与が高いことが想定される。私たちは、国際試合やトップリーグや2部リーグでの経験が、それぞれ給与にどのような影響を与えるのかについても調べた。

私が収集したほぼすべてのデータが給与と有意な相関を示していたが、ポジションこそ最も重要な変数だった。私たちのポゼッションバリュー・モデルでは、ピッチの前方中央でのポゼッションが守備やウイングでのポゼッションよりも価値が高いとされる。そして給与も同じパターンを示している。能力や経験など、他の条件をすべて同一に揃えた場合、ストライカー、ワイドストライカー、攻撃的ミッドフィルダーが最も高い給与を得ていた。[4]

興味深かったのは、「ターゲットマン」タイプのストライカーが他のタイプのフォワードよりも給与が低かったことだ。フォワードに比べるとミッドフィルダーの給与は低く、ディフェンダーはもっと低く、一番低いのはゴールキーパーだった。私たちは、選手の役割を分類する際の参考情報として、その選手がチームのフリーキックやコーナーキックの何パーセントを担当しているかも計測していた。そこから私は、セットプレーを多く担当する選手は比較的高い給与を得ていることを発見した。これはあまり驚くことではないだろう。通常、最も優れたパスやシュートの能力を持った選手がセットプレーを任されるからだ。

また、チームの強さも選手の給与に影響を与えていた。強豪チームから移籍してきた選手は給与が上がる傾向にあった。すでに強豪チームで多額の給与を受け取っている選手を獲得するには、さらに高い給与を提示するほかないからだ。それから、私たちのポゼッションバリュー・モデルと給与にも相関関係があった。このモデルでの評価が高いと給与も高い傾向にあったが、このモデルでの評価よりもチームの強さの影響の方が遥かに大きかった。つまり、平均的なチームの優れた選手よりも、強いチームの平均的な選手の方が給与が高い可能性があるのだ。

他の変数も直感的に腑に落ちるものだった。若い選手や高齢の選手の給与は低い。給与は18歳から増加し始め、29歳頃にピークに達したあと、徐々に減少していく。給与のインフレーションに関しては、

２００９年から２０１３年のあいだ、年10パーセントほど増加していった。

また、クラブにどのように加入したかによっても給与は異なっていた。移籍加入した選手は、ローンで獲得した選手やフリー移籍で加入した選手よりも高い給与を得ていた。アカデミーから昇格した生え抜き選手は移籍加入選手よりも低い給与だったが、クラブの在籍期間が長くなると、その関係に逆転が見られた。つまり「クラブのレジェンド」は、移籍加入選手よりもさらに高い給与を得るというわけだ。

セリエA

私が給与の分析モデルを完成させると、エディは代理人との交渉の参考材料として活用し始めた。エディからのフィードバックによれば、代理人たちにも頭のなかに似たようなモデルがあって、直感的に計算しているようだったという。優秀なエージェントは、プレミアリーグのクラブで自分の選手がどれほどの給与を要求できるか本能的に理解しているのだ。

もちろんエージェントは常に高い金額から交渉を始める——私たちの給与モデルのなかで上位10パーセントや20パーセントに相当する給与であることが多い。そうした要求額は選手によって差がつけられているが、それは私たちの給与モデルの予測と一致するような差であった。

エディからは、イタリアのスポーツ新聞『ガゼッタ・デロ・スポルト』がセリエAの選手たちの給与を公開しており、数字がかなり正確らしいと教えてもらった。イタリアのクラブが、イングランドのクラブと同じような材料をもとに給与を支払っているのかを調べるのは非常に面白そうだ。これは私にとって毎年の恒例行事となった。５００人分の名前——Acquafresca（アクアフレスカ）からZúñiga（スニガ）まで——とその給与をスプレッドシートに入力するのだ。時にはパートナーにも手伝ってもらった。

その結果、セリエAの給与水準はプレミアリーグより低いものの、イタリアのチームもイングランドのチームと非常によく似た基準で給与を支払っていることが明らかになった。イタリアでもイングランドと同様に、ピッチの後方でプレーする選手ほど給与が低くなる傾向が見られた。

ただし、いくつかの違いもあった――セリエAは平均年齢が高いリーグであり、高齢の選手に払う給与がプレミアリーグよりも高い傾向があった。また、強いチームでプレーすることの影響が、イタリアの方が遥かに大きかった。これは、イタリアではクラブ収益がビッグクラブに偏っているからだろう。一方、プレミアリーグは放映権収入が比較的均等に分配されているため、小規模クラブでも他リーグの小規模クラブに比べると収益はかなり多いのだ。

クラブは何を基準に移籍金を払っているか

さらに私たちは、移籍金についても「適正」と判断できる基準を定めたいと考えており、移籍市場も給与と似たような仕組みで動いているのかを確認したかった。リバプールは過去にアルベルト・アクイラーニやアンディ・キャロルといった選手に高い価格を付けすぎていた（キャロルへの過剰支出は、フェルナンド・トーレスの売却金としてチェルシーから過剰なまでの高額を受け取ったことで相殺されたが）。こうした過剰支出をなんとしても防ぐためには、何を「過剰」とみなすのかを明確にするほかない。

移籍金の正確な情報を得るのは難しい。報道される数字は正確とは限らず、実際の金額というよりも、クラブが世間に「そう思わせたい金額」が報じられることも多い。スポーツ教育機関のCIES（Centre

International d'Etude du Sport）は、報道される移籍金は実際よりもおよそ10パーセント低いと試算している。[6]

上場しているクラブは移籍金に関する情報を公開しているが、上場しているクラブは多くない。移籍金の情報サイトとして広く知られているのがドイツのウェブサイト「Transfermarkt（トランスファーマルクト）」だ。そこに掲載されるデータは正確なものばかりではないが、基本的には現実に近く、私たちが移籍金モデルを作るには十分な精度だった。

私は給与を予測する際に使っていた「praise」モデルにさらなる変数を加えた。Transfermarktには推定移籍金のほか、「市場価値」も公開されている。これはユーザーコミュニティの意見に基づいた評価で、ユーロで表記されている。この「市場価値」は選手に対する世間の評価を示すものであり、移籍金と非常に強い相関があることが分かっている。

それから、移籍する選手の契約満了までの期間や、どの国からどの国への移籍かについても調べた。国ごとの移籍金の違いは大きかった。2016年には中国のフットボールバブルが絶頂期にあり、中国のクラブは非常に高額な移籍金を支払っていた。当時の中国では、金額など障壁ではなかったのだ。

さらに、「プレミアリーグ割増金《プレミアム》」と呼べるようなものも見つかった。同じ能力を持った2人の選手が同じクラブから移籍するとして、ひとりはプレミアリーグに、もうひとりはブンデスリーガに移籍した場合、プレミアリーグに移籍する選手の移籍金の方がおよそ40パーセント高くなる可能性がある。

移籍市場を調べた結果は給与の場合とよく似ていた。それだけでなく、「市場価値」が移籍金と相関していることも判明した。また、他の条件が同じであれば、契約期間の残りが長い選手ほど移籍金が高い傾向があることも分かった。これは売却側のクラブに「もう1年活躍してもらって、その次の年に売る」という選択肢があるため、売却を急いでいないことが要因だと考えられる。

一方で給与と移籍金のパターンには、ひとつ興味深い違いがあった。それは「年齢」の影響だ。給与の場合、年齢が上がるにつれて増加していったあと、やがて減少する傾向にある。しかし移籍金は、年齢と共に下がっていく一方だった。これは直感に反する内容に聞こえるかもしれない。20代半ばの選手に対して高額な移籍金が積まれることが多いからだ。

だが私の統計的アプローチでは、当該選手にもたらす影響をデータごとに切り分けて見極めようと試みた。20代半ばの選手は経験が豊富で、より先発の機会が多く、代表チームでもプレーしている可能性が高い。これらはすべて移籍金と正の相関がある要素であり、そのため20代半ばの選手の移籍金が高く見えるのだ。

しかし、すべての条件が同じで年齢だけが異なる2人の選手を比較した場合、若い方の選手の移籍金が高くなるはずだ。たとえば、バルセロナが25歳のフィリペ・コウチーニョを獲得するために払った額は、彼よりも遥かに経験が少なかった20歳のウスマン・デンベレの移籍金と比較して、わずか18パーセント多いだけだった。

年間最大のお買い得選手

報道された移籍金を私たちのモデルの推定値と比較したところ、それらは非常に妥当な額に感じられた。2015／16シーズンにおける高額移籍について言えば、マンチェスター・ユナイテッドがアンヘル・ディ・マリアとアンソニー・マルシャルの両選手に対して驚くほど過剰な額を支払っていた。リバプールも他人事ではなかった——クリスティアン・ベンテケの移籍金は支払いすぎだった。逆に、チェルシーはジエゴ・コスタを推定値よりもかなり安いバーゲン価格で獲得していた。

さらに私たちのモデルで見ると、そのコスタよりもコストパフォーマンスが良かった選手がいた。マリオ・バロテッリだ。作成したモデルで検証すると、リバプールは2014年に「年間最大のお買い得選手」を獲得していたことが分かって驚いた。バロテッリは高額な移籍金になるのが当然と言える選手だった。強豪クラブであるACミランに在籍する若手で、しかもレギュラーとしてプレーし、プレミアリーグ、セリエA、チャンピオンズリーグで得点を重ねていた。さらにイタリア代表でも定期的に先発していた。

しかし、バロテッリの移籍金の推定が高額になるのは、情報が不完全だったことに起因する。彼にまつわるデータはすべて、移籍金が非常に高額になることを示していた。それでも、私がモデルに組み込まなかったデータを考えてみると、ACミランが彼を18ケ月前と同じというバーゲン価格でも売ろうとした理由が見えてきた。

バロテッリは多くの問題行動を起こしてきたのだった。彼はインテル在籍中にライバルであるACミランのユニフォームを着てテレビに出演したり、下部組織の選手に向かってダーツを投げて罰金を科されたりした。また、浴室で花火に火をつけたり、事故で車を大破させたり、駐車違反で繰り返し罰金を支払ったりもしていた。私のスプレッドシートには「室内で花火を爆発させた回数」や「支払った駐車違反金の総額」といった列は存在しなかったが、それでもこの移籍の潜在的リスクは明白だった。

移籍金モデルを構築して以降、このモデルと同じような結果を示す学術論文も発表されてきた。先ほど紹介したスポーツ教育機関「CIES」による研究のなかでは、リバプールの契約が2つ取り上げられている。ひとつめはバロテッリの移籍で、支払われた額は期待値より64パーセント低かった。安い金額になった要因について、「選手の規律に関する懸念」によるものだと冷静に指摘している。もうひとつの例はモハメド・サラーの獲得だった。推定値よりも23パーセント安い価格での移籍とされている。このケースでは、ローマがUEFAの財政規則を守るために選手を売却する必要があり、投げ売り状態になっていたのだ。

移籍金や給与の額を説明するのに用いたデータは、どれも選手の本質的な価値を直接的に示すものではない。クラブが真に関心を持つべきは、獲得候補の選手が優れた選手かどうか、クラブのパフォーマンスを向上させるかどうか、そしてその選手がクラブを去る際に移籍金で利益を残していけるかどうかだ。

契約期間、市場価値、過去の移籍金、以前の在籍クラブの強さといったデータは、その選手の能力を推測する手がかりとなる。しかし、これらは選手の本質的な価値を示すものではなく、代用的な変数にすぎないことを忘れてはならない。たとえば、強いクラブに所属していることは、その選手が優秀であることの保証にはならないのだ。

私たちは移籍金モデルを活用して、サディオ・マネやモハメド・サラーのような選手が過小評価されていることを理解した。しかし、自分たちのモデルに基づけば、ロベルト・フィルミーノに関しては「支払いすぎ」だったことになる。リバプールが獲得する直前、ドルトムントは2500万ユーロでオファーした。それは移籍金モデル上でも「適正価格」だった。

だが市場は、彼の怪我への耐性、複数ポジションをこなすユーティリティー性、そしてチームのゴール確率を高める能力を極めて過小評価していた。フィルミーノの移籍金は「支払いすぎ」だったのかもしれないが、それは別の見方をすれば、市場は彼のパフォーマンスの重要な側面を見落として資金を出し渋った一方で、リバプールはそこに喜んで対価を支払ったということだ。

リバプールが「積極補強」をしてこなかった理由

移籍市場はフットボールというショーの一部だ。特に移籍期間の最終日には盛り上がりが頂点に達する。Sky Sports Newsのキャスターたちは、スタジアム内から移籍の噂を興奮気味に伝える。

毎シーズンのように、世間ではリバプールが「移籍市場で負けた」と評されてきた。サディオ・マネを獲得したシーズンには、マンチェスター・ユナイテッドがポール・ポグバを獲得。モハメド・サラーの加入は、マンチェスター・ユナイテッドのロメル・ルカク、チェルシーのアルバロ・モラタ、アーセナルのピエール＝エメリク・オーバメヤンやアレクサンドル・ラカゼット獲得の影に隠れてしまった。私たちがCLを制した翌シーズンには、若手ディフェンダーのセップ・ファン・デン・ベルフや、控えゴールキーパーのアドリアンとアンディ・ロナーガンをフリーで獲得しただけだった。

一部のファンは補強の少なさに苛立ったが、選手獲得に対して慎重になるのには正当な理由がある。多くの移籍は失敗に終わる上、補強が成功へのレシピとは限らないことを多くのクラブが身をもって学んでいるのだ。

さらに、補強に慎重になる理由には財務的な側面もある。金融の世界では、頻繁に取引をおこなうトレーダーが市場平均を上回る成績を収めることは少ない。スキルと市場の知識で大きなリターンを生むと主張するトレーダーよりも、株価指数に連動した運用を目指すようなパッシブ・ファンドに投資した方が良かったりする。

トレーダーが市場平均を上回ることが難しい理由のひとつが「取引コスト」である。株式を売買するたびに、トレーダーは少額の手数料を支払わねばならない。すると取引が利益を生んだとしても、その利益が手数料によって相殺されることがある。選手の獲得にも、これと似たような取引コストが発生する。プレミアリーグでは、獲得時に支払う移籍金に4パーセントの移籍税が課される。さらに、代理人への報酬が必要であり、フリートランスファーの場合でさえ、選手は多額の契約ボーナスを要求することが多い。そして、新加入の選手は進みゆく給与インフレーションのなかで、現在の市場水準に見合った給与を求めてくる。

これらのコストを加味すると、移籍にかかる実際の費用は、報道される金額を遥かに上回る。株式市場のトレーダーが、購入した株を同じ価格で売却した場合、手数料分が損失になるのと同様に、クラブも「移籍金が収支トントン」と見なされる取引でも、実際には手数料やエージェント料、ボーナスの分だけ損をするのだ。リバプールでは成功の自信があるときには選手獲得へと乗り出していたが、それが失敗に終わると大きな代償が伴うことも理解していた。

「お金」と「成功」は相互に影響し合う

給与と勝ち点には高い相関がある。サイモン・クーパーとステファン・シマンスキーは著書『「ジャパン』はなぜ負けるのか 経済学が解明するサッカーの不条理』（NHK出版）のなかで、給与総額だけでクラブの最終順位の大部分を説明できると指摘している。プレミアリーグとチャンピオンシップにおける10年間のデータでは、リーグ順位の90パーセント以上が給与総額によって予測可能であったという。[7] この事実は、少ない予算で高いパフォーマンスを目指すクラブにとって大きな難題だ。一見すると、給与と順位の極めて強い関係を覆す方法がないように思える。

しかし相関があったとしても、給与は成功の「原因」ではない。現在のチームの給与を倍にしたところで、パフォーマンスが飛躍的に向上するわけではない。クーパーとシマンスキーが指摘するように、給与が順位を向上させるメカニズムは、優れた選手をクラブに引き寄せることにある。優れた選手はアカデミーで育成されるか、移籍で獲得する必要がある。しかし、移籍純支出と成功の相関は遥かに小さい。クラブは移籍に多額の資金を使っても、期待通りの成功を得ることが難しいのだ。

では、なぜ給与とチームの成功は強く結びついているのに、移籍における純支出は（たいてい巨額の移籍は高い給与につながるというのに）あまり関連性がないのだろう？　実は給与と成功の関係は一方通行ではなく、双方向的なものなのだ。つまり、高い給与を受け取る選手が成功に貢献する一方で、成功も給与の増加に貢献する。

たとえば、ノリッジ・シティのようにプレミアリーグとチャンピオンシップを行き来するチームを考えてみよう。選手契約に昇格・降格条項が含まれていたとすれば、プレミアリーグでは給与が増え、チャンピオンシップでは減る。つまり、成功すれば給与が上がる。同じようなことは上位チームにも言える。ほとんどのチームは、チャンピオンズリーグの出場権やタイトルを獲得したときにボーナスを支払う。
リバプールでも、クラブの成功に見合った報酬となるようにインセンティブ付きの契約を導入していた。たとえば、チャンピオンズリーグの出場権やタイトルを獲得したシーズンでは、選手の給与が増えている。ドイツでは成功と給与の関係がさらに具体的で、チームの勝ち点に応じた報酬を受け取るという条項が契約書に存在する。[8]

また、給与で選別されるという側面もある。移籍してきた選手が成功すれば、より高い給与が提示され、クラブに引き留められる。一方、成功しなかった選手に昇給の提示はない。運や分析によって優れた選手を獲得したクラブは、そうした選手に長く在籍してもらいたければ、給与を増やしていくしかない。

リバプールにとっては、移籍市場での失敗を改善することが財務パフォーマンスの向上につながることは明らかだった。その部分こそ、費やした額に対する成功度合いが最も低い領域だったからだ。

そうして取り組んだ2012年から2023年にかけては、マンチェスター・ユナイテッドの移籍純支出がリバプールの2・5倍以上、マンチェスター・シティも2倍以上となっている。リバプールの支出はアーセナルやチェルシーと比べても大幅に少なく、スパーズやウェストハムと比べて10パーセントほど、エヴァートンに比べて25パーセント多いだけだった。それでもリバプールはプレミアリーグやチャンピオンズリーグを制することができ、獲得した選手たちは優れたパフォーマンスを維持し続けた。

獲得に支払う総支出はアーセナルとほぼ同水準だったが、売却による収益ではアーセナルを大きく上回っていた。たとえば、ルイス・スアレスやラヒーム・スターリングの売却はクラブの選択ではなかったが、フィリペ・コウチーニョの移籍は売却による収益を効果的に活用した好例だった。また、アカデミーも収益源となり、ライアン・ケント、ハリー・ウィルソン、ネコ・ウィリアムズといった選手が移籍金を生み出し、それぞれのキャリアを成功させていった。さらに、ジュリアン・ウォードやデヴィッド・ウッドファインが統括して成功したローン移籍の戦略も、若手にプロ経験を積ませるだけでなく、移籍市場における彼らの魅力を高める役割を果たした。

リバプールでは給与の総額も大きかったが、それは「成功の結果」でもあった。私たちの移籍プロセスが機能し始めた2016／17シーズンから2020／21シーズンにかけ、リバプールはシーズン平均で83ポイントの勝ち点を獲得した。これはマンチェスター・シティに次ぐ成績だ。給与は高額ではあったが、マンチェスター・シティやマンチェスター・ユナイテッドよりは低く、チェルシーよりわずかに高い程度だった。この期間の大きな差は選手獲得に支払った金額だった。リバプールの支出はビッグ6のなかでスパーズに次ぐ少なさだった。

給与であろうが移籍金であろうが、資金がどう使われるかは本質的には重要ではない。とにかく大切なのは、支出全体に対してパフォーマンスがどうであるかという点だ。ファーストチームの選手に対する支出総額で見ると、リバプールはマンチェスター・シティやマンチェスター・ユナイテッドよりも20パーセント以上少なく、チェルシーよりも約5パーセント少なかった。一方、最もパフォーマンスが低調だったのはアーセナルで、支出はリバプールの85パーセントほどあったが、平均勝ち点は65ポイントにとどまった。

リバプールのほかに、少ない金額で高いパフォーマンスを発揮したのがスパーズだった。2008年から支出の効率化に取り組んでいて、私がスパーズのコンサルタントを務めていた時期の支出パターンは、FSG（フェンウェイ・スポーツ・グループ）体制下のリバプールと似ていた。

２００８年から２０１２年にかけて、スパーズは選手獲得に多くの資金を投じていたが、ベルバトフ、キーン、モドリッチといったスター選手の売却によって支出が埋め合わされていた。この期間は、アストン・ヴィラやストーク・シティの方が移籍純支出が多かった。スパーズとリバプールが違うのは、スパーズの方が給与を低く保ち続けている点だ――ビッグ６のなかで群を抜いて低い給与となっている。

パート 3

サッカーの「究極の疑問」を科学的に解く

「何度も言ってきたように、私たち監督は影響力が過大に評価されている」

――ペップ・グアルディオラ

「クリスティアーノは本当に速くて、本当に強くて、本当に信じられないほどの選手だけど、彼にはひとつ問題がある。レオ・メッシだ」

――ユルゲン・クロップ

「観客に影響を受けたと感じたことなど一度もない」

――プレミアリーグの元審判ジェフ・ウィンター

「人が数学はシンプルなものだと信じていないのは、ひとえに人生がどれほど複雑かを知らないからだ」

――数学者ジョン・フォン・ノイマン

第11章 「いい監督」「駄目な監督」はどう見分けるのか

「長期的なパフォーマンス」で考える

新監督候補としてユルゲンの調査をしていたとき、FSGが私の意見を求めてきた。2014／15シーズンにおけるドルトムントの悪夢のような成績についてだ。私には非常に明確な答えがあった。「ドルトムントの根本的なパフォーマンスに関しては何の問題もなかった」

そう簡単に答えることができたのは、質問が非常に具体的だったからだ。しかし監督に関する質問は、漠然としたものがほとんどである。よくあるのは「優れた監督なのか？」という質問だ。この質問に答えるのは遥かに難しい。

クロップはツヴァイテ・ブンデスリーガ（ドイツ2部）のマインツで監督のキャリアをスタートさせた。データ分析においては「前史時代」とも言える2001年のことだ。当時は詳細なパフォーマンスデータが存在していなかった。2001年のマインツに関して私たちが持っていたデータは、試合の最終スコアと審判名くらいで、運が良ければブックメーカーのオッズもあるという程度だった。

2013年の時点で、私たちはディクソン＝コールズモデルに似た考え方に基づき、チーム力と試合結果の予測モデルを開発していた。このモデルは、各チームのシュートと被シュートのデータがあると最善の精度を発揮するが、ゴール数だけでも機能する。そこで2001／02シーズンの予測値と実際の結果を比較したところ、ユルゲンのマインツは予想を大幅に上回る結果を残していた——予測との勝ち点差は15ポイントだった。こうした成果を出した方法や理由を説明することはできないが、彼らが結果を出したことは事実だ。2002／03シーズンでも同じことが繰り返され、予想を9ポイントほど上回る結果となっていた。

ディクソン＝コールズモデルと同様に、私たちのモデルが出した予測値は確率で表現されるものであり、勝敗や引き分けの確率を予測していた。そのため、たとえばシーズン結果が期待値を上回ったか下回ったかだけでなく、実際の結果がどれほど期待値を上回るものだったか、パーセントで表すことができる。つまり、その確率を見れば、どれほど大きく期待値からずれた驚きだったかが分かる。2002／03シーズンのマインツにとって、その確率は90パーセントだった。私たちが各試合の勝敗や引き分けの確率を正しく予測していたとすれば、この年のマインツは90パーセントの確率で実際の勝ち点より少ない結果に終わっていたはずである。

ブックメーカーの評価も私たちと同じだった。彼らがマインツ戦につけたオッズに基づいて計算した場合も、マインツの結果は同じくらいのサプライズだった。もしマインツに対するブックメーカーの評価が異なっていたら、さらなる調査が必要だっただろう。マインツが高額な選手を多数獲得していた場合ブックメーカーはオッズを引き下げていたかもしれない。だがブックメーカーも私たちと同じように、マインツの成果に驚きを抱くような評価をくだしていた。

ここでアラートが鳴る。第4章で私は、ユルゲンの2014／15シーズンのドルトムントはパフォーマンスが悪かったのではなく不運の犠牲者だったと述べた。その反対のことがマインツに起きたのではないか？　チームが強かったのではなく、運が良かった可能性もあるのでは？

答えはもちろん「イエス」だ。2014／15シーズンのドルトムントを分析する際、ゴール期待値ではなく実際のスコアだけしかなかったら、彼らの結果は予想を大きく下回るものだと判断していただろう。しかし、このときはデータのおかげで予想を下回った理由を説明することができた。

だが、2001／02シーズンのマインツはデータが少なかった。当時のデータを最大限活用して分析した結果、確かにマインツは運が良かった可能性がある。ユルゲンのキャリア全体に分析を広げると、さらに材料が得られた。リバプール就任までの14シーズンで、リーグの9割以上のチームよりも大きく勝ち点の期待値を上回ったシーズンが4回、そしてリーグの9割以上のチームよりも大きく勝ち点の期待値を下回ったシーズンが1回だった（お分かりのとおり、2014／15シーズンのドルトムントだ）。通常の確率で考えると、14シーズンなら9割以上を上回るシーズンが1・4回、9割以上を下回るシーズンが1・4回起きると計算されるところだ。ユルゲンの結果は、たいてい私たちのモデルの予測勝ち点を上回っていた。

「運の良さ」は算出できる

2002／03シーズンのマインツの成績については、もう少し深く考えてみる価値がある。予測された勝ち点よりも9ポイント多くを得たのは素晴らしいことで、実際よりも低い結果になっていた確率は90パーセントほどだ。だが裏を返せば、それほどの結果を残せたのは10パーセントの確率だったことを意味する。そして、その10パーセントが実力なのか単に運が良かったのかは分からない。「標準偏差」を用いることで、結果が平均値に比べてどの範囲にどのような割合で散らばるかが分かる。つまり「不確実性」や「運」がどのような分布になっているかが分かるのだ。プレミアリーグにおける勝ち点の標準偏差は、約7・5ポイントである。チームの実力がより均等に近いリーグでは勝ち点の標準偏差がより大きくなる（実力が拮抗すると運の要素も強まり、シーズン勝ち点が平均値より上下にブレるチームが増えるため）。

どういう意味か説明するために、具体的な例を挙げよう。標準偏差を用いてプレミアリーグのシーズン勝ち点を考えてみる。平均的なプレミアリーグチームの標準勝ち点が52ポイントだったとする。標準偏差に基づくと、約70パーセントの確率で勝ち点44〜60ポイントの範囲でシーズンを終えることになる。そして、60ポイントを超える確率は15パーセント、44ポイントを下回る確率も15パーセントとなる。44ポイント以下と60ポイント以上といったら大きな差だが、44ポイントや60ポイントで終わるのは、かならずしもチーム力の浮き沈みや監督の新戦術が要因とは言えない。むしろ、試合ごとの結果に付随する根本的な不確実性、つまり運が主な原因である可能性が高い。

そう考えると、プレミアリーグの「シーズン最優秀監督賞」も、少し興味深い視点から眺めることができる。近年、小規模クラブの監督が受賞したのは、2009／10シーズンのハリー・レドナップ、2011／12シーズンのアラン・パーデュー、2013／14シーズンのトニー・ピュリス、そして2015／16シーズンのクラウディオ・ラニエリだけだ。ブックメーカーがつけていたオッズに照らしてみると、これらの監督たちはシーズン中に「予想より良い結果に転ぶ」という幸運に支えられていた。

たとえば、2009／10シーズンのスパーズは、ブックメーカーの予測を（十分に予想できるブレの範囲内で）6・5ポイント上回り、70ポイントでシーズンを終えた。そのためレドナップが「シーズン最優秀監督賞」を受賞した理由は、驚くほどの幸運に恵まれたからではなく、クラブが初めてトップ4入りを果たしたことに対する評価だった。

他の監督たちは、運によって結果が大きく上振れていたと言える。2011／12シーズンのパーデュー率いるニューカッスルは勝ち点65を記録した――ブックメーカーの予測を15ポイントも上回っている。この結果を受けて、ニューカッスルのオーナーであるマイク・アシュリーはパーデューと8年契約を結んだ。しかしブックメーカーはアシュリーほど高い評価をくださなかったようで、翌シーズンのニューカッスルのオッズを下げなかった。翌2012／13シーズンのニューカッスルは41ポイントで終え、予測を6ポイント下回った。そして、このマイナス6ポイントという結果は決して珍しいものではない。前シーズンとの24ポイントの大きな変動は、非常に幸運だった2011／12シーズンと、不運ではあるものの予想範囲内の結果だった2012／13シーズンの差によるものだった。

一番大きな上振れは、2015／16シーズンのラニエリ率いるレスター・シティだ。彼らは81ポイントを獲得してリーグ優勝を果たしたが、これは予測値を27ポイントも上回るものだった。翌2016／17シーズンは44ポイントで終了し、前年から37ポイントもの低下となった。しかし、パーデューのニューカッスルの場合と同じく、44ポイントは決して予想外の成績ではなかった――ブックメーカーの予測よりわずか5ポイント低いだけだ。どちらのケースでも、私たちの予測モデルはブックメーカーのオッズと一致しており、私たちも2015／16シーズンのレスターの成功には驚かされた。しかし2016

年の夏、レスターがリーグ優勝を果たした次のシーズンではあったが、私たちのモデルは彼らのチーム力をリーグで7番目と評価していた。

「シーズン最優秀監督」たちのゴール期待値のデータも調査してみよう。ドルトムントでのユルゲンの悪夢のようなシーズンを分析したときと同じ手法だ。するとどのケースでも、パフォーマンスを上回る試合結果で終わることが多かった。「シュート前ゴール期待値」で測定しても、「シュート後ゴール期待値」で測定しても、この傾向は変わらなかった。2011／12シーズンのニューカッスルは「得失点期待値」がマイナスだったのにもかかわらず、その期待値を上回る結果を残して5位で終えた。[1] 2015／16シーズンのレスターも得失点期待値を大きく上回る結果で優勝したが、2016／17シーズンは得失点期待値に近い結果へと戻り、勝ち点も低下した。

シーズン最優秀監督賞は、いつも私に「平均回帰という教訓」を思い出させる。クラブのオーナーや監督は常に「7・5」という数字を頭に入れておくべきだ。各クラブのシーズンごとの勝ち点変動を踏まえた結果、プレミアリーグにおける勝ち点の標準偏差（平均的なバラつき）は約7・5ポイントである。

そのため実際の勝ち点と期待値の差が7・5ポイント未満であれば予想の範囲内と言える。そして勝ち点が期待値から15ポイント離れる確率は、約5パーセントだ。平均すると1シーズンにプレミアリーグの1クラブが期待値より15ポイント以上多い、あるいは少ない結果となるが、これはおそらく監督の手腕というよりも例外的な運の影響だろう。

●「選手こそが重要なのだ、愚か者」

私たちのゴールやシュートの期待値モデル、そしてブックメーカーたちは、毎シーズンのように予測値を上回るドルトムントに驚かされ続けた。私たちのモデルは、ドルトムントと対戦相手が生み出したチャンスの量や質については把握していた。しかし根本的に言えば、こうしたパフォーマンスを生み出してきたのはドルトムントというチームだ。この結果は、選手たちが非常に優れていたことが要因だったのだろうか？

端的に言えば、答えは「イエス」だ。多くの有名監督が、フットボールにおける最も重要な要素は選手であることを認めている。あのヨハン・クライフも、「自分たちの選手が相手より優れていれば、90パーセントの確率で勝利をつかめる」と語っている。

ペップ・グアルディオラも言う。

「試合のビデオ分析をしているとき、一時停止して『見てみろ、スペースはここだ』と言う……そんなのは嘘だと何度も言ってきた。どのように判断し、何度繰り返し判断するか。それは選手次第だ。何度も言ってきたように、私たち監督は影響力が過大に評価されている」

ペップはさらに、こうも述べている。

「監督として成功した秘密を知りたい？　教えてあげるよ。バルセロナ、バイエルン・ミュンヘン、マンチェスター・シティ。これがペップの成功の秘密。メッシ、レヴァンドフスキ、ハーランド、アグエロ。これが成功の理由だ。母や祖父のことを愛しているけど、彼らではチャンピオンズリーグは優勝できない」

ACミランやユヴェントスを数々のタイトルに導いたマッシミリアーノ・アッレグリも、同じようなことを言っている。

「私がやるべきは、［最高の選手たちへと］ボールを届けられる位置に他の選手を配置することだ。ボールが届けられたら、そこから何をすべきかや何が最善かを決めるのは彼らだ。私の息子は8歳だが、時々一緒にYouTubeで優れた選手たちの美しい攻めや守りを見る。なぜならサッカーは芸術だからだ。イタリアでは、戦術、スキーム、クソくらえだ。サッカーは芸術であり、ワールドクラスの選手こそが芸術家だ。彼らに何かを教える必要はない。ただ讃えるだけでいい。やるべきなのは、良いパフォーマンスを発揮できる最高の環境に置くことだけだ」

選手たちは間違いなくチームの成功に欠かせない。「リオネル・メッシは雨の降る寒い水曜の夜にストークでパフォーマンスを発揮できるのか」といった質問は多いが、私としては「ペップ・グアルディオラ監督は雨の降る寒い水曜の夜にストークを指揮して良い結果を出せるのか」の方が知りたい。おそらくメッシはバルセロナ時代に近いパフォーマンスを発揮する一方、グアルディオラはそうはいかないだろう。なんといっても「選手」は重要な要素であるため、ドルトムント時代のユルゲンの選手たちを分析し、チームの成功に彼らがどれほど貢献していたかを理解する必要があった。

2010／11シーズン、2002年以来のタイトルを手にしたドルトムントは、ブンデスリーガで最も若いチームだった。そのシーズンで5試合以上に先発した13人の選手のうち、攻撃的ミッドフィルダーのマリオ・ゲッツェは18歳、そのほか6人は21歳、2人は22歳、1人が24歳、2人が25歳、そして最年長だったゴールキーパーのロマン・ヴァイデンフェラーでも29歳。先発選手の平均年齢は22歳9ケ月と非常に若かった。

そしてピッチには才能があふれていた。マッツ・フンメルスとネヴェン・スボティッチのセンターバックコンビは、年齢の高い選手が務める傾向にあるポジションでありながら2人とも21歳であり、リーグ戦ほぼ全試合でコンビを組んだ。ミッドフィルダーのケヴィン・グロスクロイツ（22歳）、ヌリ・シャヒン（21歳）、そしてゲッツェ（18歳）はゴールとアシストを生み、彼らもリーグ戦ほぼ全試合に先発。

香川真司とロベルト・レヴァンドフスキも重要な選手だった。どちらも21歳で、どちらも8ゴールを挙げていた。2人とも今でこそ有名な選手たちであり、それにふさわしい実力を持っているが、2010年時点では有名ではなかった。それまで日本とポーランドの自国リーグでしかプレー経験のない若手。そんな彼らにユルゲンはプレーの機会を与え、2人は信頼に応える素晴らしいパフォーマンスを見せたのだ。

欧州サッカーでは、成功したチームにとって必ずしも望ましくない副作用として、より大きなクラブが選手たちを引き抜こうとしてくる。2010／11シーズンの成功に重要だったシャヒンは、レアル・マドリードの誘いに抗うことはできなかった。重要な選手を失ったあとに苦しむチームも多いが、ドルトムントは成功を続ける。2011／12シーズンには22歳となったレヴァンドフスキがリーグ戦全試合に先発し、22得点8アシストを記録。攻撃的ミッドフィルダーの香川もレギュラーとなり、13得点8アシストを挙げた。シャヒンの代わりに加わったのはイルカイ・ギュンドアンだった——当時まだ20歳だったが、レギュラーとして先発した。そしてチームは連覇を果たした。

香川真司とクロップの信頼関係

数年前、私は重要な選手を失うという困難に直面した2011年のユルゲンに関する講演をおこなった。そこで聴衆のひとりは、もちろん成功が続くことは約束されていたとコメントした。どんなチームでもレヴァンドフスキと香川を使えるなら、相手に対して大きなアドバンテージになるのは明白だからだという。フットボールにおいて「後知恵バイアス」は避けるべきものだ。あとから振り返ってみれば彼らが優れた選手であることは明白だが、当時は現在の我々が知るレヴァンドフスキと香川ではない。まだ実績が確立されたわけではない22歳の選手たちだった。

2人とも、ブンデスリーガへの適応には苦労していた。レヴァンドフスキはユルゲンについて「彼こそが僕に自信を持たせてくれた。それに、フィニッシュの技術も向上させてくれた」と語っている。香川は日本からの新加入選手だった。その細身の体型から、ブンデスリーガでは苦戦するだろうというのが一般的な見解だった。ユルゲンによれば、香川の成功の一因はボールの変化にあるという。

これには説明が必要だろう。私はメルウッド（リバプールの練習施設）にあまり顔を出していなかった――コロナによって一般に広まるよりもずっと前からリモート勤務とオフィス勤務を組み合わせたハイブリッドワーカーだったからだ。そんな私がメルウッドの食堂で遅い夕食をとっていると、ユルゲンが私の隣に座った（彼はいつだってどんなスタッフとも気さくに話す）。そしてどういう流れからだったか、攻撃と守備はどちらが優れているかという話題になった。あるリーグで多くのゴールが生まれたとして、それは攻撃陣が優れていたからか、それとも守備陣が弱かったからか。

私は以前の仕事で2010年ワールドカップの出場選手を評価するプロジェクトに取り組んだことを思い出した。そのプロジェクトでは、各ポジションにおける基準パフォーマンスが設定されていた。ストライカーは一定のゴール期待値とポゼッションバリューを生み出すことが求められ、ディフェンダーはそれと同程度のチャンスを阻止することが求められていた。

グループステージでは非常に少ないゴールしか生まれず、それらのデータから算出されるゴール期待値も非常に低かった。ストライカーやミッドフィルダーが創出するチャンスや得点の数は少なく、ディフェンダーは点を奪われる数が少なかった。

この話をユルゲンにして、ディフェンダーが攻撃陣よりも優れたプレーを見せたのではないかと伝えた。しかしユルゲンは、見落としている点があると指摘してくれた――それが「ボール」だ。2010年ワールドカップで使用された「ジャブラニ」というボールは、多くの批判を受けていた。アルゼンチン代表監督を務めていたディエゴ・マラドーナはこう言った。「このワールドカップではロングパスは見られないだろう。このボールは真っ直ぐ飛ばない」。

ミッドフィルダーが正確にパスを出せないのであれば、ストライカーはシュートを打てないし、ディフェンダーはパスミスを拾うことで評価を高めるだろう。こうした評価の原因が本当にボールにあったかを判断するのは難しいが、確かに新しい視点だった。

ユルゲンの考えでは、香川こそブンデスリーガで2010年に導入されたボール「トルファブリーク」の恩恵を受けた選手だった。実質的にはジャブラニと同じようなものであり、軽量化されたボールは、香川のスキルによく合っていた。実際にそのおかげだったかは分からないが、香川はドルトムントにおいて非常に重要な選手となった。香川本人もユルゲンについて、こう語っている。

「彼はいつも選手たちのことを考え、大事なときに支えてくれる。いつも、彼についていけば何も心配はないと感じていた。そういうタイプの監督だった」

ドルトムントは最高の選手たちが去りながらも成功を続けるというパターンが続いた。香川はマンチェスター・ユナイテッドに移籍したが、これまた若く才能あるマルコ・ロイスが加入した。2013年にはゲッツェがバイエルン・ミュンヘンに移籍したが、ヘンリク・ムヒタリヤンとピエール＝エメリク・オーバメヤンが入ってきた。

ユルゲンは若いチームで最高の選手たちを失いながらも、さらなる若き才能を取り入れて毎シーズン成功をおさめていった。これこそまさに、リバプールが求めている経験だった。リバプールは2013年と2014年に最高の選手たちを売らざるを得ず、2014／15シーズンにはプレミアリーグで2番目に若いチームとなっていたからだ。

まさに理想的な監督に見えた。

スター軍団の監督と若いチームの監督

ユルゲンはその成功ぶり、プレースタイル、そして若手選手を積極的に起用する姿勢から、リバプールにとって監督候補となって当然だったが、ほかの候補についても検討する必要があった――彼はドルトムントを辞めて休養期間に入っていたため、リバプールの仕事を引き受ける保証はなかったからだ。そこで私たちはカルロ・アンチェロッティについても詳しく調査をおこなった。

アンチェロッティの監督歴はユルゲンと大きく異なっていた。指揮してきたクラブの大半（ACミラン、チェルシー、パリ・サンジェルマン、レアル・マドリードなど）は、巨額の給与を支払い、毎年のようにスター選手の補強をおこない、優勝が至上命題であるようなクラブだった。またアンチェロッティが率いてきたチームは年齢が高い傾向にあった――特に彼が指揮していた頃のACミランやチェルシーの平均年齢は、リーグでも一番高い部類にあった。

2014／15シーズン終了時点までのアンチェロッティの実績は、ユルゲンに比べると私たちの予想（およびブックメーカーの予想）と大まかに一致していることが多かった。14シーズンのうち、リーグの9割以上のチームよりも大きく勝ち点の期待値を上回ったシーズンが2回（2003／04シーズンのミランと2005／06シーズンのミラン）、そしてリーグの9割以上のチームよりも大きく勝ち点の期待値を下回ったシーズンが2回（2007／08シーズンのミランと2010／11シーズンのチェルシー）。そして、その14シーズンで彼のチームが得た勝ち点の合計は、期待値をわずかに上回る程度だった。

しかしアンチェロッティが任されていた仕事は、リバプールやドルトムントのような成績不振のクラブを引き受けて、若い選手を伸ばしながら成績を改善していくことではなかった。率いてきたのは、すでに非常に高い期待を課されたビッグクラブだ。彼の仕事は、そうした様々な期待に応えながらタイトルを獲得することだった。

アンチェロッティが指揮してきたのは、いつもスター揃いのクラブだった。ミランには、ピルロ、マルディーニ、シェフチェンコ、ネスタ、カフー、セードルフ、カカがいた。[2] チェルシーには、テリー、ランパード、チェフ、ドログバ、バラック、コール、エッシェン。パリ・サンジェルマンには、イブラヒモビッチ、ヴェッラッティ、チアゴ・シウヴァ。そしてマドリードには、ベンゼマ、ラモス、クリスティアーノ・ロナウド、マルセロ、ベイル、アロンソ、クロースがいた。

アンチェロッティの強みは、往々にして巨大なエゴを持つスター選手ばかりが集まったチームをマネジメントする力にあるようだった。そうした選手たちが期待通りのパフォーマンスを発揮すればチームは成功する。そしてアンチェロッティは、スター選手たちを機嫌良く保つことに長《た》けていると証明してきた。

アシュリー・コールはアンチェロッティのマネジメント能力を次のように表現している。

「彼は環境を上手く管理していたし、楽しい雰囲気にしていた。誰もが彼の選手時代や監督としての功績をリスペクトしていた。いつも選手ではなく人として接してくれて、そういう接し方がとても効果的だったと思う。特に巨大なエゴが集まっているような場合はね。とても上手く選手と関わり、誰からも愛されていた」

アンチェロッティはリバプールでも成功したかもしれない。しかし若くて才能を持ちながら、まだ実績が十分ではない選手たちをマネジメントするという課題に関しては、経験豊富なわけではなかった。アンチェロッティは非常に優れた監督だが、当時のリバプールが抱えた課題を考えると、やはりユルゲンの経歴の方が適していた。

マクナマラの誤謬《ごびゅう》

ユルゲンについてこんな風に語ってくると、データ分析だけで監督を選べるように感じるかもしれない。しかし残念ながら、現実は異なる。選手の質や使える予算の影響を除外したとしても、環境を変えて成功を繰り返せる監督は多くない。私たちが用いた監督のデータ分析は、監督候補をふるいにかけ、視野を広げ、多くの監督を偏りなく俯瞰するためのツールに過ぎなかった。監督の将来的なパフォーマンスを予測することは遥かに難しい。

ロバート・マクナマラはベトナム戦争中アメリカの国防長官を務めていた。データを愛する人物で、戦争の成功は厳密に数で表せると信じていた。彼は「ボディカウント（死者数）」を測定し、死者数が多い側が敗者だと考えたのだ。アメリカは、このボディカウントに基づく戦略を採用し、散々な結果に終わった。

データ分析は、世界を歪んだ目で眺めることにもなりかねない。私たちアナリストは測りやすいものを測り、測りにくいものを無視しがちだ。しかし、簡単に測れないものを「重要でないもの」と勘違いしてしまったら、質の悪い意思決定を下すことになる。

彼の考えに含まれていた問題点は「マクナマラの誤謬」としてまとめられている。それは、次の通りだ。[3] 1、測りやすいものを測る。2、簡単に測れないものを無視するか、恣意的な定量値を与える。3、簡単に測れないものは重要でないとみなす。4、簡単に測れないものは実在しないものだと考える。

ある将軍はマクナマラに、ボディカウントのアプローチは地元住民の感情を考慮したものでないと指摘した。するとマクナマラは、そうした感情は測れないため重要なものとは言えないと答えた。マクナマラとアメリカにとっては残念なことに、地元住民の感情は非常に重要であり、戦争に影響を与えた。作家のウィリアム・ブルース・キャメロンは次のように記している。「すべての重要なものが測定できるわけではなく、測定できるもののすべてが重要なわけでもない」。

監督のスキルは、目には見えにくい

アンチェロッティとユルゲンの分析にあたり、私は測りやすいものに集中した。データアナリストとして、私は確かなデータを必要としている。監督の成績をシーズン前の勝ち点予測と比較したり、ゴール期待値と比較したり、抱えていたチームの選手層を調べたりするのは重要だ。そこからは監督の過去のキャリアについての貴重なヒントが得られる。しかし、そうした検証の結果は、簡単には測れなかった要素と比較して重要度を調節すべきであり、測りにくい要素を重要でないものと無視してはならない。

測りやすいもの――給与総額、移籍支出、シーズン勝ち点――は、監督が簡単にコントロールできるものではない。測りにくい要素――チームの雰囲気作り、選手をモチベートする力、そして新しい才能をクラブに引き寄せる力――の方が、監督は自分でコントロールしやすい。そうした要素はチームに大きな利益をもたらすものだが、その影響は間接的でもある。

リーズ・ユナイテッドのレジェンド監督であるアルゼンチンの奇才マルセロ・ビエルサは、しばしば戦術オタクと揶揄されるが、彼も監督の役割は戦術面よりもマネジメント面の方が遥かに大きいと理解している。彼は監督がやるべきこととして、1：戦術的アプローチの策定、2：選手選考、3：チームの感情コントロールの3つを挙げている。

戦術アプローチは測定できるが、優れた監督は選手の才能を最大限発揮させるために戦術を柔軟に変化させる。今いる選手たちで最善の結果を得られるように試みる現実主義者と、選手に合うかどうかよりもスタイルを押し通す原理主義者、どちらがいいだろうか。

ある環境で成功した戦術アプローチが別の環境ではまったく機能しないこともある。ロイ・ホジソンは、フラム、ウェストブロム、クリスタル・パレスといった資金力の少ないクラブで期待値を上回る成果をおさめて名を上げた。しかし勝ち点の期待値が高く、結果を求められるようなクラブでは彼のアプローチが通用せず、リバプール、インテル、ブラックバーンでの在任期間は短く、悲惨な結果に終わった。[4]

選手選びは、監督の最も重要な責任のひとつだと言えるだろう。監督が優れた選手たちを選んでいるかはデータを見ればある程度分かるが、選手選びにはデータ以外にも考慮する要素（精神面、疲労、怪我や出場停止など）がある。先日、私はプレミアリーグの元選手たちに向けた講演のなかで、ある参加者のシーズンごとのポゼッションバリューを紹介した。その選手は、分析のなかで一番低い評価となっていたシーズンを指差して言った。

「それは息子が生まれたシーズンだったんだ」

監督がメンバーを選ぶときには、たとえば深夜3時の授乳スケジュールなどのような、データでは簡単に測れない多くの要素も考慮しなければならない。

チームの感情コントロールは、データで分析するのが非常に難しいものだ。しかし明らかに重要な要素となっている。アシュリー・コールのコメントからも分かるように、アンチェロッティはスター選手ばかりが集まるチームの精神面を見事にコンロールしていた。しかしスター集団のチームで有効だった方法は、実績のないナイーブな若手選手が集まるチームでは通用しないかもしれない。

レヴァンドフスキのコメントからは、ユルゲンには若い選手に自信を与える能力があったことがうかがえる。一方ジョゼ・モウリーニョは、どのクラブでも3年目に苦戦することが多く、過去のシーズンとほぼ同じ選手層であるにもかかわらず期待値を大幅に下回る結果に終わっていた。彼がチームに与える感情面での影響が成績の落ち込みの要因になっていたかは分からないが、チェルシー、マンチェスター・ユナイテッド、レアル・マドリード、トッテナム・ホットスパー、そしてローマでの最終シーズンにおける記者会見でのモウリーニョは、あからさまに不満げな様子を見せていた。

監督の資質には、成功にとって重要だが計測の難しい要素が数多く存在する。その監督はオープンマインドで合理的だろうか。その監督のスタイルや人柄を通してクラブに選手を引き寄せられるだろうか。最善なメンバーを選べるだろうか。短期的な勝敗というノイズに過剰反応する人だろうか、それとも、その奥にある選手たちの根本的なパフォーマンスを正しく評価できるかだろうか。

ユルゲンは、これらのすべての資質において非常に高い評価を得ている。選手補強に対するオープンで柔軟なアプローチは、リバプール成功の鍵となった。彼はまた、選手をクラブに引き寄せる点でも重要な役割を果たした――選手たちは彼のもとでプレーすることを強く望んだ。

その理由のひとつはチームのスタイルだった（選手たちにとっても観て楽しいチームだった）が、もうひとつの理由は人柄にある。レヴァンドフスキや香川のコメントからも分かるように、彼は選手たちと人間として強い結びつきを構築することができた。

ユルゲンはドルトムント時代、チームにおける最善のメンバーを選び続けてきた。それはリバプールでも同じだった――就任するなり、フィルミーノはすぐに先発メンバーとなった。また、結果ではなくパフォーマンスに焦点を当てる姿勢も賞賛に値するものだった。試合に負けたあとでも「パフォーマンスは良かった。同じことを続けていく」と言うにはかなりの意志が必要だ。しかし多くの場合、それが正しいアプローチなのだ。

結論――監督の影響はわずかでもあり、決定的でもある

優れた監督が試合結果にどれほど影響を与えられるかについては、所属選手の質の影響を取り除いた場合、勝ち点で言えばシーズンあたり数ポイント程度だということが、いくつかの証拠から示されている。優れた選手がもたらす価値とほぼ同じである。

これは給与にも言え、最高の監督は最高の選手と同じくらいの報酬を得ている。選手以上の価値をチームにもたらすのであれば、選手以上の給与をもらってしかるべきだ（もっとも、これまで見てきたように、フットボールというビジネスが合理的な判断を下すことは稀だが）。

監督が与えられる影響はわずかだという結論はペップ・グアルディオラの考えとは一致するかもしれないが、別の監督は私に次のような意見を述べたことがある。

「成功の65パーセントは選手によるもので、残りの35パーセントは監督やコーチ陣によるものだ。良い選手が揃っていても、監督が悪ければ成功の可能性はない」

もし監督によって35パーセントの勝ち点増加が望めるのであれば、中位のチームでもチャンピオンズリーグ出場権を争えるようになるだろう。

私は「監督が結果にそれほど影響を与えない」と言いながら、「リバプールの成功にはユルゲン・クロップの就任が決定的に重要だった」とも語っているため、矛盾しているように思えるかもしれない。し

かし、この2つは矛盾したものではない。

ユルゲンは2015／16シーズンにリバプールの最善な選手を最善なポジションに配置し、明確な戦術プランを提示し、選手たちの士気を高めることで、チームが持てる限りの力を引き出した。たとえそうであっても、プレミアリーグでの結果は期待値を大きく上回るものではなかった。その後マネ、サラー、ロバートソン、ファン・ダイク、アリソンといった選手が加入してから成績が伸びていった。しかし、ユルゲンが監督でなかったら、彼らが加入していたかは分からない。それに加入してからも、彼らを最適なポジションで起用し、成功へのモチベーションを与えたのはユルゲンだ。

監督は選手を成長させることができるが、その方法は主に、選手の長所を最大化し、弱点を最小化するシステムを提供することだ。これはまさにユルゲンが持つ力のひとつである。彼は「極端な特徴」を持つ選手を見つけだして、その弱点を補う戦術プランを組み立てるのだと何度も語っていた。

すべての選手には「年齢曲線」がある。10代や20代前半にプレー経験を積みながら成長して身体的な成熟へと向かっていき、20代後半でピークに達する。そして30代になると下降していき、やがて身体能力の低下を経験で補えなくなる。若くして最高レベルに達した選手はキャリアを最大限に活かすことができ、20代半ばには同世代よりもはるかに多くの経験を積んだ状態となる。そしてユルゲンのように、成長の途上にある若い選手にピッチ内での役割を見つけだせる監督は、のちにリターンを得ることができる。

名将は戦術を教えない

監督については、プレミアリーグのレジェンド選手ふたりの言葉を紹介して終わりにしよう。プレミアで最も成功した監督たちとの経験がどのようなものか参考になる。マンチェスター・ユナイテッドで活躍したロイ・キーンは、アレックス・ファーガソンについてこう述べている。

「正直、彼からは特に何も言われなかった。どこかに呼ばれて話したり、1対1で会話をしたりすることもなかった。ただ『やるべきことをやれ』という感じだった。何を学んだかといえば、監督やコーチングスタッフからもそうだが、一緒にプレーした奴らからの方が多くを学んだ。監督からの指導よりもね」

次はアーセナルの例。アシュリー・コールはアーセン・ヴェンゲルについて、こう語っている。

「戦術の練習はほとんどしなかった。ヴェンゲルは、ただ選手にプレーさせる。彼は自由に、自信を持ってプレーさせてくれ、ミスしたって許された。俺たちは決して戦術はやらなかった。ただプレーしただけだ」

興味深いのは、どちらの選手も戦術が重要だと言っていないことである。キーンが強調したのは、ファーガソンが育んだプロフェッショナルな競争環境だ。そしてコールは、ヴェンゲルの強みが優れた選手をピッチに揃え、自由にプレーさせることにあったと語っている。こうした要素はマンチェスター・ユナイテッドやアーセナルの成功にとって非常に重要なものだったのだろう。しかし、それらは明確に計測するのが難しい要素である。

「シュレーディンガーの猫」は量子力学の本質的な性質を説明するために使われる。物理学者シュレーディンガーによるこの思考実験では、箱に入れられた猫の生死は、一緒に入っている放射性元素が「放射性崩壊」を起こすかどうかにかかっている。しかし放射性崩壊が起こるのは確率次第であるため、外からは崩壊が起こっているか分からず、つまり猫が生きているのか死んでいるのか確定できない。ある意味で、猫は同時に「生きてもいれば死んでもいる」。

「シュレーディンガーの監督」も同じだ。チームの成功にとって最も重要な存在かもしれないし、そうでないかもしれない。リバプールでのユルゲンのように、チームに才能を引き寄せ、選手たちをモチベートするのに不可欠な存在なのかもしれないし、そうでないのかもしれない。シュレーディンガーの猫が生きているのか死んでいるのかを知るには、箱を開けてみるしかない。監督の影響を計測するのが難しいのは、その真の影響を知るにはクラブという箱を開いて内情を詳しく見るしかないからだ。

第12章 史上最高の選手はクリスティアーノ・ロナウドかメッシか

「史上最高（GOAT《ゴート》）」の条件

2009年の後半、私はマドリードにある王立タペストリー工場に招待された。1720年に設立され、当初はフェリペ5世の宮廷にタペストリーを製造していた場所だ。そこで、フットボーラーたちのデータランキング「カストロール・ランキング（Castrol Rankings）[1]」の開始が発表されたのだ。

ユーロ2008のスポンサーを務めたカストロール社は、選手の評価に客観的なデータが活用できることを示したいと考えていた。そんなカストロールのために考案したシステムが、私の「ポゼッションバリュー」モデルの先駆けとなるものだった。それなりに好評だったため、ヨーロッパ5大リーグとチャンピオンズリーグ出場選手の月間ランキングを発表するよう依頼されたのだった。

カストロールはクリスティアーノ・ロナウドの力を借りることにした。同社の「グローバルブランドアンバサダー」として彼を起用し、このランキングを広く宣伝するのだ。

しかし、記者会見は最悪のタイミングだった。その2日前に「アルコルコナソ（アルコルコンの衝撃）」が起きたのだ。アルコルコンはマドリード郊外の町で、地元には「アグルパシオン・デポルティーバ・アルコルコンS.A.D.」という無名に近いチームがある。当時スペインの3部リーグに所属しており、レアル・マドリードのリザーブチームであるカスティージャと同じリーグでプレーしていた。

ところが記者会見の2日前、アルコルコンは国内のカップ戦「コパ・デル・レイ」でレアル・マドリードを4対0で破ったのだ。マドリードは主力メンバーを揃えて戦ったわけではなかったが、前線にはラウールとベンゼマ、中盤にはラファエル・ファン・デル・ファールト[2]が出場しており、敗北はマドリードのファンに大きなパニックを引き起こした。

タペストリー工場は報道陣とカメラマンでいっぱいだった――2009年当時のロナウドはすでにスーパースターであり、史上最高額で移籍して間もない頃だったのだ。記者会見が始まった。そして、カストロール・ランキング最初の1位に輝いたのは……バルセロナのティエリ・アンリだった。ロナウドは3位で、ひとつ上の2位はリオネル・メッシだった。

会見は質疑応答の時間になった。最初の質問はアルコルコナソについてだった。この惨事についてロナウドはどう思う？　次の質問もその次の質問も、この敗戦に関するものだった。ランキングについての質問をするよう記者たちに注意がなされたが、アルコルコナソに比べるとランキングへの関心はずいぶん低いようだった。

それでも誰かが、ランキングのことをどう思うかとロナウドに尋ねた。すると彼は、こんなのはまったくのナンセンスだと答えた――カストロール社がグローバルアンバサダーに望んでいた回答ではなかったはずだ。ロナウドにとっては、自分を世界最高の選手とみなさないランキングには何の価値もないということなのだろう。12月にはロナウドがランキングのトップに立ったが、翌月にはメッシにその座を奪われ、その後1年間メッシが最高評価の選手であり続けた。

誰もが思うデータ分析の使い道のひとつが、史上最高の選手は誰かという問いに答えることだ。カストロール・ランキングによれば、2010年のヨーロッパ最高の選手はメッシだった。そして2024年の時点では、両選手ともトップレベルのクラブでのキャリアを終え、代表としてのキャリアも終わりに近づいている。

メッシとロナウド。キャリアを比べるとどちらが優れていたのだろうか？　そしてどちらかを「史上最高（GOAT /Greatest Of All Time）」と呼べるのだろうか？　部分的なデータを取り上げれば、ロナウドがメッシより優れているとか、その逆を示すことはできる。しかし、どちらが優れているかを真剣に考えるなら、彼らの試合のすべての側面を分析し、それらを文脈に照らして判断する必要がある。

ゴールとアシストから比べてみると

残念ながら、過去の偉大な選手たちについてのデータが存在していないため、マラドーナやペレといったレジェンドたちを詳しく分析することはできない。しかし、パフォーマンスに関する詳細なデータが不足しているとしても、彼らのキャリアがメッシやロナウドよりも遥かに短かったことは明らかだ。

現代の偉大な両選手は、最高レベルの舞台で20年近く素晴らしい成績を残し続けてきた。ペレは真に競争の激しいリーグへの移籍を阻まれ、世界中で華やかな親善試合をして回るようなサントスでプレーを続けた。ヨーロッパのクラブでのマラドーナの輝かしいキャリアは、11年間にすぎなかった。

メッシとロナウドの成績は想像を絶する。ロナウドはレアル・マドリードに在籍した9シーズンのあいだ、すべてのシーズンでリーグ25ゴール以上を記録し、2010／11シーズンには40ゴール、2011／12シーズンに46ゴール、2015／16シーズンには48ゴールを挙げた。一方、メッシはバルセロナでの12シーズンにおいて毎シーズン25ゴール以上を記録し、2011／12シーズンには50ゴールを記録した。おそらくはレアルのライバルを上回ろうという気持ちが原動力となったのだろう。

この信じられないようなキャリアで両者が残してきた数字については、サイモン・クーパーとジョン・バーン＝マードックが2023年6月に『フィナンシャル・タイムズ』紙[3]で詳しく検証しており、一読の価値がある。そして2024年5月までに、ロナウドはトップレベルの試合で755ゴール、メッシは690ゴールを記録している（ヨーロッパ5大リーグ、UEFA主催大会、親善試合ではない国際試合が対象）[4]。しかし、メッシのゴール数は、ロナウドよりも遥かに少ない出場時間で記録されたものだ――メッシは7万2313分で、ロナウドは8万1594分だ。そのため90分あたりの「ゴール率」では、メッシが0・86ゴールでロナウドは0・83ゴールとなっている。

さらに、ロナウドはメッシよりも多くのPKを蹴って得点したことからも恩恵を受けている。PKは通常の状況と比べて非常にゴール確率が高く、PKを獲得した選手と蹴る選手が異なることも多いため、私たちの分析対象から除外して然るべきだ。PKを除外した場合、メッシの90分あたりのゴール率は0・74に低下し、ロナウドは0・68に低下する。

一見すると、ロナウドとメッシの数字はほぼ拮抗して見える。しかし、第8章で示したように、フットボールはゴールだけではない。チャンスを創出する必要があり、この点ではメッシの方が遥かに優れている。メッシはトップレベルの試合で339回のアシストを記録している一方、ロナウドは272回となっている。[5] メッシのアシスト率は90分あたり0・42で、ロナウドの0・30よりも40パーセント以上高い。別の言い方をすれば、38試合のシーズンにおいて、メッシはゴールとアシストの合計で平均49近くを記録し、ロナウドは平均43程度となっている（これも驚異的な数字ではある）。

意外な対抗馬

これらの指標において、実はメッシとロナウドに迫るような選手がひとりいる。それがロベルト・レヴァンドフスキだ。ボルシア・ドルトムント時代のユルゲンの教え子である。レヴァンドフスキの517ゴールと166アシストという記録はメッシやロナウドと比べると見劣りするが、それを遥かに短い時間（5万6458分）で達成しているのだ。90分あたりのゴールとアシストの合計では1・09で、ロナウドの1・13に迫っている。

レヴァンドフスキよりもロナウドの方が「史上最高の選手（ＧＯＡＴ《ゴート》）」にふさわしいという声が多いのは、長期的な活躍によるものだろう。しかし、メッシの90分あたりのゴールとアシスト率は1・28で、両者よりも遥かに高い。

クリスティアーノ・ロナウドとロベルト・レヴァンドフスキはひとつの仕事に並外れている。その仕事は、ゴールを決めることだ。一方で、リオネル・メッシはゴールを決めるだけでなく、チームメートのためにチャンスを創出するという2つの仕事に並外れている。この基準では、メッシこそが真のＧＯＡＴである。

他のＧＯＡＴ候補たちもメッシやロナウドと似たゴールとアシスト率を誇っているが、いくらかの背景情報を考慮すると、そうした候補者の記録は差し引いて考えることになる。

たとえば、ネイマールとキリアン・エムバペはフランスリーグを圧倒するパリ・サンジェルマンで多くのゴールを決めてきた。しかしフランスリーグはスペインよりもレベルが低く、ネイマールとエムバペはリーグ最強のチームと対戦することもなかった。ルイス・スアレスやズラタン・イブラヒモビッチは素晴らしいキャリアを歩んできたが、どちらも得点の難易度が比較的低いオランダのエールディビジに長く留まっていた。ブラジルのロナウド・ルイス・ナザーリオ・デ・リマ（通称「本物のロナウド」）は、怪我のためにキャリアが短く、メッシやロナウドほどの長期的な活躍を見せることはできなかった。

長期的という点でいえば、アーリング・ハーランドは現在、メッシやロナウドを凌駕するペースでゴールを量産している真の候補者である。しかし彼がGOATとして名を残すためには、このペースをあと10年は続けなければならない。アーリング、フットボールは短距離走ではなくマラソンなのだ！

メッシとロナウドが驚異的な数字を残せたのは、継続して試合に出続けたことが大きい。メッシはトップレベルの試合にシーズン平均で3800分以上、ロナウドは3900分近く出場している。キャリアを通じた彼らの耐久性は、パフォーマンスと同じくらい驚くべきものだ。

レヴァンドフスキも耐久性に優れており、毎シーズン3500分以上プレーしている（ドイツのブンデスリーガはラ・リーガよりも4試合少ない）。GOATの新たな候補者といえば、やはりハーランドだ。本書の執筆時点で24歳ながら、すでに193ゴールと41アシストを記録していて、90分あたりのゴールおよびアシスト率は1・3という驚異的な数字だ。しかしキャリアの開始からまだ5年しか経っていない。次の10年でメッシのGOATの地位に挑戦できる存在となるかどうかは、スキルだけでなく継続した出場も鍵となるだろう。

スターは守備をしなくてもいい？

一般に、スーパースターをチームに組み込む上での課題のひとつとされているのが、スターは守備をしたがらないという問題だ。攻撃力が優れているがゆえに、守備をしなくても許される。ウェイン・ルーニー――彼自身も驚異的な得点力を誇る選手であった――は、マンチェスター・ユナイテッド時代のロナウドについて、チームがボールを失っても守備に戻らず前線に残ることが許されていたと語っている。ルーニーは守備に戻らねばならなかったが、意外にもそれを快く引き受けていたという。それこそがチームの成功にとって最善の戦略だと認識していたからだ。

同じことはレアル・マドリードでも起きていた。ロナウド在籍時のマドリードにはベイル、ベンゼマ、イグアイン、ディ・マリアなど錚々たる攻撃陣が揃っていたが、いつもその後ろには強力な守備的ミッドフィルダーが控え、大きな負担のかかる守備を支えていた。シャビ・アロンソ、ケディラ、エッシェン、カゼミーロのような選手たちが後方にいることで攻撃陣を輝かせていたのである。さらにモドリッチやクロースのようなスターさえも、典型的な守備的ミッドフィルダーではないものの、ロナウドがいなければ担わなかったであろう量の守備的な負担を引き受けていた。

マドリードはチームというよりスーパースターの寄せ集めに見えるかもしれないが、その集団には常に非常に優れた守備的な選手がいて、ロナウドに輝かしい攻撃能力を発揮させ、それに伴う守備の免除を可能にしていた（そうするだけの価値があった）。

豪華な攻撃陣という意味では、メッシ、ネイマール、エムバペを擁していたパリ・サンジェルマン（PSG）も挙げられる。しかしPSGはマドリードと違い、チャンピオンズリーグで成功をおさめることができなかった。実力が拮抗した相手との対戦の場合、守備ができない、あるいはしない選手が3人もいることは大きな弱点となる。PSGの監督たちは、ルーニーに守備をしろと命じたアレックス・ファーガソンのように、ネイマールたちを説得して守備をさせることができなかったのだろう。

●チャンスをものにするだけでなく、チャンスを創出もする

キャリア全体[6]を通して、ロナウドはオープンプレー（流れのなか）でのシュート数がメッシよりも遥かに多かった（もちろんメッシのシュート数も非常に多い）。ロナウドは1試合あたり5本近くもシュートを放ち、メッシは4本弱だ。

一方で、メッシのシュートはロナウドよりもかなり正確である。メッシは全シュートのうち46パーセント以上が枠内シュートだったのに対し、ロナウドは40パーセント未満だった。この差はゴール期待値にも表れている――ロナウドのシュート数の多さと精度の低さは、見込みの少ないシュートも果敢に試みる傾向が影響している側面もある。ロナウドのゴール数は期待値を約11パーセント上回るものだが、メッシは14パーセントも上回っている。

こうした傾向は、シュート後ゴール期待値を見ても変わらない。シュート後の軌道を考慮に入れるとメッシの期待値は大幅に増加するが、ロナウドはほとんど変化しない。ロナウドを擁護するならば、彼の実際の得点率（13パーセント）は期待値を上回っており、これは強いシュートを打つ能力によるものだと言

えるかもしれない。だがメッシも実際の得点率は18パーセントを超えており、これはシュート後ゴール期待値を上回る数値となっている。

ロナウドに軍配が上がる点は、シュートの種類の多さである。彼のシュートの約6分の1はヘディングで、メッシは18分の1だ。また、ロナウドはメッシよりも両足を使っている。ロナウドのシュートの約5分の1は利き足ではない左足で打たれているのに対し、メッシの利き足ではない右足でのシュートは約6分の1だ。

第8章で見たように、シュートには代償が伴う。シュートはボールポゼッションを手放すことを意味し、チームメートの得点チャンスを奪うことになる。メッシとロナウドのゴール率は似ているが、同じ数のゴールを決めるのにかかるシュート数はメッシの方が大幅に少ない。ポゼッションバリューという点からすると、メッシのシュートの方が遥かに効率的であるため価値が高くなる。

どちらも素晴らしいドリブル能力を持っているが、ドリブルという点ではメッシの方がロナウドより2倍もチームに価値をもたらしている。これはメッシのドリブルの総量も関係している——メッシはキャリアを通じてドリブルを続けてきた一方で、ロナウドは技巧派のウィンガーからセンターフォワードへ移行するにともなって自然とドリブル回数が減少した。どちらもドリブルに関しては世界最高峰だが、ポゼッションバリューの点ではメッシが優位だ。

そしてパスに関しては、どちらも非常に優れているものの、メッシが勝者だと言える。メッシはバルセロナのティキタカ・スタイル（複数のパスコースを確保しながらショートパスをつないで攻める）の影響もあり、キャリアを通してロナウドよりも1試合あたり50パーセントほど多くのパスを出している。5大リーグやCL

出場クラブでレギュラーとしてプレーするフォワードのなかで、メッシ以上にパスを出す選手はいない。そして、パスによってポゼッションバリューを増加させる比率も世界トップクラスだ。

ロナウドは、シュートを打ちゴールを決めるという点で最上級の選手だ。メッシもシュートの達人だが、それだけでなく周りの選手にロナウドよりも多くのチャンスを生み出している——彼はより優れた「チームプレーヤー」であると言える。

セットプレーを比較する

通常、セットプレーはキック技術が最も優れた選手に任される。そのためメッシとロナウドが直接フリーキックやPKを担当することに驚きはない。直接フリーキックという点では、どちらもオープンプレーでのシュートと似た傾向を示している。ロナウドは長距離からでも直接ゴールを狙うことを好むため、ゴール期待値は約4パーセントとなっているのに対し、メッシは約5パーセントだ。そしてメッシはロナウドよりも遥かに正確なシュートを放っている。彼のフリーキックは39パーセントが枠内に飛ぶ一方、ロナウドは31パーセントとなっている。

メッシはオープンプレーでのシュートと同様に、セットプレーにおいても正確性が際立つ選手であり、シュート後ゴール期待値がシュート前ゴール期待値よりもずっと高い。これに対し、ロナウドもオープンプレーでのシュートと同じく、特に精度が高いわけではないが期待値を上回る得点率を記録している。これも、非常に強いシュートを打つ能力や、時おり蹴る軌道が読めない「ナックルボール」が要因だと考えられる。

一方、ロナウドが明らかに優れているのがPKである。彼はメッシよりも多くのPKを蹴って得点を決めているが、PK成功率はメッシより約3・5パーセント高く、枠内率もわずかに上回っている。メッシの特別な力である賢明なシュート選択や精度の高さは、PKのような状況では効果を発揮しにくい。PKはシュートが来ることをキーパーが分かっており、成功には「ゲーム理論」の方が大きな要素となるからである。

「環境面の厳しさ」を考慮に入れると……

愚かな人々はよく「リオネル・メッシは雨の降る寒い水曜の夜にストークでパフォーマンスを発揮できるのか」と尋ねてくる。しかし実際にメッシがストークで試合をしたことはない一方で、ロナウドはストークで試合をしたことがある（雨の降る寒い水曜の夜ではなく、寒かったものの晴れたクリスマス翌日の昼間であったが、数に入れて構わないだろう）。

この本を通して繰り返している点が「背景情報《コンテクスト》」だ。選手を評価する際には、できるだけ多くの外的要因を考慮して調整する必要がある。ロナウドがプレミアリーグで過ごした6シーズンは、メッシが経験していないような挑戦だった。ラ・リーガは長年バルセロナとレアル・マドリードが支配しており、のちにアトレティコ・マドリードがタイトル争いに加わってきた程度だ。[7]

一方で、ロナウドがプレーしていた頃のプレミアは非常に競争の激しいリーグだった。マンチェスター・ユナイテッドが優勝することも多かったが、ラ・リーガにおけるレアル・マドリードやバルセロナのようにプレミアリーグで支配的な強さを見せていたわけではない。言い換えれば、メッシにとってラ・

リーガで本当にタフな試合はシーズンで2試合程度だったが、ロナウドはビッグ4との6試合に臨まねばならず、さらに厳しいことに、中位のチームもラ・リーガの中位より手強かった。

加えて、率直な表現をするならば、プレミアリーグの方がたくさん足や身体を蹴られる。ディシジョン・テクノロジーは、毎年プレミアリーグの運営者に向けてシーズンをデータで振り返っていた。その一環として、プレミアと他リーグの比較もおこなわれていた。その際に私たちは、プレミアリーグでは他よりもファウルや警告の数が少ないことも指摘した。この点は分析ではなく事実を伝えただけだったが、いつものようにプレミアリーグは独自の解釈を加え、汚い大陸ヨーロッパとは違ってイングランドでは「フェアプレー」がおこなわれていると自賛していた。

だが私の解釈は異なる。おそらく、どのリーグでも際どいプレーの数は大して変わらない。ただ、少し相手を蹴ったりユニフォームを引っ張ったりすると他のリーグではファウル判定されやすいのに対し、プレミアリーグではファウルにならないことが多かっただけだ。これはイングランドにおけるフットボールの起源に色濃かった「筋肉的キリスト教」という思想の名残かもしれない。理由はどうあれ、ロナウドがイングランドで蹴られた回数（そしてそれを劇的にアピールした回数）を考えると、フリーキックが与えられた数はスペインに比べて少なかった。

さらに、ロナウドは3つの異なるリーグの3つの異なるクラブでポジションを変えながら成功をおさめてきた。一方メッシは、キャリアの大半をバルセロナで過ごした。ロナウドはマンチェスター・ユナイテッドでの大半とレアル・マドリードの初期には主にウィンガーとしてプレーした。それから徐々にセンターフォワードへと移行していき、ユヴェントス時代には主に最前線でプレー。さらに、彼が所属したチームのフォーメーションやプレースタイルも様々だった。

一方のメッシは、キャリアを通して右のウィングや「偽9番」を担い、ほとんどはバルセロナの有名な4－3－3フォーメーションでプレーした。クラブ、フォーメーション、そしてプレースタイルが固定されていたことは、間違いなくメッシのパフォーマンスに役立っただろう。ロナウドは、多くの国、フォーメーション、ポジションに適応しながら、メッシと同等レベルのパフォーマンスを維持してきたのだった。

●─スタイルを貫くメッシ、変え続けるロナウド

このふたりの偉大な選手が自分の役割をどのようにこなしてきたかを見ると、違いがさらに明確になる。メッシはいつも、ただただメッシらしい。たくさんのドリブルをし、チームをつなぐ創造的なパスを（まるでフォワードというより攻撃的ミッドフィルダーかのように）何本も繰り出し、多くのシュートを放つ。どのシーズンもスタイルが一貫しているのは驚くべきことだ。

対照的に、ロナウドは何度もスタイルを変えてきた。マンチェスター・ユナイテッド時代の彼は、ウィングでプレーするメッシのようだった。ドリブルを多用しながら、パスでの連携よりもクロスを多く送った。シーズンを追うごとにドリブルを減らしていき、代わりにシュートを増やしていく。それから、センターフォワードへと移っていくにつれ、連携プレーやクロスも減ってシュートに専念していった。ロナウドのキャリアは、技巧派のウィンガー、破壊的なワイドストライカー、そして中央の得点マシンという3つの時代に分けることができる。

メッシの方が厳しい時期を過ごしたとすれば代表チームだろう。国際大会において、ロナウドの数字はメッシを大きく上回っている。ロナウドは90分あたりのゴール数が0・75、アシスト数は0・26で、メッシは0・48と0・33だ。さらにロナウドはメッシよりも20パーセント多くプレーしている。しかし、ロナウドが代表戦で得点やアシストを量産できたのは、ひとつ大きなアドバンテージがあったからだ。守備の弱い相手と戦うことが多かったのである。

ポルトガル代表でのゴールのうち47点、アシストのうち13回は、リヒテンシュタイン、アンドラ、キプロス、フェロー諸島、アルメニア、ラトビア、リトアニア、ルクセンブルク、カザフスタン、エストニア、アゼルバイジャンといった「強豪」国相手に記録されたものである。一方で、メッシはこうしたチームと対戦した機会はない。彼が対戦したなかで最も楽な相手と言えるのはボリビアかもしれないが、標高3637メートルのラパスで「ラ・ベルデ（ボリビア代表）」と戦うことは、決して「楽」とは言えないだろう。

ロナウドはメッシよりも多く、スペイン、フランス、ベルギー、イングランドといったヨーロッパ最高峰のチームと対戦している。だがメッシはヨーロッパの強豪国とも対戦している一方で、ロナウドはコロンビアやエクアドルと親善試合以外では対戦しておらず、ウルグアイやチリとの対戦数も少ない。メッシはブラジルと8度戦っているが、ロナウドは1試合だけだ（両者とも得点していない）。総じて、過酷な南米のワールドカップ予選とコパ・アメリカは、ヨーロッパ予選やEUROよりも遥かに厳しい対戦相手だと言える。[8]

相手の質に合わせて両選手の得点記録を調整することは可能だ。ディクソン＝コールズのようなモデルを使えば、リヒテンシュタイン相手のゴールをスペイン相手のゴールよりも大幅に割り引いて評価することができる。ロナウドとメッシの代表戦での貢献は、相手の質を調整した場合の90分あたりのゴールおよびアシストの数という点で見ると、ほぼ同じであることが分かっている。

メッシは歩く

残念ながら、ふたりのキャリアの大半におけるトラッキングデータが存在しないため、彼らのフィジカル面に関しては晩年の結果についてしか語ることができない。36歳でマンチェスター・ユナイテッドに復帰したロナウドの走行距離は、あまり多くなかった。スプリントのスピードや回数は彼よりずっと若い選手たちに匹敵するものだったが、身体的なパフォーマンスは突出しているわけではなかった。きっと若い頃は、トップスピードやスプリント量が驚異的な数値だったのだろうが、それを確かめる証拠はない。

メッシの身体的能力を検証するためのデータはさらに少ない。近年出場したチャンピオンズリーグにおいては走行距離が非常に少なく、スプリントもほとんどなかった。多くのフォワードは守備に戻る負担が少ないため仲間より走行距離が短くなるが、たいていはカウンター時やディフェンスライン背後への飛び出しでスプリントを繰り返し、走行距離の少なさを補っている。だがメッシは違う。メッシは走らない。メッシは歩く。

第9章では、メッシのスピードを落とす能力について触れた——メッシにはディフェンダーよりも先に減速してスペースを見つける力がある。バルセロナでデータサイエンティストを務めていたハビエル・フェルナンデスと、投資ファンド「レッドバード・キャピタル」[9]の共同オーナーであるルーク・ボーンは、スペースを見つける力についてさらに深く探求した。

彼らは2018年に「Wide Open Spaces: A Statistical Technique for Measuring Space Creation in Professional Soccer(広く大きなスペース：プロサッカーにおけるスペース創造の測定に向けた統計的手法)」という論文を発表した。[10]この研究で導入された概念は、かつて私の同僚だったウィル・スピアマンが開発したピッチ・コントロールと非常によく似たものだった。彼らのアイデアは、どのようにスペースが生み出され、誰がそのスペースを利用したのかを特定し、そのスペースの価値を評価することだった。

その分析結果は驚くべきものだった。この研究が新しかったのは、スペースをどのように獲得したり失ったりするかを選手ごとに分析した点だ。それが意図的な動きによって獲得したスペースなのか、結果として自分の周りに生じた受動的なスペースなのか、という違いも明確にした。

フェルナンデスとボーンが詳細に分析したのは、バルセロナとビジャレアルが1対1で引き分けた試合だった。そこで発見したのは、メッシは多くの価値あるスペースを利用してはいるものの、特に目立った量ではないという事実だ。スペースの利用におけるメッシの際立った特徴は、受動的に得たスペースを活用している点にあった。他のバルセロナの選手たちは、相手から離れるように走ったり、空いたスペースに走ったりすることで意図的に自らのスペースを獲得することがほとんどだった。しかし、メッシが利用した価値あるスペースの3分の2は、みずから走ることなく獲得されていた。ディフェンダーが空けたばかりのスペースに留まるか、そこにゆっくりと入ってくることで自分のスペースを得ていたのだ。

また、価値あるスペースを失う場面についても分析がおこなわれた――ディフェンダーに塞がれたり、価値の低い場所へと移ったりする場面だ。メッシは、スアレスとネイマールという攻撃陣のスター選手たちと並び、最も多くのスペースを失っていた。この結果は、私たちのトラッキングモデルが示した結果とも一致している。ドリブルは「悪い選択肢」に映ることがある。これは直感に反した指摘のように聞こえるかもしれない——なぜなら世界最高の選手たちは誰よりもドリブルが上手いからだ。そんな彼らのドリブルが悪い選択肢に見えてしまう矛盾を解決しようと努めた結果、すべては「スペース」に帰結するという答えにたどり着いた。

ドリブルは通常、少なくとも1人のディフェンダーを引き寄せる。中盤でプレッシャーのない状態でボールを持っていた選手がドリブルを始めると、すぐにたくさんのプレッシャーを受けることになる。ドリブルでゴールに数メートル近づくことの価値は、それにともなってディフェンダーから受けるプレッシャーに見合わない場合が多い。ドリブルの本当の価値は、ドリブルが終わる瞬間にある。ドリブルが成功した後のパスは、通常より広いスペースに届けられる。そのスペースをカバーするはずのディフェンダーが、ドリブルを仕掛けた選手にプレッシャーをかけているからだ。フェルナンデスとボーンも同じ結論に達していた——優れたドリブラーたちは、ディフェンスに詰め寄られることで多くのスペースを失っていたのだ。

そして彼らの分析の最後のパートは、どの選手が他の選手のためにスペースを生み出しているかを調べるものだった。メッシ、ネイマール、スアレスのようなフォワードの動きは最も大きな価値を生むもので、彼らがディフェンダーを引き連れていくことで貴重なスペースを開けていた。これは驚くべきことではない——この3人はピッチの最前線にいて、周りには最も価値のあるスペースが広がっている。

しかし私にとって興味深かったのは、ディフェンダーを引き連れて生み出すスペースの量は、ネイマールとスアレスの方がメッシよりも約35パーセント多かったことだ。ネイマールとスアレスはフィジカル面でメッシよりも遥かに優れた数値を記録しており、その身体能力を活かしてメッシが歩いて入ってくるスペースを生み出していたのである。もちろん、メッシもお返しにスペースを空けることもあったが、「MSN」と呼ばれたトリオの他2人がメッシのために生み出したスペースの方がずっと多かった。

まとめると、メッシは世代にひとりの才能であるばかりか、ほとんど歩きながら成功をおさめてきた。歩き回るばかりで、やる気がなさそうに見えるメッシの姿については多くの人が多くのことを語ってきた。

最も滑稽《こっけい》だった指摘は『The Athletic』のダンカン・アレクサンダーによるものだ。メッシは、これまで数々の偉業を成し遂げてきたが、試合開始2分以内にゴールを決めたことは一度もないという指摘だった（だが2023年6月には、試合開始1分20秒で得点した）。試合開始15分のメッシの得点率は、ロナウドに比べて大きく劣っている。ロナウドは試合開始10分以内に全ゴールの約8パーセントを決めているのに対し、メッシは約5パーセントだ。ペップ・グアルディオラも語っていたように、メッシは試合開始から数分を使って守備のスペースやディフェンダーの傾向を把握し、それから猛然と（あるいはゆっくりと）動き出すのだ。

メッシとロナウドは、データを使った分析が可能になって最初のスーパースターだった。彼らのキャリアは終わりを迎えていくが、その優れた才能は膨大なデータとして残っており、次世代の才能はその数字を超えるべく挑んでいくことになる。その挑戦は簡単なものではないだろう。

しかしメッシとロナウドがキャリアをスタートさせて以来ビッグクラブの支配は進んでおり、そうした環境は新たなスーパースターが彼らを超えるための好スタートを切るのにうってつけだと言える。

●――結局のところ、勝者は……

明らかにメッシだ。

第13章 シマウマを家畜化する――なぜ移籍は失敗するのか

失敗に終わったジェラードの「後継者探し」

2016年9月、私はリバプールの選手補強のレビューを終えようとしていた。研究者として最初に教えられることのひとつは、仮説、方法、結果を記録することだ。そうすることで、何か興味深い発見があったときに、それがどのようにして得られたのかを振り返り、再現可能なものかを検証できる。

しかし、移籍市場でそうした検証をおこなうのはなかなか難しかった。私たちは数百人の選手について議論し、十数人の選手を詳細に分析するが、実際に獲得するのは数名に過ぎない。獲得しなかった選手たちについては、クラブの誰もがすっかり忘れてしまう。私は、移籍市場が閉じたらすぐ、その期間に移籍した全選手についての見解を記録するよう提案した。

その選手がリバプールに来ていたら合っていただろうか？

その移籍金は妥当だったか？

その選手は新しいクラブで成功するだろうか？

こうした記録を振り返ることで、自分たちの予測が正しかったのか、またどんな盲点があったのかを確認できる。

私が特に後悔したのはナビ・ケイタの獲得を逃したときのことだ。彼はレッドブル・ザルツブルクからレッドブル・ライプツィヒに移籍した。レビューにはこう書き残した。「スタッツ（データ）はナビを非常に高く評価している」。それ以上の説明を記す必要はなかった——移籍委員会のメンバーは、私の悔しさを知っていたからだ。それまで私は何ヶ月もケイタの話ばかりしていたのである。

ケイタはサディオ・マネと似た道をたどり、19歳のときフランスのイストルというクラブからオーストリアのザルツブルクに移籍した。オーストリアでの最初のシーズンは、相手の攻撃の芽を摘《つ》むセントラルミッドフィルダーとして素晴らしい活躍を見せた。私たちのポゼッションバリュー・モデルでは、プレミアリーグの平均を上回る評価を得ていた。

それはオーストリアでプレーする選手としては非常に珍しいことだった。私たちのモデルはリーグの強さによって選手評価の値を調整しており、オーストリアリーグはプレミアリーグよりもかなりレベルが低いとされていたため、プレミア基準と判断される選手が出てくることは非常に稀だったのだ。前例はマネくらいだった。

翌シーズンのケイタはより攻撃的な役割を担い、再びプレミア平均水準を大きく上回る評価を記録した。私は当時レッドブルで働いていたハンス・ライタート（のちのリバプールのゴールキーパーコンサルタント）に電話をかけたのを覚えている。

「ハンス、ナビ・ケイタってどう？」

「ああ、若手のナビ。すごく才能がある。すごい才能だよ」

私はエディにうるさいほど訴え続けた。もしデータ主導のアプローチを本気で信じているなら、ケイタの獲得を真剣に検討するべきだ。そしてケイタがレッドブル・ライプツィヒに移籍したとき、私は打ちひしがれた。しかも彼が移籍したばかりのドイツで素晴らしいシーズンを送ったことで、さらに落ち込んだ。ライプツィヒは2016／17シーズンにクラブ史上最高の成績を収め、ケイタはブンデスリーガのベストイレブンにも選出される。

私はエディを説得し続け、2017年の夏、翌2018年夏までライプツィヒに残すという条件でケイタを獲得した。おまけに2015年から空いていたスティーヴン・ジェラードの背番号8を受け継いだ。彼こそしかるべき後継者だと思ったのだ。

私はとてつもなく大きな期待を抱いていたが、リバプールでのケイタは成功とは言えなかった。クロップ時代のリバプールにおける高額移籍選手――ファン・ダイク、アリソン、ファビーニョ、サラー、ジョタ、マネ、フィルミーノ――のなかで、ケイタの苦戦は際立っている。プレーが悪かったわけではない。プレーしたときは期待した姿に近いものであり、私はワールドクラスの選手だと考えていた。

しかし、ケイタはあまり出場機会を得られなかった。リバプールでの最初のシーズンはリーグでの先発が16試合しかなく、その後の4シーズンでも先発は16試合未満だった。2019／20シーズン以降は、数試合連続でプレーするたびに怪我に見舞われた。ライプツィヒ時代にもいくつかハムストリングの負傷歴はあったが、リバプールではあちこち負傷し、2020年以降は大部分の試合を欠場した。不運は怪我にとどまらず、代表活動中にギニアで発生したクーデターにまで巻き込まれた。

ケイタには同情の余地がある――怪我をしていなければ「失敗」とはみなされなかったかもしれない。

しかし、移籍が失敗する理由は実に様々であり、モハメド・サラーの事例からも分かるように、失敗した移籍を分析する価値は大いにある。

先発出場「50パーセントルール」

何をもって「成功」とするかを考えてみよう。プレミアリーグへの移籍後2年間で、リーグ戦の50パーセントに先発したら「成功」。これはずいぶん低い基準だ。何千万ポンドも費やして獲得したのであれば、その選手が全試合の半分は出場して当然と考えるであろうし、50パーセントの先発がやっとでは失望するかもしれない。

にもかかわらず、この控えめな成功基準にも満たない移籍選手は数多くいる。プレミアリーグが創設された1992年から2021年1月までの期間で、移籍金1000万ユーロ以上でプレミアリーグのクラブに移ってきたすべての選手を調べると、およそ半数（46パーセント）が移籍後2年間でリーグ戦の先発出場が半分に満たなかった。

ケイタの場合と同じく、「失敗」という言葉は、移籍した選手の才能や貢献への批判というよりも、その選手が自分たちのニーズに合うと誤って判断したチームに向けられるものだ。

成功しなかった移籍選手たちは、ファーストチョイスの選手が負傷した場合の保険としてベンチに置いておく安価なバックアップ要員ではない。クラブは少なくとも1000万ユーロを支払っている。それにもかかわらず、約半数がクラブの試合の半分すら先発出場できていない。

たとえば、2015年にマンチェスター・シティがヴォルフスブルクから獲得したケヴィン・デ・ブライネ（プレミアリーグで225試合以上の先発出場、9シーズンで6度のタイトル）や、2015年にリバプールがホッフェンハイムから獲得したロベルト・フィルミーノ（211試合に先発、PKを除く80ゴール50アシスト）のような成功例もあれば、2014年にマンチェスター・ユナイテッドが獲得したアンヘル・ディ・マリア（先発は20試合で、PKを除く3ゴール10アシスト）や、2015年にリバプールが獲得したクリスティアン・ベンテケ（先発14試合でPKを除く8ゴール。ゴール率としては申し分ないが、3250万ポンドを支払った選手が14試合しか先発しなかったのは良い取引とは言えない）のような失敗例もある。

この「成功」の定義がいかに控えめなものであるかを強調するために、2011年1月にリバプールからチェルシーに移籍したフェルナンド・トーレスの例を考えてみよう。この移籍は多くの人から失敗と見なされている。なぜならトーレスはチェルシーに移籍してからの1年半でわずか7ゴールしか決めなかったからだ。しかし、「50パーセント」の基準に照らしてみると、この移籍は成功とみなされる。トーレスは移籍後の2年間でリーグ戦77試合のうち50試合に先発していた。

また、移籍金の高さは成功を保証しない。支払われた金額は、その移籍の成功とはほとんど関係ない。2000万ユーロ以上で加入したプレミアリーグの選手のうち、5人に2人以上が移籍後2年間で半分にも先発出場しなかった。マンチェスター・ユナイテッドのディ・マリア、チェルシーのアルバロ・モラタやクリスティアン・プリシッチ、そしてリバプールのナビ・ケイタは、全員非常に高額な移籍だったものの50パーセントを超えることができなかった。

移籍は驚くほどの割合で失敗に終わっていることを最初に指摘したのは私ではない。ポール・トムキンスの著書『Pay As You Play（プレーした分だけ支払え）』（未邦訳）では、プレミアリーグにおける移籍金の高騰が指摘されている。[1]その数年後、彼はブログ「The Tomkins Times」[2]でこのテーマを再び取り上げ、移籍金と「成功」を比較した。彼の言う「成功」は、「50パーセントルール」よりも複雑だ。移籍金、インフレ、移籍金の回収額、先発試合数を踏まえ、それぞれの要素に異なる重みを与えて算出された成功基準となっている。トムキンスの結論では、成功した移籍は全体の40パーセントにすぎなかった。これは、ここで私が用いた先発出場数に基づく単純な基準よりも低い成功率だが、おおよそ似た数値である。

プレミアリーグでの移籍を会計的に見ると、巨額の「減損損失」となる

移籍を先発数ではなく財務的な観点から見るのも有益だ。選手を獲得すると、その移籍金は契約期間にわたって分割計上される。5年契約で5000万ポンドの移籍金であった場合、会計上は1年あたり1000万ポンドとして記録されるわけだ。このプロセスは「償却（amortisation）[3]」と呼ばれる。毎年、会計監査人は償却されずに残っている移籍金の合計が、その選手の適正価値を反映した額かをクラブに確認し、そうでない場合、クラブは「減損損失」として記録する。

たとえば、移籍金5000万ポンドの選手が3年後に帳簿上2000万ポンドの価値を持つとされていても、その選手の価値が500万ポンドしかないと判断した場合、1500万ポンドが減損損失として計上される。

フットボールの財務分析をおこなうキーロン・オコナーは、2020年から2022年のあいだにプレミアリーグクラブが2億5000万ポンド以上の減損損失を計上したと指摘している。[4]2021／22シーズンには、チェルシーだけで7700万ポンドもの減損損失を計上している。さらに言えば、これら

の減損損失には、「減損」とされた選手に支払われた給与は含まれていない。試合に出場していないのに支払われた給与だ。

どうしてこれほど多くの移籍が失敗するのだろう？　スカウティングに膨大な時間と労力が費やされているのに、移籍成功率の極端なバラつきは不運として片付けられたり、次の移籍期間が訪れる頃には忘れ去られたりすることが多い。

移籍が失敗した理由については、いくらでも後付けできる。チームが考えていたほど良い選手ではなかった。監督の戦術にフィットしなかった。既存の選手が良いプレーを見せ始めた……クラブのあいだでは、「うまくいかない移籍もある」と広く認識されていた。クラブは、ただただそれを受け入れてきた。

しかしリバプールは、それに甘んじる必要はないことを示した。データ主導のアプローチでは、現在チームに所属している選手も含め、すべての選手が公平に評価される。もし移籍候補選手のデータが現有戦力に比べてそれほど優れていない場合、少なくともオーナーは、なぜその（必然的に高額な）選手変更が必要なのか、さらなる説明を求めるべきである。

移籍市場で最も注目される選手は、得点を量産している選手や、常勝軍団に所属している選手、あるいはワールドカップで活躍した選手であることが多い。しかし、好調な時期が長く続くことはあまりなく、チームが期待して移籍金を支払ったパフォーマンスは持続可能なものでないことが多い。

反対に、移籍期間が始まるずっと前から得点を量産していた選手や、守備で優れた数値を記録していた選手、あるいは目立たないものの一貫して良いプレーを続けてきた選手の方が、根本的に能力値が高い傾向がある。ここでも、優れたデータ分析は役に立つ。短期的な変動（好調の波）を長期的な傾向から取り除くことは、データ分析の基本的な役割のひとつだ。

機能不全に陥った補強戦略は、データ分析を用いて改革するのに最適な対象であり、私たちがリバプールで力を注いだ分野でもあった。ブレンダン・ロジャーズが監督を務めていた頃、私たちの試みが大失敗したことはすでに記した。

とはいえ、私たちは成功も経験してきた。2013年1月にダニエル・スタリッジとフィリペ・コウチーニョを獲得したことは、2013／14シーズンのタイトル争いの後押しとなった。2015年夏にはロベルト・フィルミーノが加入し、ジェームズ・ミルナーもフリーで獲得した。

しかし、私たちがデータ分析の優位性を存分に発揮できるようになったのは、ユルゲンが監督に就任してからだった。移籍成功率（移籍金に応じて調整された移籍後2年間のリーグ戦先発出場割合をもとに算出）は41パーセントから58パーセントへと大幅に上昇した。41パーセントは、2012／13シーズンから2015／16シーズンまでの「ビッグ6」のなかで最悪の成功率だった。ただし、この数字にはフリーで加入したミルナー（76試合中64試合先発）とコロ・トゥーレ（76試合中22試合先発）は含まれていない。

クロップ時代の成功率には、フリー移籍のジョエル・マティプ（76試合中54試合先発）が含まれていない。また、移籍金が非常に低かったアンドリュー・ロバートソン（76試合中58試合先発）の重要性も過小評価されていることになる。

マンチェスター・ユナイテッド（60パーセント）とアーセナル（59パーセント）は、クロップ時代のリバプールよりも高い移籍成功率を記録しているが、高額な選手を獲得して出場させればチームとして成功するわけではない。

マンチェスター・ユナイテッドの高い成功率に大きく貢献しているのは、ポール・ポグバとハリー・マグワイアのふたりだ。どちらの選手も高額で加入し、最初の2シーズンに継続して出場した。ポグバとマグワイアは優れた選手ではあるものの、彼らのパフォーマンスはマンチェスター・ユナイテッドが多くの勝利をおさめる助けにはならなかった。

名著に学ぶ「猛獣たちを飼い慣らす」ルール

移籍が失敗する理由についてさらなるヒントを得るべく、私はずいぶん意外な情報源に目を向けた。ジャレド・ダイアモンドの著書『銃・病原菌・鉄』だ。そのなかで彼は「なぜシマウマを家畜化した部族・民族がいないのか？」という問いを投げかけている。これまでに家畜化された大型哺乳類はごくわずかだ。豚、牛、羊、山羊、馬などが各文化のなかで活用法を見いだされてきた。他にもいくつかの種（ラクダ、リャマ、ヤク、ロバなど）が地域限定で活用されている。シマウマは食料や衣類の供給源、あるいは移動手段となりうるのに、家畜化されていないのは不思議だ。牛、馬、豚などと同じように使えたのに、家畜化されていない動物は他にもいるだろう。

ダイアモンドは、家畜化の候補となる種は148種いたと指摘している。しかし、実際に家畜化されたのは14種だけだ――成功率は10パーセント以下である。人間が動物を家畜化する能力は、フットボールクラブが選手を獲得する能力よりも低いように思える。

しかし動物の家畜化は非常に困難な作業だ。現代でもヘラジカ、鹿、シマウマなど、様々な動物の家畜化が試みられたが失敗に終わっている。理由は、その種が多方面において適応性を備えている必要があるからだ。

まず、安価にエサを与えられるような適切な食性がなければならない。それから、利益をもたらす家畜となるためには、成長速度が速いことや、高密度で群れを作って集団で暮らせることも重要だ。さらに飼育下で繁殖できる必要もある。また、安全に飼育できなければならない――暴力的な性格やパニックを起こしやすい性質があると、周りの動物や飼い主を殺してしまいかねない。これらの特徴のどれかひとつが欠けるだけで、家畜化が不可能になる。

シマウマは6つの特徴のうち5つの面では非常に優秀だが、残念ながら家畜化しようとしてくる人間を噛んだり蹴ったり、殺してしまったりする傾向がある。そのため家畜化が難しく、シマウマ農家を目にすることがないのだ。

新種の動物が発見されたとしよう。その動物の家畜化の可能性が検討される。そして研究者たちは、適切な食性がある確率70パーセント、成長速度が十分である確率70パーセント、飼育下で繁殖する確率70パーセント、家畜化に向いた性格である確率70パーセント、簡単にはパニックを起こさない確率70パーセント、高密度飼育が可能な確率70パーセントと見積もったとする。

この動物は家畜化に適しているように思える。それぞれの特徴を見ると、うまくいく確率は高い。しかし、どれかひとつでも欠けたら家畜化は失敗する。この動物がすべての特徴を備えている確率は70パーセント×70パーセント×70パーセント×70パーセント×70パーセント×70パーセント＝12パーセントだ。つまり、家畜化に適していそうに見える動物であっても、成功の確率は12パーセントに過ぎない。

話は逸れるが、同じことが複数の試合結果に賭ける「マルチベット」にも言える。たとえば、次の週末にマンチェスター・シティが勝つ確率が70パーセント、アーセナル、リバプール、レアル・マドリード、バルセロナ、バイエルン・ミュンヘン、ドルトムント、インテル、パリ・サンジェルマンもそれぞれ70パーセントの確率で勝つとする。しかし、すべてのチームが勝つ確率はわずか4パーセントに過ぎないのだ。私なら20倍のオッズであっても賭けない。

さて、これが選手の獲得とどんな関係があるのか？　動物の家畜化と同じく、選手の移籍が成功するためには、すべての要素が揃っている必要がある。優れた選手であることは成功の必要条件であるが、それだけでは十分ではない。怪我ばかりしているようでは成功しない。フランスで素晴らしい実績を残していても、新しい監督と対立してベンチに座ることになれば成功しない。

リバプールでの経験を振り返りながら、私は移籍が成功しない理由として考えうる要素を抜き出した。その選手は怪我に悩まされているかもしれない。「気難しい性格」をしているかもしれない。合っていないポジションでプレーしているかもしれない。移籍先クラブの既存選手より優れていないのかもしれない。シンプルにチームが期待していたより実力がないのかもしれない。移籍先のプレースタイルに合わないのかもしれない。新しい監督に評価されていないのかもしれない。そして最後に、まだ若くてレギュラーになるには時間が必要なのかもしれない。

チームが非常に正確なスカウティングをした結果、各要素での成功確率が92パーセントだったとしよう。ものすごく成功しそうに思えるが、この選手が怪我を抱えていないか、監督とうまくやっていけるか、既存の選手よりも優れているかなど、どれも絶対に確かなことは言えない。

では、この選手の成功確率はどれほどか？　ここに挙げた8つの要素すべてが独立していると仮定すると、[5]成功の確率は92パーセント×92パーセント×92パーセント×92パーセント×92パーセント×92パーセント×92パーセント×92パーセント＝51パーセントだ。ジャレド・ダイアモンドはこれを「アンナ・カレーニナの原則」と呼んでいる。トルストイの小説にある「すべての幸せな家庭は似ている。不幸な家庭は、それぞれ異なる理由で不幸である」という一節に由来するものだ。すべての成功した移籍は似ているが、失敗する移籍は、それぞれ異なる理由を持っているのだ。

●ネイマールの移籍はなぜ失敗したのか

私たちは、これまでの高額移籍を振り返り、何が成功を妨げた大きな要因だったのかを探ることができる。そのリストの最上位にあるのが、史上最高額の移籍――ネイマールだ。

パリ・サンジェルマンは、２０１７年に推定2億２２００万ユーロでネイマールを獲得したことで、チャンピオンズリーグ優勝を狙うクラブになっていくはずだった。ネイマールは素晴らしい選手だが、負傷によってパリでの影響力は限定的で、加入後2年間のリーグ戦で先発出場したのはわずか47パーセントだった。彼の怪我はチャンピオンズリーグでの成功を妨げる要因ともなった。

ＰＳＧは実質的に無尽蔵の移籍金を支払えるようなクラブであったため、高額ながら先発の機会を十分に得られなかった例が数多く存在する。このフランスのクラブは、イカルディ、パレデス、メンデス、ケーラー、ディアロ、ゲデス、クリホヴィアク、キャバイエ、クルザワ、そしてヘセにそれぞれ２５００万ユーロ以上を支払ってきたが、彼らは全員、加入後2年間でリーグ戦の先発出場率が50パーセント未満だった。

またネイマールの移籍は、50パーセントルールで見た場合、他2つの高額移籍の失敗にもつながった。バルセロナはネイマールの移籍金を元手に、そこからさらに上乗せして1億4200万ポンドでリバプールからフィリペ・コウチーニョを、ボルシア・ドルトムントから1億3500万ユーロでウスマン・デンベレを獲得した。デンベレは立て続けにハムストリングの怪我に悩まされ、ラ・リーガ76試合中33試合の先発にとどまった。

コウチーニョは中盤のアンドレス・イニエスタの長期的な後継者と期待されていたはずだったが、移籍初年度は主にネイマールがプレーしていた左ウイングで起用された。このポジションはリバプールでも担当していたが、プレースタイルはネイマールとまったく異なるものだった。コウチーニョはネイマールのようにスピードを持ってダイレクトにゴールへと向かうウィンガーではなく、むしろサイドでもプレーできる「10番」タイプの選手だった。

バルセロナでは、すでにリオネル・メッシが右サイドで同じようなスタイルかつハイクオリティなプレーを見せていた。そのため数字上では良い結果を残していたものの、バルセロナは2019年にコウチーニョへ見切りをつけ、バイエルン・ミュンヘンにローンに出した。

不幸の形はさまざま

50パーセントの基準を達成できなかったもうひとつの高額移籍が、ジョアン・フェリックス（1億2750万ユーロ）だった。アントワーヌ・グリーズマンの後継者としてアトレティコ・マドリードが

2019年に獲得した選手だ。グリーズマンはバルセロナに1億2000万ユーロで移籍したばかりだった。フェリックスは非常に優れた選手だが、そのスタイルは守備的でカウンター主体のアトレティコよりも、ティキタカと呼ばれるパスサッカースタイルのバルセロナの方が合っているように思えた。いつだって外から判断することは難しいが、フェリックスは単にアトレティコのシステムにフィットしなかっただけのように見える。

50パーセントの基準に届かなかった高額選手には、プレミアリーグでよく知られる失敗例も多く含まれている。ロビーニョの移籍金は3250万ポンドで、現在の基準ではそれほど高額には見えないが、2008年夏の移籍市場では最も高額な移籍だった。チェルシーに移籍できると思っていた彼は、マンチェスター・シティへの移籍会見でも「チェルシー」と言い間違えてしまった有名なエピソードがあり、そうした姿勢がシティでレギュラーになれなかった理由の一端かもしれない。2008／09シーズンはレギュラーとして出場したが、翌シーズンはほとんど出場せず、移籍から18ケ月後にはブラジルのサントスへローンに出された。

そしてアンヘル・ディ・マリアは2014年の夏に約6000万ポンドでマンチェスター・ユナイテッドに加入した。彼はレアル・マドリードのレギュラーとして、ラ・リーガ優勝と「ラ・デシマ」（10度目のCL優勝）に貢献した。しかしマンチェスター・ユナイテッドの在籍はわずか1シーズンで、先発は20試合だった。ルイ・ファン・ハール監督のもとで本来とは異なるポジションで起用されることが多かったが、マンチェスターという街に対する彼の妻のコメントの方が、失敗の要因を表しているかもしれない。

「全然好きじゃなかった……ほんとにね。人はみんな変だし。歩いてると殺されるんじゃないかって思うくらい。食べ物も最悪……だから夫に言った。『ダーリン、ここは最悪。昼の2時なのに夜みたい』」

もうひとつ、プレミアリーグの移籍で目立った失敗例が2021年にチェルシーへ9750万ポンドで移籍したとされるロメル・ルカクだ。当時は最高の移籍と評され、チェルシーでの2度目のデビューとなったアーセナル戦でゴールを決めたことで、その評価が裏付けられたように見えた。しかし、彼がプレミアリーグで先発出場したのは16試合だけで、わずか1シーズン後にインテルへとローンに出された。ルカク自身もチェルシーでは不満を感じていたようで、インテルを離れたことへの後悔を語る奇妙なインタビューを受けた。

これはチェルシーとルカクにとってはデジャヴのようなものだった。その10年前の2011年にチェルシーはルカクをアンデルレヒトから移籍金1300万ポンド+アドオンで獲得していたのである。当時18歳の神童だったルカクは、すでにベルギーリーグで2年間レギュラーとして得点を重ねていた。しかし、フェルナンド・トーレス、ダニエル・スタリッジ、アネルカ、ドログバといった選手たちが揃うチェルシーでレギュラーに割って入るには若すぎ、リーグ戦での先発は1試合のみだった。このチェルシーへの最初の移籍は失敗というわけでなかった。ローン移籍に出して成功したルカクをエヴァートンへと売却したことで、チェルシーは結果的に大きな利益を得たからだ。

そのほか近年において変わった移籍として挙げられるのが、バルセロナとユヴェントス間でおこなわれたミラレム・ピャニッチとアルトゥール・メロのトレード移籍だ。ピャニッチはユヴェントスで4シーズン連続レギュラーを務め、アルトゥールはバルセロナで2年間1軍のメンバーに名を連ねていた。

このトレードでは、アルトゥールが７２００万ユーロ、ピャニッチが６０００万ユーロとされていた。これはCOVID-19パンデミック中に実施された移籍だった――両クラブとも財政的な問題を抱えており、帳簿上の黒字を作り出す必要があった。このトレードに大きな移籍金が設定されたことで、両クラブはそれぞれの選手の売却で大きな収益を計上する一方、獲得した選手の費用は償却の仕組みによって5年間に分散させることができた。

スペインを拠点とするイギリス人サッカージャーナリストのシド・ロウはこのトレードについて「ミッドフィルダーたちよりも創造的な会計操作」と記している。[6] この移籍によってふたりのキャリアは壊されることになってしまった。ピャニッチはユヴェントスで4シーズン１０８試合に先発していたが、バルセロナでは先発6試合にとどまり、その後ＵＡＥのシャールジャに移籍。アルトゥールはユヴェントスに移籍した最初の2シーズンで24試合に先発したが、その後の2シーズンはローン生活を送ることとなる。

リバプールの失敗例とその後の対策

他クラブの失敗についてあれこれ推測するのは面白いものだが、私たちリバプールもうまくいかなかった移籍を数多く経験してきた。

クリスティアン・ベンテケは成功する移籍の条件をほとんど満たしていた。しかし唯一足りなかったのが、クラブとプレースタイルが合わないという点で、このひとつの要因によってリーグ戦の先発数がわずか14試合にとどまった。

私の調査ではターゲットマンがチームに合わせてプレースタイルを変えることはほとんどないと示され

ていたにもかかわらず、もっと良いチームに加入すればプレースタイルが変わるかもしれないとクラブは楽観してしまった。ベンテケはブレンダン・ロジャーズが期待していたほどには活躍できなかったかもしれないが、リバプールでのゴールとアシストの率は、2012／13シーズンを除き、他のチームでプレーしていたときと同程度だった。

同じく、ジョー・アレンも成功の条件をほとんど備えていた。しかし彼にとって唯一の問題だったのは、優れた選手でありながらも、スティーヴン・ジェラード、ルーカス・レイヴァ、ジョーダン・ヘンダーソンほどに優れていたわけではなかった点だ。リバプールではいくつかの怪我に苦しんだことも出場機会が少なくなった要因だった。

マリオ・バロテッリは「性格的な問題」に分類されがちだが、リバプールでは特に問題行動を起こしたわけではなかった。彼の獲得は、移籍委員会が全員一致での選択肢を見つけられなかった結果としての補強であり、（彼の責任ではないが）誰のファーストチョイスでもなかったことが原因だと考えられる。過去の問題行動がゆえに、何か短所があればすぐにそのせいだと言われた。

ラザル・マルコヴィッチはほとんどの要素を備えていたわけではないが、当時ヨーロッパ中のスカウティング部門から一番の注目株とされる若手選手だった。監督は彼をそれほど高く評価しておらず、本職ではないウイングバックというポジションで起用したが、それらは二次的な理由だった。最大の問題は、私たちが思っていたほど優れた選手ではなかったことだ。

エディも、マルコヴィッチが私たちのデータ上で突出した存在ではないことを認識していて、彼自身がおこなったビデオ分析でも、スカウティングレポートで言われているよりもプレーに安定感がないことが明らかになっていた。

エディはマルコヴィッチの獲得を最大の後悔に挙げているが、少なくとも私たちはこの経験から学びを得た。この失敗をきっかけとして、リバプールでは本格的に候補として検討に入った選手全員に対して、よりいっそう詳しいビデオ分析をおこなうようになった。


クロップ時代の「失敗」の大半は怪我によるものだ。ルイス・ディアスとディオゴ・ジョタは加入後2年間で50パーセント以上の先発はできなかったが、どちらも試合中の不運な負傷が要因となっていた。ナビ・ケイタもリバプールに来るまではほとんど怪我のない選手だったが、加入後は怪我に苦しんだ。また、もともと怪我の多かった選手も2人獲得したことがある。それがアレックス・オックスレイド＝チェンバレンとチアゴ・アルカンタラだ。ユルゲンのフットボールは練習でも試合でもフィジカル能力を駆使したエネルギッシュなプレッシングスタイルであったため、彼らの怪我がちな傾向がリバプールで改善されなかったことも驚きではない。

その他のクロップ時代における「失敗」も、実際には失敗と言えるものではない。コスタス・ツィミカス、シェルダン・シャキリ、南野拓実は、チームの層を厚くするための選手たちだった。チャンピオンズリーグレベルの控え選手にかかる移籍金は、２０１０年代後半には１０００万ユーロを超えるほどにまで高騰していた。イブラヒマ・コナテは怪我もあったが、先発が少なかったのはジョエル・マティプやジョー・ゴメスと出場機会を分け合っていたからだ。

「70パーセント」を目指して

第10章で、選手の給与総額とチームの成功には高い相関がある一方で、移籍市場での純支出と成功の相関はそれほど高くないことを見てきた。移籍先のクラブで「リーグ戦50パーセント以上の先発出場」をクリアできるのが半数ほどしかいないという点は、移籍金と成功の相関の低さを示す要因のひとつだ。成功した50パーセントの選手は、より良い条件の新契約を提示されたり、利益のために売却されたりする。しかし、残りの50パーセントは成功しない。この成功率を70パーセントに引き上げることができたクラブは、競合に対して大きなアドバンテージを得ることができる。移籍失敗のリスク要因を見渡してみると、その多くはデータ分析によって軽減できる。

また、現在所属している選手たちに対する客観的な分析は、不用意な補強を避けることに貢献していた。「慣れは軽視を招く（familiarity breeds contempt）」という古いことわざは、選手にも当てはまる。自クラブの選手になると、良い面も悪い面もすべて目にすることになる。契約するときに分からなかった欠点が、遅かれ早かれ明らかになる。練習メニューや食堂の食べ物の質に文句を言っているかもしれない。

一方、新たな移籍候補には、こうした問題がない。良い部分が強調され、悪い部分は過小評価されるか、まだ知らない状態だ。既存選手のちょっとした難点に対して自然に生まれるバイアスや、ハイライト動画で良く見える移籍候補選手への好意的な見方は、データ分析を活用することで軽減できる。

チームが強くなるにつれて、ファーストチームに違いをもたらせるほど優れた候補選手は減っていった。その結果、稀に成功が見込める選手が市場に出てきたとき以外は動かない方針となった。成功率が平均50パーセントに過ぎない競争なのであれば、正当な理由がない限り動かないのは理にかなった戦略である。

エディはよく、「ある選手に対して、スカウティング、データ、そして監督の評価が一致していれば、その選手が失敗することは滅多にない」と言っていた。移籍委員会方式のアプローチが成功へのレシピとなり得るのは、各メンバーの盲点を他のメンバーが補うことができるからだ。リバプールでは、委員会のメンバー間で意見が滅多に一致しなかった状態から、(たとえ何時間もの議論を要したとしても)意見が一致することを移籍の基本条件とする体制へと変わっていった。ブライトンやブレントフォードと同様に、リバプールもその成果を享受した。移籍成功率の驚くべき低さを考えれば、他のクラブにも同じ成果を挙げるチャンスがある。

「マージナルゲイン」は、スポーツ界でよく知られた概念だ。10の分野で1パーセントずつの改善ができれば、少なくとも10パーセントの改善が得られたことになるが、各分野の改善が相乗効果を生むことでさらに大きな成果が得られるかもしれない、という考えだ。

しかし私は、このマージナルゲインという考えに反対している。なぜなら「機会損失」を無視しているからだ。何かに時間と労力を注ぐことは、他のことに時間と労力を使えなくなることを意味する。

私の考えでは、可能な改善点をすべてリストアップし、それらを影響力の大きい順に並べ、重要な部分に集中する方が優れたアプローチだ。フットボールでは収益の65パーセントが給与に、25パーセントが移籍金に使われている。だが私たちは、そのうちの大部分が無駄に費やされていることを見てきた。フットボールクラブにおいては、選手の獲得と育成こそが時間と労力を注ぐべき分野なのだ。それによって得られる成果はわずか《マージナル》ではなく、莫大なものだろう。

第14章

ホームとはゴール確率が30パーセント増す場所である

クロップが「早い時間帯のキックオフ」を嫌うワケ

2020年11月、リバプールはブライトンと1対1で引き分けた。ブライトンは前半にPKを外し、リバプールは運良く後半に先制することができた。リバプールにチャンスらしいチャンスはほとんどなかった。ブライトンは試合終了間際にPKを決めて追いついたが、おそらくは彼らの方が勝利に値した。私たちのモデルでも、ブライトンの方が優れたパフォーマンスであったと評価された。リバプールとしては悪いパフォーマンスの悪い結果であったし、ジェームズ・ミルナーはハムストリングを痛めてしまった。試合後のユルゲンは激怒していたが、その怒りの矛先は12時30分という試合開始時間に向けられていた。

彼の考えでは、このときのリバプールのように、水曜に試合をしてから土曜の早い時間帯に試合をするのは最悪の結果を招くものだった。ユルゲンは、やや理不尽にもBTスポーツのインタビュアーへの攻撃を開始し、いつもリバプールが12時30分の試合に割り当てられると怒りをぶつけた。BTスポーツが12時30分のキックオフを選んだのは事実だったが、それはもちろんインタビュアーの責任ではなかった。

早いキックオフの試合が多いのは、クラブの成功の代償と言えるものだった。当時のBTスポーツは、その節で放送する試合をスカイスポーツの次に選択できる権利を持っていた。スカイスポーツが日曜午後の試合枠に、たいていはビッグ6同士の試合を選ぶと、残ったカードのなかではリバプールが最も注目を集める試合であることが多かったのだ。リバプールが弱くて退屈なサッカーをしていたら12時30分の試合に選ばれることはなく、ユルゲンがインタビュアーを問い詰めるようなこともなかっただろう。

BTスポーツへの批判を浴びせるずっと前から、ユルゲンは12時30分キックオフを執拗《しつよう》に嫌がっていた。2017／18シーズンの後半、私は当時リバプールで試合後の分析責任者を務めていたハリソン・キングストンから、早い時間に始まる試合におけるパフォーマンスを調べてほしいと頼まれた。ユルゲンは、そうした試合のパフォーマンスが悪いと感じていたのだ。

生データを見てみると、確かに数字は悪かった――該当する21試合で獲得した勝ち点はわずか29ポイント。これはシーズン勝ち点52のペースであり、当時のリバプールの平均76ポイントを大幅に下回るものだ。52ポイントというのはプレミア中位の年間勝ち点程度であり、76ポイントはチャンピオンズリーグ出場権がほぼ確実な数字だった。最初に見た限りでは、12時30分の試合がリバプールをCL出場レベルのチームからプレミア中位のチームに低下させているように思えた。

しかし、この本で何度も述べてきたように、フットボールでは背景情報こそがすべてだ。早いキックオフでの合計ポイントは何かしらを意味してはいるが、「なぜ」そうした低調な勝ち点となるのか、理由を知るためにもっと深く掘り下げる必要があった。早い時間帯のキックオフは特別である。ほとんどの試合がテレビ放送されるようになったのはつい最近のことだが、早い時間の試合はほぼ例外なくイギリス国内で放送されていたからだ。[1] 試合がテレビで放送されるということは、基本的に相手チームが強いことを意味する――テレビ局は強豪同士の試合を好むからだ。

そこで私は試合予測モデルを用いて、この「21試合で29ポイント」という結果がどれほど悪いものかを確認した。私は、76ポイントペースではなく52ポイントペースという30パーセントの減少は、たとえ相手が強いことを考慮しても異常な結果だと予想していた。しかし予測モデルでは、それほど意外な結果ではないことが示された。29ポイントという成績は基準以下だったが、モデルが示した平均32・4ポイントをわずかに下回る程度だった。これらの試合で29ポイントやそれ以下しか取れない確率は31パーセントと推定された――まったく異常な結果ではなかったのだ。

こうした試合で勝ち点期待値が少ないのは、特に強い相手と対戦していたからだろうと考えていたが、それも違った。確かに、マンチェスター・ユナイテッド、マンチェスター・シティ、スパーズ、チェルシーといった強豪とも対戦していた。しかし、ボーンマス、クリスタル・パレス、サウサンプトンとは2度、スウォンジーとは3度対戦している。対戦相手に特別な傾向は見られなかったが、試合場所に特別な傾向があった――21試合のうち17試合がアウェーだったのだ。おそらく、ビッグクラブが小規模なチームのホームで試合する方が、その逆よりも視聴者にとって面白い内容になるからだろう。

通常、チームはホームの試合でポイントの60パーセントを、アウェーで40パーセントを稼ぐ。76ポイントを稼ぐチームなら、ホームで約46ポイント、アウェーで30ポイントという計算になる。リバプールがアウェーでの17試合で獲得した24ポイントは、CL出場レベルのクラブがランダムに選ばれた相手とアウェーで対戦する場合の期待値をほんのわずかに下回る程度だった。この「ホームアドバンテージ」は、私たちの予測モデルにも含まれていた――ホームチームはアウェーチームと比べてゴール確率が30パーセント増すのだ。

2023／24シーズンに話を進めると、ユルゲンは依然として早い時間帯のキックオフについてテレビインタビュアーたちに意見をぶつけていた。2023年12月には、TNTスポーツのインタビュアーが12時30分というのはユルゲンの「お気に入りのキックオフ時間だ」と冗談を言うと、ユルゲンはそのインタビュアーを「完全なる無知」と批判した。

その試合は終了間際に決勝ゴールを挙げて勝利したが、重要なのはこの試合がアンフィールドではなくセルハースト・パークでおこなわれていた点だ。クロップ時代には、スパーズ、アーセナル、ウェストハム、マンチェスター・ユナイテッドの方が早い時間帯のキックオフが多かった。しかし、それがアウェーでの開催だった割合が最も高いのはリバプールで、63パーセントもの試合がアウェーでおこなわれていたのだった。

ホームゲームでは、あなたのチームにメッシが加わる

ホームアドバンテージの効果は非常に強力だ。全盛期のメッシが自分のチームにいるようなものである。そしてもちろん、アウェーでプレーするとは、全盛期のメッシが相手チームにいるようなものである。現在の平均的なプレミアのチームは、アウェーで1・2ゴールを挙げ、ホームでは1・6ゴールを挙げている。この0・4ゴールの差をもたらすほどの影響力を持った選手は地球上にほぼ存在しない。守備に

対する効果も同じだ。ホームでは失点も0・4ゴール少なくなるため、ホームとアウェーでの得失点差には0・8もの開きがあり、非常に大きい。

プレミアの平均的なチーム同士の試合では、ホームアドバンテージによってホームチームが勝つ確率は約47パーセントになる。一方で、アウェーチームが勝つ確率は約29パーセントだ。もしホームアドバンテージが存在しなければ、両チームの勝利確率は37・5パーセントずつになるだろう。ホームアドバンテージはフットボールが始まった当初から存在している。その影響力は薄れてきているとはいえ、結果を左右する大きな要因であることに変わりはない。

初期のフットボールでは現在よりも多くのゴールが生まれていた。20世紀初頭のイングランド1部リーグでは、ホームチームが平均で1・9ゴール、アウェーチームは1・1ゴールだった。第二次世界大戦後、ホームチームの得点は約1・75ゴールに減少したが、1950年代と1960年代には少し増加した。1970年代以降は再び減少し、2000年代にはホームが1・5ゴール、アウェーが1・1ゴールとなっている。ホームで獲得するポイントの割合も、1900年代は約70パーセントだったが2000年代には60パーセントに減少している。[2]

イングランド国内の各リーグにおけるホームアドバンテージを比べてみると、リーグごとの差は昔から大きくない。1980年代までは下部リーグの方がわずかに大きかったが、その傾向は消えていった。現在では、プレミアリーグがイングランドのリーグで最も高いホームアドバンテージとなっており、チャンピオンシップからナショナルリーグまでのホームアドバンテージにはほとんど差がない。

私が調査したすべてのリーグには、必ずポジティブなホームアドバンテージが存在していたが、大陸や大会によって度合いは大きく異なる。ナイジェリア、ガーナ、アルジェリアといったアフリカのリーグのホームアドバンテージは非常に大きいが、エジプトや南アフリカなどはプレミアリーグほどのホームアドバンテージはない。

世界全体を見ると、国の広さやプレー環境の多様さはホームアドバンテージとある程度の相関がある。アフリカ以外では、ブラジル、コロンビア、アメリカが最も大きなホームアドバンテージを持つリーグだ。国土が非常に広く、気候が多様であるため、場所によって環境が大きく異なり、移動も負担となる。一方、ヨーロッパでは国ごとのホームアドバンテージの違いはそれほど大きくない。主要リーグの大半ではホームアドバンテージが約30パーセント前後だが、デンマークでは22パーセントと穏やかで、熱狂的なギリシャでは44パーセントに達する。ギリシャでは、2018年にPAOKサロニカのオーナーが、ホルスターに収めた銃を腰に装着した状態で審判に詰め寄るという事件もあった[3]。

現在のヨーロッパ全体では、ホームアドバンテージが下部リーグになるほど小さく、ユースリーグではさらに小さいという傾向がある。そう考えると、観客の数や情熱がホームアドバンテージに関係しているのかもしれない。

「ホームアドバンテージ」についての学術研究

ホームアドバンテージは、私が初めて試合の結果予想に取り組むきっかけでもあった。8歳のとき、1986年ワールドカップの開幕前にレディーバード社の児童書『World Cup 86』を手に入れた。この本には、すべての予選結果や順位表が掲載されており、「コスタリカ対バルバドス：不戦勝」「イランが中立地でのホーム試合を拒否したため失格」といった不思議な出来事がそっけなく記述されているところに心を奪われた。

この本には各試合の結果を書き込むスペースだけでなく、大会優勝国の予想を書く場所もあった。私は1966年にイングランドが自国開催のワールドカップで優勝したことを知っていた（あまりに昔の出来事で、最近ではイギリスの人々もほとんど話題にしない）。そして、過去の優勝国がすべてリストになっていた。アルゼンチンは自国開催の78年大会で優勝、ドイツは74年、イングランドは66年にそれぞれ自国開催で優勝している。私の頭には、1986年メキシコ大会の優勝候補はたったひとつの国しか浮かばなかった。メキシコだ！

ホームアドバンテージについては、多くの学術研究がおこなわれてきた。1992年にケリー・コーネヤとアルバート・キャロンがホームアドバンテージに関する広範な調査を実施している。[4] 彼らは、アウェーチームにとって試合が異なる体験に感じられる原因として、いくつかの「立地要因」を特定した。熱狂的な観客がいると、アウェーチームに対してホームチームとは異なる影響をもたらす可能性がある。また、ホームチームは自分たちの環境に慣れている点や、アウェーチームが移動を強いられるという点も要因となる。さらに、選手、監督、コーチ、審判に心理的・行動的な影響を与える要因が存在することも指摘された。

この研究は、フットボールにおけるホームアドバンテージへの学術的関心を再燃させた。『タイムズ』紙のコラム「フィンク・タンク」に協力していた私は、このテーマに関する記事を何度も調査した。その関係で、私がホームアドバンテージについて調べるものは基本的に「話題性」のある事柄だった。

そのひとつが、ユーロ2008（2008年欧州選手権）の予選での出来事だ。この大会、イングランドは最終的に本戦出場を逃すこととなるのだが、予選残り2試合のところでロシアとの重要なアウェー戦を迎えた。この試合は人工芝のピッチが敷かれたモスクワのルジニキ・スタジアムで開催される予定だった。イングランドのFA（フットボール協会）は異議を唱えたものの、FIFAは開催を認めた。1980年代にクイーンズ・パーク・レンジャーズ（QPR）、ルートン・タウン、オールドハム・アスレチック、プレストン・ノースエンドが使用していた人工芝ピッチはひどいもので、そういう苦い記憶がイングランドには根強く残っていたのだ。

研究者のスティーブン・クラークとジョン・ノーマンは1995年の論文で、これら4つのクラブには非常に大きなホームアドバンテージがあったことを示している。[5] 当時イングランドのチームは、おおよそホームで1・5ゴール、アウェーで1・0ゴールを挙げていた。そしてホームが人工芝のチームは、同等の強さの相手とホームで対戦すると、得点1・7、失点0・9という期待値となり、通常のピッチでは約47パーセントだった勝率も56パーセントに上昇することが分かっていた。イングランドのFAは、こうした状況を懸念して代表チームのトレーニングをアルトリンチャムにあるブレスト・トーマス・ホルフォード・カトリック・カレッジでおこなうことにした。そこにはモスクワで使用されるのと同じブランドの人工芝が設置されていたからだ。

ロシアでは3つのチームが人工芝ピッチを使用していた。スパルタク・モスクワ、トルペド・モスクワ、そしてアムカル・ペルミだ。そのため、これら3つのクラブが1980年代のイングランドの「人工芝チーム」と同じような大きなアドバンテージを持っているかを検証するうってつけの機会だった。

しかし、そうしたアドバンテージは確認できなかった。人工芝ピッチを持つロシアのチームのホームアドバンテージは、リーグ内の他チームと比べて有意な差がなかったのだ。

その理由として可能性が高いのが人工芝の質だった。人工芝の技術は1980年代以降大きく進歩し、2007年当時の人工芝はかなり天然芝に近いものになっていた。また、ロシアでは人工芝で試合をするのは3チームだけだったが、CSKAモスクワやロコモティフ・モスクワなどを含め、人工芝でトレーニングするチームもあった。そのため1980年代にQPRらが得ていたようなアドバンテージが効果を失っていた可能性もある。

大きなホームアドバンテージはないという証拠が出ていたわけだが、それでもロシアのFAは、代表選手のうち定期的に人工芝でプレーしているのは2人だけだと強調していた。だが代表選手の多くがCSKAモスクワやロコモティフ・モスクワの所属であり、人工芝でトレーニングしていた事実については触れなかった。結局イングランドは1対2で敗れたが、「フィンク・タンク」の記事では原因が人工芝にはないことを明確に指摘した。

●—バイエルンのホームで行われたCL決勝を考察する

もうひとつ様々な議論を呼んで話題となった試合が、2012年のCL決勝、バイエルン・ミュンヘン対チェルシーだ。CL決勝の開催地は大会前から決まっている。このときはバイエルンのホームスタジアムで開催されることになっていたため、多くの新聞記事でホームアドバンテージにまつわる議論がなされた。例によって私はデータ分析が回答に役立つのではないかと思った。確かにバイエルンのホームスタジアムではあったが、バイエルンファンが大多数とはならずチェルシーファンも同じくらい集まるはずで、UEFAのVIPゲストもかなり多くやってくる。

調べてみると、欧州カップ戦の決勝がどちらかのホームでおこなわれた例はいくつかあった。直近の例は2005年のUEFAカップ決勝で、スポルティングCPがホームスタジアムでCSKAモスクワに1対3で敗れていた。ホームスタジアムでおこなわれた欧州カップ戦の決勝は全部で6試合あり、そのうち4試合で「ホーム」チームが勝利していた。

だが、何らかの結論を引き出すには十分なデータ量ではない。他にも使えるデータがどこかにあるはずだ。私は、スウェーデン、デンマーク、ノルウェー、フランスの国内カップ戦の決勝がクラブのスタジアムで開催されていることを発見した。そうしたスタジアムの「ホーム」クラブは決勝に複数回たどり着いていた。AIKはスウェーデンカップ決勝をロースンダ・スタディオンで8回戦い、FCコペンハーゲンはパルケン・スタディオンで7回、そしてウレヴォール・スタディオンではFKリンが8回、ヴォレレンガ・フォトバルが2回決勝を戦った。そしてPSGはパルク・デ・プランスで5回決勝に挑んでいる。

「ホーム」で迎える決勝を分析する材料として、これら30試合分のデータなら十分だ。北欧やフランスの過去シーズンを分析することで予測モデルを作り、本当にホームアドバンテージがあったのかを検証する。数十年前のノルウェーやスウェーデンのリーグ戦のデータを掘り出すのは大変だったが、30試合中19試合についてホームアドバンテージを検証できるだけのデータを見つけることができた。

フランスでは、PSGが決勝戦で大きなホームアドバンテージを持っているように見えた――5試合中勝ちが4回、90分以内での引き分け1回で、敗れたのは1985年に格上のモナコに対する1回のみだった。

しかし、それに比べると北欧クラブの決勝での成績はかなり悪いものだった。勝ったのは12回、90分以内の引き分けは5回、敗戦は9回。全体としては、決勝に通常のホームアドバンテージが活かされるというよりも、ないに近い結果だった。とは言うものの、こうした決勝の結果は、ホームアドバンテージがないと言い切るほどに悪いものではなかった。ホームアドバンテージのあるチームが、単に不運から勝てていないだけという可能性もあった。

ホームアドバンテージについては、移動距離も考慮する要因のひとつだった。クラークとノーマンは1995年の論文のなかで、アウェーチームの移動距離が長いほどホームアドバンテージが大きくなることも指摘していた。私たちは、中立地で開催される決勝のなかで、片方がもう片方よりずっと短い移動距離で試合に臨むケースとして有名な例があることに気づいた――FAカップの決勝だ。ロンドンのウェンブリー・スタジアムでおこなわれる。

1947年から2000年のあいだ、ロンドンのクラブはFAカップ決勝で11勝、8分け、5敗という結果となっていた。イングランドに関しては、リーグ戦とカップ戦の全記録が残っていたため、各カップ戦の決勝における勝利確率を予測することができた。ロンドンのクラブは、決勝で相手よりも平均して0・33ゴール多く得点しており、これはホームアドバンテージがない場合に予測される得失点差を大きく上回る数字だった。そしてホームアドバンテージがフルに活かされた場合、ロンドンのクラブは相手よりも0・53ゴール多く得点することが予測されていた。

この結果は統計的に有意と言えるものではなかったが、何らかのアドバンテージが作用しているような傾向が一貫して見られた。FAカップ決勝が新しくなったウェンブリー・スタジアムで開催されるようになった2007年以降、ロンドンのクラブが17大会中10度も決勝に進出している。[6] 2007年以降の決勝におけるロンドンクラブの得失点差は1試合平均＋0・8だった。

決定的なものとは言えないが、これらの証拠はバイエルンが2012年のチェルシーとの決勝で何らかのホームアドバンテージを得る可能性を示していた。バイエルンの方が強いチームと評価されており、中立地であっても勝利確率は約57パーセントとなっていた。完全なホームアドバンテージを得た場合、勝率は67パーセントへと上昇することになる。試合はチェルシーがPKで勝利したが、バイエルンは明らかにホームチームのような戦いぶりだった――この試合のデータを分析すると、バイエルンのゴール期待値は4・4、チェルシーは0・7だった。

なお、パフォーマンスよりも結果ばかりに目を向ける典型例として、チェルシーは優勝を果たしたロベルト・ディ・マッテオ暫定監督と2年契約を結んだ。しかし彼は、契約からわずか21試合で解任されることになる。

地の利を生かすとは、攻撃量が増えること

ホームアドバンテージに関する文献と、「フィンク・タンク」での分析からは、移動距離やスタジアムの慣れ具合といった要素がホームアドバンテージに影響を与える可能性が示されていた。しかし、その影響度合いはわずかなものだった。長距離移動がホームのアドバンテージをわずかに高めるかもしれなかったが、移動距離の少ない近場の相手に対しても依然として説明のつかない大きなホームアドバンテージが

存在していた。多くの文献は試合結果や得点に焦点を当てていたが、私は詳細なイベントデータへのアクセスを活かし、ゴール以外の側面も掘り下げていくことにした。

プレミアリーグ全体では、ホームで記録された得点はアウェーより約33パーセント多かった。実際の得点ではなくゴール期待値で見ても、アウェーに比べて30パーセント高かった。そして得点の多さが何に起因しているかを分析してみると、非常に面白いことが分かってくる。リーグ全体のシュート数はアウェーに比べてホームで24パーセント多く、枠内シュート数も同じく24パーセント多かった。一方、ホームチームのシュートの精度（相手キーパーがセーブを要した割合）は、アウェーチームとほぼ変わらなかった。しかし、シュート成功率（ゴールネットを揺らした割合）は、ホームチームが全体で11・3パーセント、アウェーチームが10・5パーセントだった。アウェーの数値を基準にした場合、ホームではシュート成功率が相対的に8パーセントほど高くなっている（10・5パーセントから8パーセント増）。

これらの結果から、ホームアドバンテージの最大の要因は、ホームチームの攻撃回数の多さにあると思われる。シュートが発生した場合、その精度がホームで高くなるわけではないが、ホームではシュート回数そのものが圧倒的に多くなっているのだ。

私は1パスあたりのシュート数を計算することで、チームの「攻撃志向性（attacking intent）」を計測してみることにした。守備に徹するチームは、攻撃を試みることなくパスを回し続けたり、前線へと送る前に数回パス交換して時間を稼いだりする傾向にある。1パスあたりのシュート数も、ホームチーム全体とアウェー全体では17パーセントの差があり、強力で統計的に有意なホームアドバンテージが見られた。この「攻撃志向性」というホームアドバンテージは、単純なパス数の測定（ホームのパス総数がアウェーより5パーセント多いだけ）よりも遥かに顕著だった。

ホームアドバンテージとは、一種の自己成就的予言なのではないか、というのが私の仮説だ。かつては、対戦相手のスタジアムまでの長距離移動、まったく異なるピッチ、そして情熱的でともすれば暴力的な観客がアウェーチームに大きな影響を与えていたかもしれない。「最初の10分は相手の勢いを封じろ」や「守りを固めろ、引き分けで充分だ」といった監督の指示は、その時代においては非常に合理的だっただろう。

しかし、今では昔より移動が楽になり、ピッチはより標準化され、観客も暴力的でなくなった。さらに、勝ち点3のシステムが導入されたことで引き分けの価値も低下した。それでも多くのチームが、ホームに比べてアウェーでは（必ずしも正当性があるとは言いえない）守備的戦術を採用し続けている。

しかし、この「自己成就的予言」だけではすべてを説明することはできなかった。ホームチームのシュート成功率が8パーセント近く高いという事実は、ホームで単に攻撃量が多いだけではなく、他の要因も寄与していることを示している。

そこで私は、ゴール期待値を用いてシュート成功率の期待値も計算してみた。そこから分かったのは、ホームチームの方がより価値の高い場所でシュートを打っているということだった。そのためシュート成功率も高くなっていたのだ。選手たちはホームでシュート技術が高くなっているわけではなく、単により有利な位置や状況からシュートを打つことができているのだった。

ホームアドバンテージの大部分がスキルではなく攻撃量から来ているという発見は、他のスポーツの結果とも同じだった。野球は他のメジャースポーツに比べてホームアドバンテージが小さいが、それは野球が最も個人のスキルに依存するスポーツだからだ。野球におけるすべてのプレーは、投手のスキルと打者のスキルの対決という構図である。『オタクの行動経済学者、スポーツの裏側を読み解く』(ダイヤモンド社)のなかで、トビアス・モスコウィッツとジョン・ワーサイムは、投手や打者がホームでもアウェーでもほぼ変わらないパフォーマンスであることを指摘している。[7] フットボールで私が発見したのも、それと同じだ。シュートスキルはホームとアウェーでほぼ変わらないが、アウェーではシュート数が少なく不利な状況から打つことが多かった。

審判の観客化と観客の審判化

そのほかにホームアドバンテージ関連で目立っていたのが、審判に影響を受けるイベントだった。全体としてホームチームに与えられるPKの数はアウェーチームより70パーセント多かった。そしてゴールに直接つながるような位置からのフリーキックは、ホームチームが10パーセント多く与えられていた。一方、相手ゴールから遠い位置でのフリーキックでは、ホームアドバンテージはほとんど見られなかった。ホームチームが価値の高い場所からシュートを打つことが多かった理由の一部は、与えられるペナルティや直接フリーキックの多さに起因するものだった。

審判の行動は計測するのが非常に難しい。しかしアラン・ネヴィル、ナイジェル・バルマー、マーク・ウィリアムズが2002年に発表した素晴らしい論文は、この問題に光を当てるものとなっている。[8] 彼らはノース・スタッフォードシャー審判クラブに所属する40人の資格を持つ審判を対象に、プレミアリーグ1998／99シーズンのリバプール対レスター・シティの映像を見せた。そのうち22人には会場の音入りで試合を見せ、残りには音を消した状態で見せた。この試合には47の「議論の余地のある場面」があり、それが起こるたびに映像を一時停止し、リバプールやレスターのファウルか、それともファウルでないかを尋ねた。また、「ファウルかどうか確信がない」と回答することも可能とした。

結果は非常に興味深いものだった。音なしで試合を見た審判は、ホームチームのファウルだと判断する傾向が有意に高かった（2・3件多く、15パーセント増）。また、「ファウルはない」と判断することが多く、「ファウルかどうか確信が持てない」と答える頻度は有意に低かった。

実際の試合で記録されたホームとアウェーチームへのファウル数が、音声付きで試合を見た審判の判断結果とほぼ一致していたことは、研究者にとって非常に満足のゆく成果であったに違いない。試合の映像を見ながら観客の音を流すというシンプルな行為が、審判の判断に影響を与えたのだ。実際の試合における観客の影響はもっと大きいことだろう。

プレミアリーグの元審判ジェフ・ウィンターは、『オブザーバー』紙による2008年のインタビューで「自分のことについてしか言えないが、観客に影響を受けたと感じたことなど一度もない」と語っている。[9]審判は誠実に行動し、観客に影響されないよう心がけているだろう。しかしネヴィルの研究は、現実に観客の影響を受けていることを示唆しており、PKやカードにおける強く有意なホームアドバンテージからも、観客が審判を介して試合に影響を及ぼしている可能性が示されている。もちろん、相関関係があるからといって、それが原因だとは断定できない。しかし漫画家のランドール・マンローが言うように、「それでも、因果関係は意味深に眉を上げて、そっと『そこだよ』と合図を送ってくれている」。

私の友人であるナチョ・パラシオス＝ウエルタは、2005年にアディショナルタイムを研究すると、[10]

さらに驚くような審判の行動を発見した。接戦でホームチームがリードしているときの方が、リードされている場合よりもアディショナルタイムが短くなっていたのだ。ホームチームが1点リードされている場合、アディショナルタイムは35パーセント長くなる。一方で1点リードしている場合、29パーセント短くなる。2点差以上で試合がほぼ決まっている場合には有意な差は見られなかった。この傾向は、交代やカードの数、チームの実力や予算などを加味して調整した後も一貫していた。

●―コロナ禍の無観客試合から分かったこと

ホームアドバンテージの真の原因を適切に探り出すことは不可能に思われたが、2020年に新型コロナウイルスの流行によって世界が一変した。このパンデミックの些細で予想外の副作用のひとつが、無観客での試合だった。エリートレベルのフットボールは、まずドイツのブンデスリーガで再開され、程なくプレミアリーグも再開された。ブンデスリーガの試合は大きな関心を集めた。その時期に世界でおこなわれていたほぼ唯一の試合だったからだ。その他のライブエンターテインメントは、ウイルスの感染拡大を抑えるための措置としてほぼすべてが停止されていた。

再開後すぐに、パンデミック前よりもホームの勝利が少なくなっていることに多くの人が気づいた。私は6月中旬、閉ざされた扉の向こうでおこなわれた47試合のデータを調べた。その直後にプレミアリーグも再開することになっていたため、無観客試合に関して注目すべき違いがあるかどうかを確認したかったのだ。

ブンデスリーガを調べた結果は奇妙なものだった。ブックメーカーたちも驚かされていた――彼らは、観客がいない場合でもホームアドバンテージに変わりがないことを前提としたオッズをつけていた。2部リーグではホームチームの勝率に変わりはなかったが、3部リーグではブンデスリーガと同様にホームでの勝利が減少していた。ブンデスリーガと3部リーグの勝率減少は、枠内シュート数が要因だったと考えられる。ホームチームもアウェーチームも枠内シュート数が減少していたが、ホームチームの減少率の方が遥かに大きかったのだ。

これらの結果は普段のドイツサッカーのパターンと違っていたため、予測モデルを改訂して、無観客試合におけるホームアドバンテージを検証しようと考えた。それぞれのリーグや大会において、従来の観客ありの試合を前提としたホームアドバンテージだけをモデル化するのではなく、無観客試合用と観客ありの試合用の2つのホームアドバンテージを設定することにした。また、ブンデスリーガのデータからは無観客試合ではアウェーチームが異なる得点率を持つ可能性があったため、「アウェーアドバンテージ」も加味することにした。

ヨーロッパ全体で、無観客試合ではホームチームの得点率が10パーセント低下した。加えて、通常の試合と比較して「アウェーアドバンテージ」が見られた。アウェーチームは無観客試合で得点率が約10パーセント上昇していたのだ。

これらの傾向は特にプレミアリーグで顕著で、ホームアドバンテージはほぼ完全に消えていた。ホームチームの勝率は47パーセントから38パーセントに低下し、アウェーチームの勝率は29パーセントから37パーセントに上がっていた。

すべてのリーグでホームアドバンテージが減少したわけではない。デンマークでは、有観客よりも無観客試合の方がホームチームの勝率が高かった。しかし大多数のリーグでは、ホームのゴールが減少し、アウェーチームのゴールが増加した。[11] このパターンは南米や北米でも確認することができた。ブラジル、アルゼンチン、コロンビア、エクアドル、メキシコ、そしてアメリカでもホームアドバンテージの大幅な低下が見られたのだ。

ホームアドバンテージを「量」と「質」（つまりシュートの回数とゴール成功率）に分けて分析すると、通常ヨーロッパではホームチームはアウェーチームより約22パーセント多くシュートを放ち、シュート成功率も6パーセントほど高かった。しかし無観客試合では、ホームチームのシュート数がアウェーチームより13パーセント多いだけにとどまり、シュート成功率のアドバンテージも消えていた。これは、アウェーチームのシュート成功率がホームチームと同等に上昇したからだ。

悪魔は細部に宿る——守備戦術の落とし穴

無観客試合におけるホームアドバンテージの分析は、また別の新しい要素、つまりビデオ・アシスタント・レフェリー（VAR）の導入によってさらに複雑なものになっていた。VARは2017／18シーズンにドイツで導入された。そしてホームアドバンテージは、ロックダウン前の2019／20シーズンには徐々に低下しており、7パーセント足らずに低下していたのだ。

一方、2019／20シーズンにはプレミアリーグに初めてVARが導入されたが、ホームアドバンテージの減少は見られなかった。そして世界中で活動が再開すると、両リーグともにホームアドバンテージはVAR導入前のレベルに戻った。観客の有無やVARの導入による変化を比較することで、試合のさまざまな局面におけるホームアドバンテージの変化をより詳しく分析することができた。

ブンデスリーガでは、PKにおける大きなホームアドバンテージがロックダウン前からすでに低下していた。2019／20シーズン、パンデミックが始まる前からアウェーチームの方がホームチームよりも多くのPKを得ていた。ホームチームの方がPKが少ない状況は観客が制限されていたあいだも続き、スタジアムに観客が戻ったあとで増加した。

プレミアリーグも似たような道をたどった。VARが導入された2019／20シーズンは極めて異例で、アウェーチームに与えられるPKの数がホームチームを上回った。ロックダウン中にはPKにおけるホームアドバンテージはほぼ見られず、観客が戻ってきたあとでホームのPKはいくらか増加した。

どちらのリーグにおいても、PKに関しては奇妙な現象が起きている。VAR導入初期の2019／20シーズンに比べ、現在の方がPKのホームアドバンテージが強くなっているのだ。イエローカードにも同様のパターンが見られる。無観客時はホームチームとアウェーチーム間にイエローカード数の差がほとんどなく、観客が戻ってきてからは、イエローカードにおけるホームアドバンテージもコロナ前のレベルに戻った。

パンデミックが影響を与えたのは審判だけではない。チームにもわずかながら影響が見えていた。最も顕著な影響が見られたのは、1パスあたりのシュート数を計算した「攻撃志向性」という指標だ。ドイツでは、従来ホームチームはアウェーチームよりも「攻撃志向性」の数値が15パーセント高かった。しかし無観客や観客数が制限された状況では5パーセントにまで低下していた。そして、観客が戻ってきたあとは17パーセントへと一気に持ち直した。プレミアリーグでも全く同じことが起きていた。従来ホームチームは攻撃志向性が17パーセントほど高くなっていたが、無観客期間には5パーセントに落ち込み、観客が戻ってくるとすぐに17パーセントに盛り返した。

こうした結果は、やはり無観客スタジアムでは審判が異なる行動を取っていたらしいことを示唆しているが、同じことはチームにも言えた。審判も選手も試合の環境に影響を受けるのは当然のことだ。

審判は意図的ではないにせよ、ホームチームへのバイアスがかかっている。そして審判による介入がなかったとしても、それぞれのチーム自体が、アウェーでの守備的な戦術などによってホームアドバンテージを生む要因を作っている。

ブレントフォードのマシュー・ベンハムは、チームが90分の時点で1対0でリードしていても攻め続けるよう求めている。しかしそれ以上に重要なのは、アウェーゲームで攻撃を仕掛けることだ。ホームチームのアドバンテージを削ぐことは、リオネル・メッシ半分の価値に相当する。これまでに見てきたように、審判を別にすれば、ホームアドバンテージは主に、ホームチームのシュートスキルではなく、ホームチームの攻撃回数がアウェーチームより多いことに起因している。

また私たちは、アウェーチームがホームチームよりも攻撃志向性が低いことも見てきた。「守りを固めろ」という伝統的なアウェー戦術を捨てるチームは、いくつかの勝ち点を積み増せる可能性がある。そして、そのわずかな勝ち点の差が、優勝と2位の差になるかもしれない。

第15章 データは使い方を間違えると仇になる

問1：スアレスを売るべきだったのか？

2015年10月にブレンダン・ロジャーズが解任されたあと、リバプールの移籍委員会はフットボール界からの厳しい攻撃に晒された。そして私が率いるリサーチ部門も当然ながら批判を受けた。私はメディアからの批判は特に気にしていなかったし、元監督や元選手たちからの批判もあまり気にしていなかった。私たちは新しいことに挑戦していたのだから、もともと両手を広げて歓迎されるとは思っていなかったし、ひどい結果に見える場合はなおさらだ。

だがデータ分析の専門家コミュニティからの攻撃は痛かった。当時のリバプールの（きわめて正当な）広報方針により、何がどううまくいかなかったのかを私たちの口から説明することはできなかった。その一方で、無関係な外部のデータ分析会社などが、私たちの分析がいかにひどいものであったかを好き勝手に書き立てていたのだった。

ロジャーズの退任直後、あるデータコンサルティング会社が出した記事では、リバプールの分析チームは単に力不足だったのであり、タックル数を数えるといった程度の分析だったのではないかと書かれていた。批判されるのは構わないし、自分が外からリバプールを見ていたら同じようなブログを投稿していたかもしれない。しかし私は過去にこの会社と関わりがあったため、どうしてもこの批判を受け入れることができなかった。

２０１３年7月、この会社はルイス・スアレスがリバプールにとってどれほどの価値があるかを分析したレポートを送ってきた。数日前に、アーセナルからスアレスに対する約４０００万ポンドのオファーが届いたばかりだった。私たちがおこなったクラブ内部の分析では、スアレスはリバプールで最も優れた選手であり、代わりを見つけるには４０００万ポンド以上の費用が必要だと判断していた。この評価は特に異論を呼ぶものではなく、世間の評価や移籍委員会の他のメンバーの意見とも一致したものだった。しかし、このコンサルティング会社の分析は異なる見解を示していた。

彼らは「スアレスが出場しない方がリバプールの得失点差が良くなる」ため、クラブはスアレスの売却を真剣に検討すべきだと指摘していたのである。私は自分が目にしているものを信じられなかった。なぜなら、２０１３年になってもプロの分析会社が「プラス・マイナス分析」を基に選手の売却を勧めてくるとは思わなかったからだ。数年前にイギリスのフットボールメディアが「ガレス・ベイルは良い選手ではない」と主張するのに使ったのと同じで、根拠の怪しい分析だった。

２０１３年と言えば、詳細なパフォーマンスデータが利用可能になって久しかったが、この会社はそうしたデータを無視し、スアレスが出場した試合でのリバプールの得失点差が1試合平均「＋０・５」であり、出場しなかった試合では「＋１」だったという分析を根拠としていた。

スアレスが怪我や出場停止で欠場したリーグ戦は10試合しかなく、「＋１」という輝かしい得失点差の大部分は、2012年4月、スアレスがイヴァノヴィッチへの噛み付き行為による出場停止処分を受けた直後におこなわれたニューカッスル戦での6対0の大勝によるものだ。この会社の分析は精査するまでもない。

公平を期すならば、彼らもこの結果が統計的に有意ではないとは指摘していた。しかし、分析結果が統計的に有意でないのなら、結論は「結果が有意ではない」とされるべきであり、「スアレスを売却すべきだ」とはならないはずだ。スアレスは2014年に6500万ポンドでバルセロナに移籍した。もし彼らの誤った統計的アドバイスに従っていたら、2500万ポンドもの損をするところだった。

2010年代にフットボールにおけるデータ分析への関心が爆発的に高まっていくなかで、そうした波に飛び乗ろうと躍起になった新たなタイプのデータ分析官たちによる誤った分析に数多く遭遇してきた。そして、誤った分析の大半は「スアレスを売却せよ」という分析よりも見極めが難しく、より微妙な部分での間違いが含まれているのだった。

データ分析の訓練を受けていない場合、誤った分析のどこに問題があるのか見抜くのは難しい。フットボールの分析にデータを使うのはダイナマイトを使うのに似ている。とても役に立つ可能性を秘めているが、適切に扱わないと目の前で爆発してしまう。

問2：コーナーキックに価値はないのか？

2013年に出版されたクリス・アンダーセンとデイビッド・サリーによる『サッカー データ革命 ロングボールは時代遅れか』（辰巳出版／2014年）は、関心が高まっていたデータ分析というテーマを扱った初めての本だった。私は読むのを楽しみにしていた。挑発的な主張に満ちており、それらは新たに芽生えたオンラインのデータ分析コミュニティに豊富な話題を提供するものだった。

しかし読んでいくうち、分析で提示されている新説よりも従来の常識の方に賛同することが多い自分に気がついた。これには狼狽《うろた》えた。ほかのデータアナリストたちと異なる結論に至るということは、どちらか一方が間違っているということだ。さらに悪いことに、伝統的なフットボール界から見ると、データ分析というもの自体の説得力が低下するかもしれない。アナリスト同士でさえ意見が一致しないものを、オーナーや監督に信じろというのか？

彼らの本で最も強烈な主張のひとつが、「コーナーキックが多いからといって、チームの得点数が増えることはない」というものだった。私の「ポゼッションバリュー」においては、セットプレーには価値があり、平均的なチームにとってコーナーキックは、流れのなかでボールを持っている状態よりも高い価値を持つ場合が多いことが示されていた。しかし、彼らの本では断固として主張されている。「コーナーキックが多いチームに、得点が多いとは限らない。コーナーキックと得点の相関関係は、ほとんどゼロに近い。コーナーキックの数が1回であれ、17回であれ、それはゴール数には大きな影響を与えないのだ」(児島修訳)。

リバプールの同僚たちはこの本を読み、私の言っていることとアンダーセンらの主張が大きく異なっていることを訝《いぶか》しんでいた。セットプレーに関する私の分析を再検証し、誤りがあれば謝罪しなければならない。

この本の「コーナーと得点は相関しない」という結論は、「得たコーナー数ごとの平均得点数」を分析することに基づいていた。たとえば、2001/02シーズンから2011/12シーズンのプレミアリーグでは、1試合でコーナーを1本も得なかったチームの平均得点数は1・24点だった。一方、コーナーを1本だけ得たチームの平均得点数は1・03点だった。それからは、コーナー数が増えるにつれて得点数はわずかに上昇したものの、大きな増加ではなかった。コーナーを8本得たチームの平均得点数は1・41点であり、それ以上のコーナー数を得ても得点数の増加は見られなかった。これらの結果は確かにコーナーに良い印象を抱くものではなく、コーナー数と平均的な得点数の相関関係がゼロに近いことを示しているように見える。

しかし、平均データを分析することには大きな問題がある。チームが1試合でコーナーを1本だけ得る場合の方が、0本の場合よりも遥かに多い。また、チームが1試合で1本から8本のコーナーを得る割合は全体の78パーセントで、その1~8本の範囲においては、平均得点数はコーナー数に合わせて確実に増加していた。

コーナーが発生した頻度に基づいた重み付けをおこない、データ量が多い部分にもっと注意を払うべきだ。つまり今回の場合、78パーセントの範囲により重みを置き、各本数の発生頻度で数値を調整してみると、結果は劇的に変わった。相関はゼロではなく、コーナーが1本増えるごとに得点が0・024増加することが統計的に疑いようのない形で明らかになった。この0・024点増えるという数値は、私のポゼッションバリュー・モデルが示していた「コーナーのゴール確率2パーセント」と大まかに一致するものだった。

とはいえ、0・024点という数字はあまり大きくは聞こえないかもしれない。しかし、重要なのは常に「何と比較するか」だ。たとえば多くのチームにとって、2・4パーセントのゴール確率と言えば、整った状態の相手守備に対し中盤でボールを保持している際の得点期待値よりも高い。私はコーナーに価値はあると同僚たちを説得することができた。そして数年後、同じくデータ分析の先駆者であるブレントフォードも同意見であったことが世界に知られるようになる。

問3：クリーンシートはゴールより重要？

『サッカー データ革命』の結論のひとつに、「0＞1」というものがあった。つまり、「クリーンシート（無失点）は、1点を取ることよりも大きな価値がある」という意味だ。この結論は私にとって大きな驚きだった。なぜなら、これまでの私の研究では、勝利において守備と攻撃はほぼ同じくらい重要であると示されていたからだ。

確かに私も、ディフェンダーやキーパーは攻撃の選手に比べて過小評価されていることに疑いはなかった。しかし、彼らが攻撃の選手たちよりも根本的に重要だとは考えていなかった。『オタクの行動経済学者、スポーツの裏側を読み解く』の著者たちも様々なスポーツを分析した結果、どのスポーツにおいても攻撃と守備の影響力はほぼ同じであることを発見している。さらに「0＞1」という結論は、「攻撃、攻撃、攻撃」を信条としているマシュー・ベンハムや他のデータ分析先駆者たちにとっても驚きだったに違いない。

データ分析の可能性とは、従来の常識が見落としていた知見に光を当て、それを活用することにある。そして、守備には攻撃よりも価値があるという知見は、データ分析の黎明期における「アハ体験」になり

う る筆頭候補だった。チェルシーの幹部も２００９年の段階で、『フィナンシャル・タイムズ』紙に「この10年のプレミアリーグを振り返れば、クリーンシートと最終順位のあいだには、得点数と最終順位よりも強い相関関係がある」と語っていたりする。[1]『サッカー データ革命』は、このクリーンシートに関するテーマをさらに掘り下げている。分析は次のようなものだ。プレミアリーグのシーズン全体において、得点数と獲得ポイントには強い相関関係がある。そして、得点が1つ増えることの影響は、勝ち点を1ポイント多く獲得することに相当する。一方、チェルシーの幹部の主張とは異なり、クリーンシートと勝ち点の相関関係は得点数と勝ち点の相関関係ほど強くない。

しかし、1つクリーンシートが増えることの影響は、1つゴールが増えるときの影響を上回る。追加の1点は勝ち点1ポイントの追加に相当するが、クリーンシートが1つ増えることは勝ち点2・5ポイントの価値になる。そのため守備は攻撃より重要である――分析完了。この分析は、筋が通ってはいる。無失点試合なら、最悪でも0対0で引き分けることができる。それ以外のスコアなら3ポイントが保証されるからだ。

残念ながらこの分析は誤っていた。最初の問題は、1点がどれだけの勝ち点に結びつくかの測定方法にあった。得点数と獲得ポイントをプレミアリーグの数シーズンほど分析すると、より多く得点するチームがより多くのポイントを獲得する傾向があることが分かる（これは当然だ）。そして平均すると、得点が1多いチームは、勝ち点も1ポイント多い。それは守備についても同じことが言える――1失点増えるごとに平均1ポイント失っている。

しかし得失点差とポイントの関係を見ると奇妙なことが起きる。得失点差とポイントの相関関係はきわめて強く、得点数とポイントの相関を大きく上回っている。それにもかかわらず、得失点差を1増やすことが勝点にもたらす影響はわずか0・7ポイントに過ぎないのだ。1ゴールの価値が1ポイント、1失点の影響も1ポイントであるのに、どうしてこんなことが起きるのだろう？　答えは、得点力が高いチームは通常、失点も少ない傾向にあるからだ。そして、それゆえに、ひとつひとつのゴールは相手や状況によって価値が異なる。

私たちは、得失点差が1増えることが約0・7ポイントの価値に相当するという結果を、ディクソン＝コールズの予測モデルを使って確かめてみることができる。プレミアリーグの平均的なチーム同士の試合では、ホームチームは1・6ポイントを獲得すると予測され、アウェーチームは1・1ポイントと予測される。

では、どちらかのチームがキックオフ直後に得点した場合、ポイントはどうなるだろう。ディクソン＝コールズ・モデルによれば、ホームチームが試合開始直後に1ゴールをリードする場合、2・3ポイントを獲得すると予測される。そしてアウェーチームがキックオフ直後に得点した場合は、1・8ポイントを獲得すると予測される。それぞれのチームの予測ポイントの増加は0・7ポイントであり、これはシーズンを通した得失点差とポイントの関係に一致している。

しかし、すべてのゴールが試合開始直後に生まれるわけではない。なかには全く意味のないゴールもある。たとえば2021年にマンチェスター・ユナイテッドがサウサンプトンを9対0で破った試合でダニエル・ジェームズがロスタイムに決めたゴールや、2010年にチェルシーがウィガン・アスレティックを8対0で破った試合でアシュリー・コールが決めたゴールなどがそうだろう。すでに勝利が確定している状況のため、これらの得点によって追加される価値は実質的にゼロだった。

一方で、非常に重要なゴールも存在する。たとえば、2022年にエヴァートンのアレックス・イウォビがニューカッスル・ユナイテッド戦で終了間際に決めた決勝点だ。この試合唯一のゴールであり、実質的に2ポイントの価値を持っていた。また、PKは試合終了後に蹴ることもできる。ブライトンは2020年にそれを身をもって学んだ。審判が試合終了の笛を吹いた後、VARチェックによりマンチェスター・ユナイテッドにPKが与えられたのだ。これをブルーノ・フェルナンデスが決め、試合は3対2でユナイテッドの勝利となった。このゴールはきっかり2ポイントの価値を持っていた。[2]

試合開始直後の得点であれば0・7ポイントの価値を持つかもしれないが、実際の得点時間帯やスコアを確認するべきだ。無意味なゴールが多すぎる場合や、非常に重要なゴールが数多く存在する場合があるからだ。

私は2008／09シーズンから2022／23シーズンまでのプレミア全ゴールを調べ、各ゴールが得点される前と後の予測勝点を計算した。[3] そのときのスコアと残り時間に基づいて算出されるものだ。その結果、ホームチームのゴールは平均して0・67ポイント、アウェーチームのゴールは0・72ポイントの価値があることが分かった。プレミアリーグにおける1ゴールの平均的な影響は、試合開始直後に得点されたゴールの影響とほぼ同じだというわけだ。重要なゴールの大きな影響は、3対0や4対0の試合における無意味な終盤のゴールによって相殺されていた。

『サッカーデータ革命』の分析におけるもうひとつの問題は、守備を測定する指標として「クリーンシート」は不十分であるという点だ。無失点で終わる方が失点して終わるよりもチームにとって良いのは明らかだ。しかし「クリーンシートか否か」で守備を測る方法では、多くの情報が見落とされてしまう。結局のところ、クリーンシートを達成できなかった試合で、チームがどれくらい失点しているのかも調べることが重要になる。

クリーンシートが失点数以上の情報を伝えているかどうかを調べるために、私は単純な統計分析をおこなった。[4] その結果、プレミアリーグのシーズンにおいて、チームごとの勝ち点の違いの92パーセントは得点数と失点数によって説明可能であることが分かった。一方、得点数とクリーンシートでは、チームごとの獲得ポイントの違いの90パーセントを説明できるという結果となった。どちらのモデルも獲得ポイントを予測するのに非常に優れていたが、失点数のモデルの方がクリーンシートのモデルよりわずかに優れていた。

最後に、「クリーンシートは、1点を取ることよりも大きな価値がある」という主張について再び検証してみよう。得点数とクリーンシートを使ってポイントを予測したところ、1ゴールの価値は0・72ポイント、1クリーンシートの価値は1・67ポイントであることが分かった。一見すると、1クリーンシートの方が価値があるように見える。

しかし、私たちはここで本質的に異なる物同士を比較しようとしてしまっている。通常、1試合で記録されるゴールの数はクリーンシートの数より多い。正しく問うべき質問は、「特定のプレー要素でチームが平均から優秀なレベルに改善された場合、どのような影響があるか？」だろう。そして、平均から優秀に改善された場合の変化は、得点とクリーンシートで大きく異なる。プレミアリーグの平均的なチームはシーズンで51ゴールを決め、クリーンシートは11回記録する。80パーセンタイル、つまりリーグで4番目に良いチームは、64ゴールを決め、クリーンシートは14回となっている。

平均的なチームとCL圏内のチームのあいだで、クリーンシート数の増加は小さい。なぜなら、クリーンシートは希少であり、改善が難しい部分だからだ。1ゴールの価値は1クリーンシートの価値より小さいかもしれないが、ゴールはクリーンシートほど希少でもなければ、実現するのが難しいわけでもない。得点数において平均から優秀な部類に改善されるということは13ゴールの追加を意味する。それは13×0・72＝9・4ポイントの追加となる。一方で、クリーンシートにおいて平均から優秀に改善されるということは、3クリーンシートの増加を意味し、3×1・67＝5ポイントの追加となる。

このように、クリーンシートの重要性が極めて高いという考えは統計的な錯覚に過ぎなかった。もしクリーンシートをチームの成功の最も重要な指標と見なすなら、2016／17シーズンのミドルスブラは成功していたことになる――無失点の試合を11度記録しており、リーグの中位に相当する。しかし結局は勝ち点28ポイントしか獲得できずに降格した。ミドルスブラは得点数が少なかったため、クリーンシートを勝ち点へと結びつけられなかったのだ。対照的に、1999／2000シーズンのマンチェスター・ユナイテッドはクリーンシートは12度しか記録していないが、勝ち点は91ポイント獲得してリーグを制した。

問4：ダレン・ベントがウェイン・ルーニーより優秀？

より多く勝利したいのであれば、重要で価値あるゴールを決める選手を探すべきだ。こうした理由から、『サッカー　データ革命』ではダレン・ベントがプレミアリーグで傑出した選手だと主張されていた。試合結果への影響を踏まえて何点目に決まったゴールかを重視するというアイデアだ――結局のところ、チームが決めた最初や2点目のゴールは、通常3点目や4点目のゴールよりも遥かに価値が高いからだ。

これを数値化するには、チームが0点、1点、2点と得点した場合に平均で獲得する勝ち点を調べればよい。試合で1点を取ったチームは、無得点のチームより平均0・85ポイント多く獲得する。試合で3点を取ったチームは、2点を取ったチームより平均0・55ポイント多く獲得する。したがって、通常3点目のゴールの価値は1点目より低い。『サッカー　データ革命』では、こうして各得点に重み付けした上でストライカーたちの貢献度を比較していた。

当時の私も、ベントのことはプレミアリーグで屈指のフォワードと評価していたが、リーグ全体で最高のストライカーだとは考えていなかった。1点目や2点目のゴールを他より高く評価するという方法を用いると、ベントのゴールはサンダーランドにとって非常に重要であることが示されていた。ベントより多くの得点を決めている選手は他に何人かいたが、ゴールによる勝ち点への貢献を合計すると、ベントは2009／10シーズンと2010／11シーズンの両方でリーグ2位につけ、2シーズンを総合するとトップに位置することが分かった。

ここ一番の重要な瞬間に結果を出す選手（いわゆる「クラッチ」プレーヤー）を見つけるというアイデアは非

常に魅力的だ。どんなチームも、重要な場面でゴールを決めてくれる選手は欲しいだろう。そこで私は、ストライカーが何点目に決めたのか、そして得点順ごとの影響の違いをさらに調査することにした。

最初に私が気づいたのは、「ゴールの影響力で重み付けした分析結果」と「実際のゴール数」が非常に似通っていたことだ。影響力の大きさとゴールの多さの相関は98パーセントを超えていた。これは驚くべきことではない——多くのゴールを決めない限り、チームの勝利に大きく影響を与えることはできないからだ。

その逆もまた然りである。「クラッチ」プレーヤーを見つけるなら、その選手が決めたゴール数に基づいて期待されるポイントを上回るポイントをもたらしているかを計算するべきだろう。この基準で見た場合、ダレン・ベントはリーグ最高の選手だった。彼のゴールは平均的なストライカーのゴールより15パーセント価値が高かった。

しかし、この方法で算出したランキングには奇妙なパターンがあった。リストのトップがスモールクラブの選手たちで占められていたのだ——サンダーランドのダレン・ベント、フラムのクリント・デンプシー、ブラックプールのDJ・キャンベル、ウィガンのウーゴ・ロダジェガなどだ。一方で、ランキングの下位にはアンドレイ・アルシャヴィン、ニコラ・アネルカ、フローラン・マルダといったCL圏内のチームでプレーしている選手が名を連ねていた。

もし本当にスモールクラブのストライカーがCLレベルの選手より優れているなら素晴らしいことだろう——サンダーランドやブラックプールから才能を集めてリーグ優勝する、というまさに『マネー・ボール』のようなことが可能になる。

しかし、私はこの結果を信じられなかった。なぜなら、この重み付けの方法がチームごとの「機会の違い」を考慮していなかったからだ。弱いチームでプレーしている場合、ストライカーのゴールは、どれも最初や2点目のゴールになる可能性が高く、それゆえ価値も非常に高いものになる傾向にある。別の言い方をすれば、チームの質がストライカーのゴールの重要度合いを決めることになるのだ。

２００９／１０シーズンのダレン・ベントとウェイン・ルーニーを例に取ろう。どちらの選手も重要なゴールを平均以上に決めていたが、ベントの得点の重要性は平均より14パーセント高く、ルーニーは平均より8パーセント高いだけだった。このシーズン、サンダーランドのゴール数は48で、そのうち79パーセントが最初または2番目のゴールだった。一方マンチェスター・ユナイテッドのゴール数は86で、そのうち最初または2番目のゴールは65パーセントに過ぎなかった。ベントには、ルーニーよりも最初や2点目を決める機会が遥かに多かったことが分かる。その圧倒的な攻撃力により、マンチェスター・ユナイテッドにおける1点の影響はサンダーランドよりも低くなる。そのためゴールの重要度という点ではルーニーの不利に働いていたのだった。

こうした機会の違いを考慮した結果、ベントとルーニーの貢献度はどちらも平均以上であることに変わりはなかったが、ルーニーの方がより影響力のある選手であることが明らかになった。そしてリーグ全体のランキングも変化した。たとえば、以前は下位にランクされていたアネルカも、チェルシーがシーズン１０３ゴールも記録していたにもかかわらず、実際には予測以上に影響力のある選手であることが分かった。

最も影響力のあるストライカーが誰かという問いの答えは、測定方法によって大きく変わる。さらに悪いことに、ゴールの重要度でストライカーをランキングした場合、好成績を翌シーズンにも継続して再現できないことが多かった。これは驚くべきことではない――ストライカーがどのような試合状況でゴールを決めるかは本人のコントロールを超えたものだからだ。

0対0の場面でより多くのゴールを決め、チームが3対0でリードしている場面ではゴールを減らすといった調整は簡単ではない。ゴール数、ゴール期待値、1試合あたりのポゼッションバリューなどはシーズンをまたいでも再現性が高く、「得点の重要性」よりもはるかに安定した指標である。

「パレートフロント」と最適解

作家のマリリン・ヴォス・サヴァントによれば、統計データの問題のひとつは、どんな主張の支持にも反論にも使えてしまうことだという。これは特にフットボールの統計データに当てはまる。

データが限られていた古き良き時代、アナリストの仕事は乏しいデータから何とか意味のあるシグナルを見つけてパフォーマンスについて可能な限り有益な分析をすることだった。現在は試合ごとに膨大なデータが入ってくるため、アナリストの仕事はそれを解釈することに変わった。「ビッグデータ」の時代には、「膨大な」データがあれば、あらゆる疑問に対する答えが魔法のように導き出されるという考えが広まっている。しかし私の考えは違っていて、ネイト・シルバーの分析アプローチを好んでいる。

「統計的推論は、理論や根本原因についての深い考察に裏づけられているときに、より効果を発揮する」

好きなデータプロバイダーのプラットフォームにログインして好きな選手を検索してみると、基本的なものから高度なものまで、実に膨大なデータが出てきて圧倒されるだろう。ゴール、アシスト、ゴール期待値、ヘディングシュート、ペナルティエリア内でのタッチ数、キーパス、プログレッシブキャリー（ボールを一定距離以上運ぶこと）、ブロック、プレス数、クリア、インターセプトなどが並ぶ。

欲しいと願っていたようなデータはすべて揃っている。ほとんどのクラブは、できるだけ多くの指標で高スコアを記録する選手を見つけたいと考えるだろう。しかし、その考え方では、「パレートフロント」と呼ばれる数学的な概念が原因で、必然的に問題に直面することになる。

たとえば、あるチームが中盤の選手を探していて、アシスト期待値とプレッシャーリゲイン（ボールを失った直後にプレッシャーをかけ、5秒以内に奪って自チームのポゼッションに戻すこと）の数値が高い選手を望んでいるとしよう。パレートフロント上にいる選手とは、特定のアシスト期待値を持つ選手のなかでプレッシャーリゲインが最も高い選手を意味する。

2020／21シーズンのヨーロッパ5大リーグでは、ケヴィン・デ・ブライネがアシスト期待値のトップだったが、プレッシャーリゲインの点では目立たなかった。対極にあるのがエヴァートンのハードタックラーだったアランで、プレッシャーリゲインでは誰にも負けなかったが、アシスト期待値の評価は低かった。そしてその中間に位置するのが、チアゴ・アルカンタラやジョバンニ・ロ・チェルソのような選手たちだった。彼らはデ・ブライネほどのアシスト期待値ではなく、アランほどのプレッシャーリゲインもなかった。しかし、ロ・チェルソより多くリゲインを望むなら、アシスト期待値を妥協しなければならないし、チアゴより多くアシストを望むなら、プレッシャーリゲインを妥協する必要がある。

合計492人の中盤選手のうちパレートフロント上にいたのは13人だ。彼らは数値を座標に落とし込んだとき中盤選手たちが形成する雲状の座標集合の端に位置する異常値だ。それぞれの選手が、各自のアシスト期待値で見たときプレッシャーリゲインが最も高い選手となっている。

パレートフロント上の選手を見つけると、どんな評価項目を選んでいたとしてもその項目間に負の相関が存在することに気づく。ある項目で優れている選手は、別の項目で劣るように見えるのだ。中盤選手においては、アシスト期待値とプレッシャーリゲインに強い相関はない。しかし、どちらかの評価項目で平均以上の選手に絞ると、魔法をかけられたかのように負の相関に変わる。それは、全体の25パーセントを占める「両方の項目で悪い選手」が取り除かれるからだ。残されるのは、両方の指標で良い選手25パーセントと、片方で良く片方で悪い選手50パーセントである。[5]

この「片方が良くて片方が悪い」という選手の多数が、負の相関を引き起こす要因となっている。そして、パレートフロント上にいる極端な数値の選手だけを選ぶと、負の相関はさらに強くなる――プレーのある一面で素晴らしい選手を選ぶか、別の一面で素晴らしい選手を選ぶか、どちらかしか選べないのだ。

では、パス成功率という項目も追加するとどうなるだろう（今ではあまり重要な指標ではないことが明らかになっているが、重視しているクラブもある）。この場合、パレートフロント上の選手は28人に増加する。もとの13人はそのまま残る。どれほどパス成功率が低くても、最初の2つの項目（アシスト期待値とプレッシャーリゲイン）において他の選手に負けないからだ。

しかし、新たに15人の選手が加わる。マルコ・ヴェッラッティやセルヒオ・ブスケツは、アシスト期待値もプレッシャーリゲインもチアゴより低いが、チアゴよりパス成功率が高いためリストに加えられる。

また、マクシム・ロペスやアルトゥール・メロは最初の2つの項目ではまったく目立たないものの、パス成功率がもとの13人よりも高かったため、パレートフロントに入っている。つまり、求めるパス成功率が高くなるほど、最初の2つの項目について妥協せざるを得なくなるのだ。

2つの項目ではなく3つの項目を最適化しようとすると、候補リストの人数が倍以上に増えた。この傾向は、項目を追加すればするほど悪化していく。2つの項目では492人中13人しか他の選手に負けない要素を持つ組み合わせがなかった。しかし、3つになると28人に増え、5つでは70人、7つでは133人、そして10の項目だと240人にまで増加する。これほどの数になると、もはや「候補」とは言えない。だとするならば、データ分析は「選手をふるいにかけるツール」などと宣伝することはできない。

「計測による独裁」

こうした状況は「計測による独裁（tyranny of metrics）」と呼ばれる。計りすぎて数字に振り回される状態だ。多くの項目を導入すると、ほとんどの選手が何かしらの面で優れて見える。10の項目で選手を比較すると、全体の半数が「最適」な選手に見えるほどだ。ここでの「最適」は、特定の指標でアランより優れた選手といった意味だが、それは同時に他のいくつかの指標ではアランに劣ることを意味する。

そしてこの点こそ、統計データが選手に関するどんな主張の支持にも反論にも使えてしまう理由だ。ある選手が特に優れて見えるデータの組み合わせ方もあれば、その選手が特に悪く見える組み合わせ方も存在する。

多くのクラブでは、「データ」がそんなふうに使われているのだと思う。監督やスポーツディレクターは、獲得したい選手のデータを見て、その選手が良く見える指標を選び出し、自分の判断を裏付ける材料として使う。あるいは獲得したいと思っていない選手のデータを見せられたときは、その選手が悪く見える指標を探して都合よく利用する。

成功を目指すチームは、適切な選手を効率的に見つけたいなら、重要な指標をいくつかに絞り込む必要がある。パス、ドリブル、シュート、ボール奪取、スペースディフェンスといったカテゴリーから見たポゼッションバリュー・モデルの「ゴール確率増減」と「セーブ率」だけで十分だ。

それこそリバプールで私たちがおこなった方法である。多くの異なる指標を考慮しすぎるミスを避けることで、自分たちにとって重要な要素に集中でき、成功につながった。そうして候補リストができたら、各選手を詳細に分析して評価していくことになる。だがそれはあくまで、適切に候補を絞れてからのことである。

星占いで選手を選ぶ？

ここで取り上げた分析は誠実に取り組まれたものであり、そこに含まれた過ちは訓練された統計学者だけが気づけるようなものだ。同じことは、ほかの場面での誤用にも当てはまる。たとえば、ブンデスリーガの解説者が、相手より試合中に多くのゴール期待値を生み出したことではなく、ゴール期待値を上回る得点を挙げたチームを指して「効率的だ」と褒めるようなケースだ。しかしフットボールクラブ向けに提供される製品やサービスのなかには、これらとは違って誠実な分析とは言えないものもある。

イゴール・シュティマッツは、かつてウェストハム・ユナイテッドやクロアチア代表でプレーしたセンターバックだった。2022年にはインド代表の監督を務めていたが、占星術師の助言を受けて当日のメンバーを決めたと報じられた。[6] 占星術師は「星占いに精通しており、リストの選手ごとに『良い』から『今日はお勧めできない』という段階評価を下した」[7] とされている（シュティマッツ自身は後にこの報道を否定）。

真偽はともかく、リバプールでも似たような経験をしたことがある。コーチングスタッフのひとりが「フットボール占星術師」を名乗る人物から接触を受けたため、私の部署に判断を仰ぎに来たのだ。私は別の会議に出ていて不在だったため、そのコーチは私の同僚のティムに占星術師のウェブサイトを見せて意見を求めた。

そのサイトでは、2014年ワールドカップにおけるドイツの優勝は、選手たちの星座の組み合わせからすると必然だったという占星術的な説明がなされていた。天文学の博士号を持つティムは、無理もないことだが冗談で意見を求められているのだと思い、「確かに、すごく説得力があるね」と答えた。するとコーチは、その分析方法をプレゼンしてもらうべく、占星術師を練習場に招こうとしたのだった。占星術は明らかにナンセンスであり、[8] さいわいにも私たちは占いがチームに影響を与えるのを阻止することができた。

皮肉なことに、星座とフットボールでの成功には有意な相関関係が存在する。しかし、それは天体の影響ではなく、もっと地に足の着いた現実的な理由によるものだ。「相対的年齢効果」は、ほとんどのスポーツで見られる。[9] つまり、同じ学年内でも先に生まれた実年齢が高い子供たちは周りより身体的に発達していることが多く、相対的にチームメートよりアドバンテージがある、という意味だ。

その結果、プレミアリーグでは天秤座の選手が多くなる。これは、ユースが9月1日で学年を区切られているからだ。一方ヨーロッパ大陸では水瓶座の選手が多い。こちらは1月1日で区切られているからである。[10] フランス、ドイツ、イタリア、スペインのトップリーグでは、1年の最初の3ヶ月に生まれた選手が全スタメンの3分の1以上を占め、逆に最後の3ヶ月に生まれた選手は5分の1未満となっている。

この相対的年齢効果は、学年内で遅い月に生まれた選手が成功することを妨げる偏りだが、大半のクラブはこれに対処していない。[11] だがスペインのバスク地方に本拠地を置くアスレティック・ビルバオは例外だ。私の友人ナチョ・パラシオス＝ウエルタがタレント発掘責任者を務めていたが、彼はユースのスカウトを4つのグループに分けるべきだと主張した。最初のグループは1月から3月生まれの選手だけをスカウトし、最後のグループは10月から12月生まれの選手だけをスカウトする。このアプローチにより、各学年で最も若い選手たちにも平等なリソースが投入され、相対的年齢効果が軽減された。

相対的年齢効果を別にすると、占星術が選手起用や試合結果の改善に何ら予測能力を持たないのは明白だ。しかしどういうわけか、フットボールクラブは占星術が教えてくれるような安易な答えに飛びつこうとする傾向にある。フットボールは本質的に不確実で予測困難なものだ。結果をコントロールすることも難しい。そんな結果をコントロールできるかのように思わせるサービスは、たとえそれが幻想に過ぎなかったとしても、魅力的に映るものだ。

反対に、データ分析は安易な答えを提供するものではない。少なくとも誠実なデータ分析ではそうだ。クラブは生データと、そうしたデータから予測を用いて洞察を引き出す専門知識に時間と資金を投資しなければならない。そうした洞察は性質上、確率的なものであって絶対を約束するものではない。

たとえば、クラブが優れたデータ分析を選手獲得に活用したところ、昇格の可能性が25パーセントから50パーセントになったとする。しかし、それでも昇格しない可能性は50パーセント残るのだ。

リバプールでは、私たちの導入したプロセスが成功の可能性を高めると信じていたが、2016／17シーズンと2017／18シーズンのチャンピオンズリーグ出場権獲得争いは終盤までもつれ、最終節で確保できた。だが重要なのは、たとえ出場権を逃していたとしても、私たちはそのプロセスを続けただろうということだ。私たちの取り組みは成功を保証するものではなく、成功の可能性を高めるものにすぎないことを理解していたからである。

第16章

統計データと原油《スタッツ・アンド・クルードオイル》——サッカーの未来はどうなる？

選手を見極め、チームの強さを測定するためのデータ活用について、これまでたくさんのことを記してきた。しかし、こうしたフットボールの見方は、監督たちの見方とはまったく異なる。シーズン中には登録選手の大幅な入れ替えは不可能だ。そのため監督が力を注ぐのは、チームワークを通して今いる選手たちの才能を最大限に引き出すことと、戦術プランを浸透させることだ。これほどの質と量のデータが世界で利用可能となっている現在は、ついにデータが戦術やチームワークに影響を与えられる状況が整ったことを意味する。

「4つのフェーズ」を延々ループする競技

私の考えでは、フットボールにおける戦術的進化とは、「スリーバック」や「インバーテッド・ウイング」（サイドのフォワードが中央に入ってくる）といった布陣の話ではなく、試合に対する哲学的なアプローチの進化を意味している。チームはポゼッションで支配する試合を目指したいのか、それともプレッシングを志向するのか、ゲーゲンプレスを駆使するのか、深く引いて守るのか。

２０１５年10月にユルゲン・クロップがリバプールに就任して以降、チームの戦術的アプローチは、ブレンダン・ロジャーズ時代のコントロールされたポゼッションスタイルから大きく変化した。リバプールはゲーゲンプレスと全員攻撃を組み合わせた戦術を取るようになる。ゲーゲンプレスを繰り出してビッグクラブと対峙するのはスリリングだった――ハイリスク・ハイリターンの戦術で、ボールを失っても即時奪還を目指す。失敗すれば大きなリスクとなり、選手たちが前線に取り残され、相手に危険なチャンスを与えることになる。しかし成功すれば圧倒的な効果を発揮する。「世界中のどんな優れたプレーメーカーも、優れたゲーゲンプレスが生み出す効果には及ばない」とユルゲンは語っている。

また、守備的なチームに対してリバプールの攻撃的なアプローチが発揮される試合を観るのもスリリングだった。2016／17シーズンと2017／18シーズンには、チームがボールを持つとセンターバックのデヤン・ロブレンやジョエル・マティプが相手陣内深くまで押し上げていく姿を、ドキドキしながら見守った。あまり攻める意志のない相手に対しては、これが正しい戦術だと頭では分かっていたものの、現地で観戦しているとハラハラしたものだ。

その後の3年間、サイドバックのトレント・アレクサンダー＝アーノルドとアンディ・ロバートソンがウィンガーのようにプレーし、ナビ・ケイタが「キラーパス」を試みるたびにポゼッションを危険に晒す姿を見て、私はハラハラしっぱなしだった。不安が大いに掻《か》き立てられたが、この戦術は成功の可能性も最大化するものだった。リーグ優勝を目指すチームは、どんな試合でも勝ち点3を狙わなければならない。引き分けではダメなのだ。

フットボールの哲学は、攻撃と守備のサイクルによって定義することができる。そして監督たちは、このサイクルのどこを重視するかによって特徴付けられる。

流れのなかでのプレーにおいて、チームは次の4つのフェーズを循環する。ボールを保持している状態、ボールを失った際の守備への移行、ボールを保持していない守備の状態、そしてボールを奪い返した際の攻撃への移行だ。そして、これらのフェーズを自チームが循環するとき、相手チームもまた循環する。しかし相手はこちらと反対のフェーズへと移行する。つまり、こちらがボールを奪った瞬間、相手はポゼッションを失い、こちらが攻撃するあいだ、相手は守備をする。

この4フェーズの原則はヨハン・クライフのバルセロナにルーツを持ち、ルイ・ファン・ハールによって体系化された。その後、ジョゼ・モウリーニョやブレンダン・ロジャーズらを通じてフットボール界全体に広まり、プレースタイルにかかわらず有用なアイデアであることが示された。

このサイクルはチームの特徴を考える上でのヒントとなる。守備的なチームはボールを持たない状態での組織やポジショニングに集中する。一方、攻撃的なチームはボール保持時に重点を置く。バルセロナの選手たちは、ボールを奪った際に安全なパスをしてボールを確実に保持し、攻撃を組み立てる時間を確保するよう指導されるという。そして伝統的なプレッシングチームは、ボールの保持や非保持の状態からの「移行《トランジション》」フェーズに集中し、ボールを素早く奪い返すことに重点を置いている。

戦術革新は、この4つのフェーズサイクルを破壊した結果だと言える。ラルフ・ラングニックやユルゲン・クロップによって普及したゲーゲンプレス戦術は、相手の守備から攻撃への移行を破壊することを目的としている。バルセロナの「ポゼッションを奪い返した際、安全なパスを見つける」という戦略は、ボールを失った直後に相手が一斉にプレスを仕掛けてきた場合、実行するのが非常に難しくなる。ポゼッションを得たり失ったりする瞬間はチームのポジショニングが整っていないことが多いため、トランジションのフェーズは攻略の好機となる――だからこそ、「安全なパスを探せ」というのは非常に効果的なアドバイスだったのだ。

クロップお得意の「ゲーゲンプレス」はデータ戦略の賜物

トラッキングデータの登場により、私たちデータ分析者はついに重要な影響をもたらせるようになった。ゲーゲンプレスは高度なチームワークを必要とする。こちらからボールを奪った相手に簡単なパスが出せる選択肢がひとつでもあった場合、ゲーゲンプレスは効果的に機能しない。プレスを仕掛ける選手たちは連動してプレッシャーをかけ、相手にポゼッションを失わせたり、焦ってバックパスを出させてプレッシャーを続けたりする必要がある。

このような選手たちの集団的な行動は測定・分析が可能である。たとえば、プレスを仕掛けるべき場面でひとりの選手がプレスをかけなかった場合、簡単にパスを通されることになる。こうした場合、私たちはコンピュータ内で試合を再現し、その選手がプレスをかけていたらどうなっていた可能性があるかをシミュレーションできる。「ピッチ・コントロール」や「ポゼッションバリュー」といった概念を用いることで、かけるべきプレスが実際にかからなかった場合の影響を測定することができる。

選手の集団的行動を分析することは、さらなる革新につながる可能性もある。たとえばピッチ・コントロールの観点では、前方に襲いかかるようにプレスをかけると、その背後にスペースが生まれることが分かる。そのため、ゲーゲンプレスへの対抗戦術としては、そのプレスで空いたスペースに向けて「パーセンテージボール」（安全性よりも攻撃の有利性が上がる可能性を重視したパス）を蹴り込む方法が考えられる。

コロナの時期、リバプールはアストンヴィラ相手に2対7という奇妙な敗戦を喫した。この試合では、ヴィラはポゼッションをほとんど放棄し、プレスを受けるとただボールを前方に蹴り飛ばした。運が良かったのか、あるいは計算された判断だったのか、そのボールはしばしば広大なスペースに転がり、ヴィラの選手が追いつくことが多かった。ヴィラの、ひたすらボールを蹴り飛ばすという姿勢が、ゲーゲンプレスチームへのアドバンテージとなったのだ。

●「ポゼッションフェーズの達人」グアルディオラ

ポゼッションサイクルのどのフェーズにおいても、戦術や対抗戦術を見つけることができる。たとえばディエゴ・シメオネ率いるアトレティコ・マドリードは、守備面を重視した戦術を展開する——すでに指摘したように、２０１２年の彼らは、全体的なポゼッション率が低かったにもかかわらず「危険なポゼッション」の割合は高かった。

しかし、このアプローチは同じように守備的な監督と対戦するとあまり機能しない。２０１４年のＣＬ準決勝で、アトレティコはジョゼ・モウリーニョ率いるチェルシーと対戦した。アトレティコのキャプテンだったガビは、チェルシーが戦術的にアトレティコにボールを持たせてくるのではないかと尋ねられた際、「そしたらボールを返してやるよ」と答えた。[1] アトレティコが成功をおさめると相手チームは攻撃に慎重になっていった。その結果アトレティコは以前よりもボールを保持する状況が増えていった。

一方で、ペップ・グアルディオラはポゼッションフェーズの達人であり、ポゼッションを用いて試合をコントロールし、相手の守備を引き出し、高い価値のある得点機会が生まれるのを待つ。２０２２／２３

シーズンにおいて、マンチェスター・シティのポゼッションはプレミアリーグの平均的なチームよりも50パーセント長く、2位のアーセナルよりも20パーセント長かった。この統制の効いた探るようなポゼッションのスタイルは、「相手陣内でのプレー」と「カウンター攻撃のリスクを抑える」という2点をバランス良く満たすが、それを実行するには非常に高い技術を持つ選手が必要になる。

選手たちの戦術的な動きやチームワークを分析することは、ようやく「監督の影響」の適切な測定につながるかもしれない。フットボールにおける成功の主な要因は、対戦相手との技術や運動能力の差である。データ分析が競争優位性をもたらせるようになったのは、リバプールで私たちが取り組んだように、費用を抑えながらよりインパクトのある選手を見つけられるようになったからである。相手よりも優れた選手を揃えることで成功への道が開ける。

ジネディーヌ・ジダン率いるレアル・マドリードには洗練された戦術プランがあるようには見えなかったが、レアルには他のほとんどのチームよりも優れた選手たちがいた。しかし、マンチェスター・シティやリバプールのように、優れた選手と十分な戦術プランの両方を持つチームにおいては、優位性が持てる次なる場所が戦術の実行とチームワークになる。ゲーゲンプレスはチームワークを必要とする戦術の良い例であり、相手より技術や運動能力が多少劣っていてもプレッシングのチームワークで補える。

しかし、チームワークや集団的行動、そして対抗戦術の進歩はまだほとんど始まってもおらず、可能性は無限だ。ゲーゲンプレスに対抗する「パーセンテージボール」に対抗する戦術も見つけることができるだろうが、それにはさらなるトレーニング、チームワーク、そして分析が必要になる。データは、フットボールにおける戦術という「軍事開発競争」にとっての燃料となるだろう。スポーツ（やビジネス）で成功するための方法は、不確実な状況のなかで戦術を修正していく能力にある。

4つのフェーズサイクルは、アメリカ空軍のジョン・ボイド大佐によって開発された戦闘理論「OODA《ウーダ》ループ」に似ている。[2] ボイドの結論のひとつは、何をすべきかを相手よりも早く判断して実行できればアドバンテージを得られるというものだった。バルセロナの「安全なパスを見つける」という技術や、リバプールのゲーゲンプレスは、試合の次のフェーズへ相手よりも早く移行することを目的に訓練されたものであり、早く移行できれば相手が不安定なあいだにアドバンテージを得ることができる。

ボイドのもうひとつの結論は、相手を混乱させるための新しい戦術を発明すべきだ、というものだった。フットボールに置き換えてみると、相手のポゼッションサイクルをどう乱せるか、という問いに等しい。この問いは深く考えられてこなかったと言える――ゲーゲンプレスやティキタカに対抗する戦術はもっと早く見つけられていたはずだ。今後、データ分析によって戦術進化のスピードは加速し、チームワークや集団的な行動がより効率的になっていくだろう。

セットプレーは「公平な競争」の場

ビッグクラブの資金力がますます高まってきたことを考えると、より小規模なクラブにはどんな希望が残っているだろう？　希望のひとつは移籍市場だが、もうひとつがセットプレーかもしれない。

高額な給与や移籍金は主に個人のスキルに対して支払われる。チャンスを作りゴールを決められるスター選手ほど高給であり、移籍金も高くなる。しかし、セットプレーからも多くのゴールが生まれており、ここでは個人の技術の影響があまり大きくない。

平均的なプレミアリーグのチームが挙げる52ゴールのうち、41ゴールは流れのなか、直接フリーキック、PKから生まれる。しかし、それ以外の11ゴールはコーナーキック、クロスボールを入れたフリーキック、パスで再開したフリーキック、そしてロングスローから得点される。

ピッチ・コントロールの観点で考えると、セットプレーの状況においてはポジションやボールをめぐる競争が非常に激しくなる。ペナルティエリアが攻撃側と守備側の選手で混雑しているとき、どちらのチームも最初にボールに触れる確実性を持つことができない。そして、もし触れたとしても、巧みにコントロールされたタッチになることは少ない。余裕を持って判断する時間もほとんどなく、ボールをコントロールするスペースも限られている。

そのため、セットプレーは資金力の豊富なチームとそうでないチームにとって公平な競争の場を提供しているように見える。実際にそうなのかは、データを分析することで確かめられる。プレミアリーグでは得失点差と勝ち点のあいだに非常に強い相関がある。言うまでもなく、得点が失点を上回れば勝ち点が増えるからだ。

オープンプレー（流れのなか）とセットプレーでの得失点を分けて分析すると、どちらも勝ち点獲得への影響には違いがないことが分かる。もちろん、そこに違いがあったら大きな驚きだ。重要なのは得点と失点の数であり、それがどのように生まれたかは重要ではないのだ！

しかし、セットプレーでのゴールとオープンプレーでのゴールの性質の違いが明らかになり始めるのはここからだ。チームのオープンプレーでの得失点差とセットプレーでの得失点差には、それほど強い相関は見られない。そして多少なりとも相関があるのも、完全にビッグ6によるものだ。これらのチームは他の14チームに比べ、より多くのコーナーやフリーキックを獲得しており、それだけセットプレーで得点する機会が多いのだ。しかし規模の小さい他の14チームでは、オープンプレーでの得失点差とセットプレーでの得失点差には相関が見られない。

つまり、チームの攻撃力が弱くてオープンプレーでの得点が少ないほどセットプレーによるゴールの割合が高くなるため、セットプレーに力を入れることは戦略として報われる可能性がある。[3] たとえばウェスト・ブロムウィッチ・アルビオンは、ロイ・ホジソンが率いた2011／12シーズンとトニー・ピューリスが率いた2015／16シーズンにおいて、セットプレーによるゴールのおかげでシーズンを10位で終えた。オープンプレーのゴールだけで順位が決まっていたら、どちらのシーズンでも降格していただろう。

また、給与とセットプレーの関係も検証できる。給与からパフォーマンスを予測するのと逆で、チームのパフォーマンスから給与を予測してみるのだ。最初に分かるのは、得点が給与に与える影響は、失点が与える影響よりも大きいことだ。得点数が多いチームは、失点数が少ないチームよりも給与支出が多い傾向がある。これは選手の給与や移籍金の予測と一致している――ゴールキーパーやディフェンダーはフォワードよりも給与や移籍金が低いのだ。

次に分かったのは、給与とセットプレーに相関がないことだ。つまり、給与に投じている資金が多いチームの方がセットプレーでの得失点差が優れているわけではなかった。それはつまり、セットプレーに力を入れることは安価に得点を増やし、失点を減らす手段となり得ることを意味している。多くのチームは、セットプレーに費やすトレーニング時間がごくわずかだ。

例外はブレントフォードだろう。2023年の初め、リバプールがブレントフォードにアウェーで1対3で敗れた試合を観たとき、私は彼らのコーナーの戦術に感銘を受けた。ある場面では、キッカー以外の全フィールドプレーヤーがリバプールのゴールエリア内に配置された。一部の選手はコーナーが蹴られる前に後退したものの、リバプールはブレントフォードのアプローチに明らかに戸惑っていた。その試合でブレントフォードは、コーナーから1ゴール以上のゴール期待値を生み出し、実際に1ゴールを挙げた。また、コーナーからはもう1ゴール決めたが、オフサイドの判定となりゴール期待値にはカウントされなかった。

ブレントフォードは身体の大きな選手たちを揃えている。ディフェンダーのアイエル（196㎝）、コリンズ、ザンカ、グッドは全員190㎝を超えており、2023／24シーズンのチームでは183㎝以上の選手も9人いる。2023年まではポントゥス・ヤンソン（194㎝）も在籍していた。身長は、オープンプレーよりもセットプレーの状況で重要な要素となる。2021／22シーズンのブレントフォードは、プレミアで3番目に身長が高いチームだった。その後、巨体のヤンソンをベン・ミー（183㎝未満という珍しいセンターバック）に代えた2022／23シーズンは比較的身長の低いチームとなったが、2023／24シーズンには再びリーグ有数の長身チームに戻っている。

セットプレーは、最も背の高い選手（多くの場合センターバック）が制約なく攻撃に加われる機会だ。経験則的に言えば、セットプレーで攻守において効果的な選手の特徴である「高身長」や「身体の強さ」は、最上位チームが志向する展開の速いポゼッション・フットボールに不向きであることが多い。大柄なディフェンダーはハイラインを保つよりも、深く引いて守ることに慣れている。そして背の高いフォワードはターゲットマンであることが多い。

過去10シーズンのプレミアリーグで最も身長の高いチームは、トニー・ピューリス時代のストーク・シティと、トニー・ピューリス時代のウェスト・ブロムウィッチ・アルビオンだった。これらのチームはセットプレーでは非常に効果的だったが、他のチームのファンが喜ぶようなスタイルのフットボールではなかった。

セットプレーによるゴールは、小規模なチームにとっての万能薬ではない。今シーズン多くの得点ができたとしても、翌シーズンも同じように得点できる保証はない。それは、セットプレーによるゴール数が多くないことも一因だ。そして、多くないにもかかわらず、オープンプレーでのゴールよりもシーズンごとの安定性が本質的に低い。

セットプレーのゴール数がシーズンごとにバラつくのは、監督のアプローチが影響している可能性がある。ピューリスやサム・アラダイスのように、セットプレーの価値を重視する監督もいる。反対にセットプレーをあまり気にかけない監督もいるため、監督が変わるとチームのセットプレーに対する姿勢も変わる可能性がある。さらに、シーズンごとにゴール数がバラつくのはセットプレーが偶然の要素も大きいからだ。オウンゴールや幸運なディフレクションがオープンプレーよりも多く発生するため、それが予測可能性を低下させている。

私は、データ分析がフットボールを観る面白さを向上させたと信じている。しかし、多くのチームがセットプレーの価値に気付きだすと、観戦の面白さが減る、あるいは少なくとも少し別のスポーツになってしまう可能性がある。セットプレーばかりの試合は、現在のようなオープンプレー主体のゲームに比べると美しさに欠けるかもしれない。

●—「史上最強」のチームを生んだ「史上最大」のオイルマネー

クロップ時代におけるリバプールの成果は驚異的なものであった。しかし、プレミアリーグ史上2位、4位、8位にランクされる勝ち点を残しながらも、リーグを制したのは1度だけだった。

それと同じ時期、アブダビのオーナーから資金提供を受けたマンチェスター・シティは、史上最高のチームを築いていた。彼らがいかに長期間偉大な成績を残し続けたかを見てみよう。

マンチェスター・シティはプレミアリーグ史上、5年間の平均勝ち点で歴代トップ3を独占している。なかでも、2017／18シーズンから2021／22シーズンにかけては「平均で」91・7もの勝ち点を獲得し、史上最高記録となっている。

マンチェスター・シティ以外の最高成績は、アブラモビッチ初期のチェルシーだ。2004／05シーズンから2008／09シーズンにかけて平均87・4ポイントを獲得した。しかし、石油資本を背景にした最初のクラブであったチェルシーは、ライバルに大きな差をつけていたわけではなかった。

アレックス・ファーガソン監督のもと、ロナウドを擁したマンチェスター・ユナイテッドは、2005／06シーズンから2009／10シーズンにかけて平均86・8ポイントを獲得していた。われらがスーパーなリバプールは、2017／18シーズンから2021／22シーズンにかけてのピーク時に平均86・4ポイントを獲得していた。ここに挙げたマンチェスター・シティのライバルはすべて、86・4から87・4ポイントの範囲が最高平均勝ち点となっており、各チームの差は1ポイント以内だった。一方、2020／21シーズンから2022／23シーズンにかけて、マンチェスター・シティの5年間平均は88・6、91・6、89・4ポイントとなっている。

「前例のない圧倒的な成功」にもかかわらず、マンチェスター・シティは長いあいだフットボールメディアや世間から信じられないほど過小評価されてきた。2019／20シーズン、リバプールはプレミアリーグで18ポイント差をつけて優勝し、クラブ史上最高のチーム力にあった。しかし私たちの分析モデルでは、マンチェスター・シティの方がリバプールよりも20パーセント強いと評価され、中立地で試合をした場合マンチェスター・シティが勝つ確率が明らかに高いと考えられていた。[4]

ブックメーカーの意見も同じだった。優勝後のシーズンである2020／21シーズンも、ブックメーカーはマンチェスター・シティがリバプールを3ポイント上回ると予測していた。これは私たちの予測とも似ていた。2019／20シーズンのマンチェスター・シティの不調は、彼らの驚異的な基準から見た異常値だと判断していたのだ。実のところ、私たちの予測はさらに悲観的で、マンチェスター・シティに6ポイント差をつけられると考えていた。負傷者に悩まされた2020／21シーズンは、結局18ポイントの差をつけられて終わった。

「どうやってプレミアリーグで優勝するのか？」という問いに対する明らかな答えのひとつは、「まず、マンチェスター・シティをペップ・グアルディオラが率いていないこと、あるいは彼らが成功に満足するのを祈ることだ」。

2009年以降、マンチェスター・シティはオーナーの13億ポンドを投入し、移籍市場に大金をかけて高額の給与を払うことで、ワールドクラスのチームを築き、維持してきた。この資金投入に背景情報を加えてみよう。プレミアリーグのクラブとして初めての石油資本家オーナーであるロマン・アブラモビッチは、2009年から2021年のあいだチェルシーに8億ポンドを提供した。2004年から2009年に投入された7億ポンドを加えれば、総資金提供額は15億ポンドに達する。[5]

アブラモビッチとアブダビ・ユナイテッド・グループの違いは、アブラモビッチがその在任中、継続的にチェルシーへ直接的な資金提供をおこなっていった一方で、アブダビは2009年から2014年に資金の大部分を投入し、2015年以降は、マンチェスター・シティへの直接的な資金提供は8100万ポンドに過ぎないという点だ。[6,7]

資金が足りないなら、知性とイノベーションで勝て

マンチェスター・シティの資金力と渡り合うためには、何らかの優位性を見つける必要があった。それゆえ、データ分析や移籍委員会のような前例のない、ともすればリスクの高い手段を取り入れたのだ。2015年当時のリバプールの収益は3億6000万ユーロであり、フットボール界で9番目に高いものだったにもかかわらず、非常に賢明に資金の使い道を検討せざるを得なかった。[8]同じ年、マンチェスター・シティの収益は4億1440万ユーロで6位だった。

私たちは非常に運のいいことに、評価が下がってどこにも就任していなかったユルゲン・クロップを見つけることができた。オーナーから稼ぎの範囲内でやりくりしろと堅実な要求を受けている場合、実質的に無限のリソースを持つチームと競争するのは難しい。リバプールのような欧州のビッグクラブですら苦労するのであれば、大半のクラブにとっては不可能に近いだろう。

2023年の夏にあったサウジアラビアの莫大な資金投入は、マンチェスター・シティの投資ペースをも超える規模だった。その夏、リバプールからファビーニョとジョーダン・ヘンダーソンがサウジアラビアのクラブに移籍し、リバプール時代よりも遥かに高い報酬を得た。アブダビがマンチェスター・シティ、カタールがパリ・サンジェルマン、サウジアラビアがニューカッスル・ユナイテッドを支援していることは「スポーツウォッシング」（国家や団体、個人が、スポーツを利用してイメージを向上させたり、問題を隠ぺいすること）と非難されてきた。サウジアラビアの皇太子で首相のムハンマド・ビン・サルマンは、スポーツウォッシングについてFOXニュースでこう明言している。

「もしスポーツウォッシングがGDPを1パーセント増やすなら、スポーツウォッシングを続けるだろう。どう呼ばれようと構わない。スポーツでGDPを1パーセント増加。私はそこからもう1・5パーセントの増加を目指している」[9]

スポーツウォッシングによって特定クラブによるリーグ支配が進んでいる側面もあるが、テレビ放映権収入もまたフットボールにおける不平等を拡大させている。チャンピオンズリーグの放映権料と賞金は、ヨーロッパ各国のビッグクラブを他クラブと異なる次元の資金力に押し上げた。

オーナーの資金提供によって、マンチェスター・シティがイングランドを、パリ・サンジェルマンがフランスを支配している。しかしチャンピオンズリーグの収益は各国のビッグクラブにもたらされ、彼らが国内リーグを支配する要因ともなった。

CLは出場クラブにとっての好循環を生む。巨額の収益により、優れた選手を高い給料で維持し、新たな才能を高額で獲得できる。一方で出場権を得られなかったクラブは金銭的に太刀打《たち》できない。これがリバプールが何より4位以内のフィニッシュを優先してきた理由だ。4位に入ることが経済面での力を手に入れる道だったからだ。

しかしその結果として、ほぼ毎年同じクラブが出場権を獲得し、それがさらに翌年の出場権獲得の確率を高めている。チャンピオンズリーグの収益は国ごとにも大きく異なり、国内だけでなく各国間の格差も高めている。その結果、国内外の競争力は徐々に低下し、同じクラブが毎年国内リーグで優勝し、同じクラブがCLの決勝トーナメントに進出する状況が続いている。

この問題に簡単な解決策はない。収益をより均等に分配することは「失敗に褒美を与える」ことだと思われてしまうかもしれない。しかしプレミアリーグの成功は、他のヨーロッパリーグに比べて遥かに公平なテレビ放映権収益の分配に基づいて築かれてきた。2022年、プレミアリーグではそのシーズンで最も分配収益が少なかったノリッジ・シティでも1億ポンド以上を受け取っており、最も高かったマンチェスター・シティとの差は53パーセントに過ぎなかった。他のリーグでは放映権収益の差はもっと大きい。

また、プレミアリーグの総収益が他国のリーグを圧倒している点も重要だ。小さなクラブが国内のチャンピオンズリーグ出場クラブと財政面で競争するのが難しいように、他のヨーロッパリーグはプレミアリーグと競うことができない。

フットボールは、これまで幾度となく巨額な金銭による地殻変動を経験してきた。1950年代のコロンビアは巨額の給与を払って世界的スター選手を集めたことで「エル・ドラド」（黄金郷）と呼ばれ、2010年代の中国ではフットボールの人気を高めるべく政府による資金提供で同様のことがおこなわれた。

サウジアラビアの支出規模はコロンビアや中国の比ではないほど大きいが、フットボールは常に適応し、生き残ってきた。どんなチームにもいつだって勝利の望みがある。たとえオイルマネーによって、その希望が小さく感じられるとしてもだ。

必要なのは、新しい優位性を見つけることである。この10年間、ブレントフォードやブライトン、リバプールといった賢明なチームは、石油化学《ペトロケミカル》に支えられた莫大な資金力を持つクラブを相手にしたときも、イノベーションと知性を駆使して対等に渡り合えることを証明してきた。

おわりに

データ革命ブームにひと言

プレミアリーグで優勝しない方法

ここ数年で、データに対するフットボール界の態度は劇的に変化した。2016年の段階では、イングランド代表監督のロイ・ホジソンが、フットボールにはデータ分析が入る余地はないと臆面なく主張していた。2016年2月にレスターで開催されたカンファレンスでのことで、彼のデータ分析に対する考えは、はっきりと昔ながらのものだった。

ホジソンは聴衆に「シュートの数で試合の結果が決まるなら、イングランドはキックオフからシュートを狙うだろう」と語った。その発言からは、ゴール期待値という概念についてまったく無知であるか、よく言っても誤解していることがうかがえる。現在では、クラブがデータ分析を活用することに対して公然と批判する監督や経営者はほとんどいない。

リチャード・ポラードとチャールズ・リープは1997年の論文でこう記している。

「サッカーは今やビッグビジネスだ。重要な意思決定がデータの収集や分析をほとんどせずにおこなわれるなど、他のあらゆるビジネス活動においては許容されないだろう」

フットボール界がこうした考えにたどり着くまでには長い時間がかかったが、リバプールやブレントフォード、そしてブライトンの成功にもかかわらず、多くのチームや経営陣は従来のやり方を続けている。データ革命を本当の意味で取り入れたフットボールチームは驚くほど少ない。

スポーツクラブの経営陣も、他の人間と同じで、データ分析を受け入れるのを阻んでくる様々な認知バイアスの影響を受けている。たとえば、ある選手が目の前で素晴らしいプレーをした際の鮮烈な印象や、その選手を獲得する際の楽観的な期待、次なるスター選手を見逃してしまうかもしれないという恐れなどは、いずれも強力なバイアスであり、克服するのが難しい。

バルセロナは、非常に優れた研究者やアナリストチームを集め、フットボールをよりよく理解するのに役立ててきた。こうしたチームの仕事（たとえばハビエル・フェルナンデスがおこなったリオネル・メッシのスペース活用能力に関する分析など）の質は非常に高かった。

2019年3月に『フィナンシャル・タイムズ』紙に掲載された記事で、コラムニストのサイモン・クーパーもバルセロナがおこなう詳細な分析に感銘を受けたと述べている。[1] しかし、クーパーがアナリストたちに分析の効果について尋ねると、彼らは自信なさげだった。チームにどの程度の優位性をもたらしたのかという質問に対して、あるアナリストは「0・01パーセント」と答えた。

外から見ていると、確かにバルセロナの補強プロセスはデータ主導のものとは思えなかった。過去数年の大型補強――コウチーニョ、デンベレ、パウリーニョ、セメド、マルコム、アルトゥール、ピャニッチ、グリーズマン――は、もはやバルセロナに残っておらず、在籍中もそれほど成功しなかった。まるで選手たちはチームに必要とされたからというより、このクラブに入《はい》れる名誉にサインしたように見えた。

リバプールでは、選手獲得に関して「パフォーマンスの低いレギュラー選手を優れた選手に置き換えることは、シーズン勝ち点2ポイント相当の価値をもたらす」という経験則を持っていた。平均的なチームの勝ち点は52だから、そこに2ポイント上乗せされるとすれば、平均的なチームに対して選手1人が4パーセントの違いをもたらすことになる。これは手にする価値のある優位性だ。バルセロナの分析もこのような優位性を生むのに十分な質があったことにほとんど疑いはないが、その分析が選手獲得に影響を与えることはなかった。実際に分析の効果はとても小さなものであったが、それは意思決定者がデータアナリストの意見に耳を傾けなかったからにほかならない。

プレミアリーグのすべてのチームが、データ革命に取り組んだ、データ部門を雇った、分析の知見を活用していると語ることだろう。しかし、「活用している」と言うことと、実際に活用することは別物だ。データアナリストが抽出した洞察を活用するとは、意思決定者のアプローチが変わることを意味するはずだが、人間というのは本質的に変化を嫌う。どんな経営幹部も、新しいデータ部門が出してくる分析を見て「興味深い」と言いながら、従来のやり方を変わらず続けてしまうものだ。

このような場合、データ分析の導入は、『マネー・ボール』を観たばかりの新しいオーナーを安心させるための形式的なものにすぎない。あるいはもっと悲惨なことに、経営陣はデータを活用しているふりをするべく、すでに決定していた選択のサポート材料となる指標だけを選び、それに反する指標は無視してしまう。

私の考えるデータ分析の仕事とは、主観的な意見に対して客観的な証拠を用いて異論を唱えることだ。しかし、この異論は受け入れるのが難しいこともある。心理学者のゲイリー・クラインは最近、「Freakonomics」のポッドキャストで次のように語った。

ビジネスにおいて、経営陣は「調和を求めたがる。その結果、全員が同意する意思決定をおこなう。しかし、全員が賛成して意思決定するというのはひどいアイデアだ。イノベーションを生み出す可能性が大幅に損なわれる」[2]

リバプールでは、決して調和していたわけではなかった。多くの選手について多くの議論を重ね、その意見の対立がより良い意思決定につながったのだ。

データ分析のもうひとつの仕事は、短期的な再現性のない変動と長期的な基礎パフォーマンスを切り分けることだ。ほとんどのチームはシグナルとノイズを区別することができず、それが長期的に致命的な影響を与えてしまう。

私は多くのクラブと話をしてきたが、「昇格」といった目標を掲げながらも、現在その目標に対してどの程度のパフォーマンスを発揮しているのかを把握していなかったり、目標達成のためにどんな変更が必要なのかを検討していなかったりするチームが多かった。話したチームは、シーズン序盤に好調なスタートを切り、自分たちが昇格の本命だと信じていた。しかし、彼らの基礎パフォーマンスは悪かった。結局、よくあるような形で監督が解任されたあと、後任も結果を上向かせることはできなかった。それは主に、シーズン序盤の好成績が偶然によるブレにすぎなかったからだ。

本書を読んで、フットボールをこれまでより少しだけ確率的な視点から捉え、どんなクラブも経験する短期的な結果のばらつきについて理解を深めてくれれば幸いだ。データ分析のレンズを通して見ても、フットボールは変わらず美しい競技《ビューティフル・ゲーム》だ。だが、その美しさは、より定量的な視点からも理解することができる。

本書では、この競技を構成する要素を分解し、それぞれの重要性を理解し、それぞれがチームの成功にどのように貢献するかを見てきた。ギリシャの詩人アガトンは言う。

「芸術は偶然を愛し、偶然は芸術を愛する」

よくフットボールは芸術と称される。そのなかにある確率と偶然を理解することで、フットボールという芸術をさらに深く味わうことができると私は思う。

特別寄稿

日本語版に寄せて

日本と聞いて思い浮かぶふたつのこと

日本とフットボールデータ、と聞いて自然と頭に浮かぶのはリバプールが獲得したふたりの日本人選手——南野拓実と遠藤航だ。本書では触れていなかったが、ぜひこの場を借りて彼らのことも語っておきたい。

また、日本とフットボールには、あまり知られていないつながりもある——日本の研究者たちは、フットボールデータ分析の基礎となる研究に貢献してきたのだ。ピッチ・コントロールの初期バージョンや、サッカーボールの空気力学に関する精密な測定は、日本から生まれた。

リバプール向きのセンターフォワードだった南野拓実

2019年、リバプールはチャンピオンズリーグのグループステージでRBザルツブルクと対戦した。リバプールは前半のうちに3対0でリード。そして後半に3対3に追いつかれて肝を冷やしたが、最終的にモハメド・サラーの決勝ゴールで勝利した。この試合のザルツブルクの攻撃陣は強力だった。アーリング・ハーランド、ドミニク・ソボスライ、パトソン・ダカ、ファン・ヒチャン、エノック・ムウェプ。将来プレミアリーグで活躍する選手たちが揃っていた。

しかし、そのなかでも輝いていたのが南野拓実だった。ザルツブルク2点目のゴールを決め、ハーランドの同点ゴールをアシストした。彼のことは過去に調査をおこなっていた。南野は2015年1月にセレッソ大阪からザルツブルクに移籍し、ヨーロッパでの最初の800分のプレーは非常に際立っていた。偶然にも、その2014/15シーズンのザルツブルクには、のちにリバプールでチームメートとなるサディオ・マネやナビ・ケイタもいた。

2015/16シーズンも印象的な数値を残していたが、2016/17シーズンにはセンターフォワードのポジションに置かれた。私たちの分析では、センターフォワードでのプレーはワイドや攻撃的ミッドフィルダーでプレーしていたときほど高く評価されなかった。オーストリアでは支配的な強さを誇るチームにいたものの、ゴール数は90分あたり0・47に留まっていた。それはプレミアリーグで成功すると見なされる数字ではない。

しかし2019年、攻撃的ミッドフィルダーとしてプレーすることが多くなっていくと、私たちの分析モデルの評価もふたたび向上した。彼はロベルト・フィルミーノに似たところのある選手だった――センターフォワードとしての得点は多くないが、スキルが高くチームメートのチャンスを創出できるだけでなく、ウィンガーや攻撃的ミッドフィルダーとしてもプレーできる。

リバプールのスカウト部門責任者バリー・ハンターは、南野の契約に低額で移籍できる条項があることを発見した。そこでスポーツディレクターのマイケル・エドワーズ（エディ）は私に、データ分析での南野の評価を尋ねてきた。2019年の初めから彼は素晴らしいプレーを見せており、それによって評価は大きく向上していた――ふたたび同じポジションにおける最も優れた若手選手のひとりに評価されていた。ただ私は、センターフォワードとしてプレーしていたシーズンや、オーストリアでの控えめなゴール数を懸念していた。

だがリバプールの「センターフォワード」は伝統的なストライカーというより攻撃的ミッドフィルダーのようにプレーしている、というのがエディの意見だった。そして私たちは、南野がフィルミーノ、マネ、サラーのポジションをこなせる控えとして加えるのに最適な補強で、将来的にファーストチョイスになる可能性もあると判断した。

しかしリバプールでの南野の出場機会は非常に限られたものとなった。それは主力フォワード陣がほとんど怪我をしなかったからだ。2021／22シーズンの終盤には優勝への望みをつなぐ重要なゴールを決めたが、2022年の夏にモナコへと移籍し、リバプールでのキャリアを終えた。

日本人としては珍しいポジションで活躍する遠藤航の凄さ

リバプールが契約したもうひとりの日本人選手は遠藤航だ。私がクラブを去ったあとの補強だったが、ユルゲン・クロップは彼のことを以前から知っており、2021年にもクラブの映像スカウトたちに分析を頼んでいた。

私たちは昔から、遠藤のことを日本最高峰のセンターバックとして評価していた。三笘薫と同じで、Jリーグのパフォーマンスでもプレミアリーグで通用するレベルと評価されていた稀な日本人選手のひとり

だった。ヨーロッパへと移籍してからは、ベルギーのシント＝トロイデンやドイツのシュツットガルトで

ミッドフィルダーとしてプレーし、成長を続けた。私たちの評価ではブンデスリーガの平均以上とされて

おり、その分析が正しかったことを証明してきた。普段リバプールが獲得する選手より年齢は高かった

が、プレミアリーグでも良いパフォーマンスを続けている。ジェームズ・ミルナーやファビーニョのよう

に3つのポジションをこなせるスキルは、チームに大きく貢献している。

「ビッグ5」と呼ばれる欧州5大リーグで活躍する日本人選手たちの傾向を見てみると、着実に成功を続けていると言える。2009年時点では、5大リーグで先発する日本人選手はわずかしかいなかった――5大リーグでの日本人選手の先発数は100試合未満だった。しかし2010／11シーズンから2014／15シーズンにかけて300試合以上に増加していった。

それは主に、ドイツでの日本人選手たちの活躍が大きい。2010年には内田篤人、長谷部誠、香川真司、岡崎慎司がいずれもブンデスリーガでプレーし、やがて細貝萌、酒井高徳、酒井宏樹、清武弘嗣、乾貴士も加わった。2015年以降、5大リーグでの日本人選手の先発数は毎シーズン約300試合ほどで安定している。

ヨーロッパでプレーする日本人選手のポジションは特定ポジションにかなり偏っている。5大リーグのチームにおけるポジションごとの平均スタメン人数は、ゴールキーパー1人（これは当然！）、センターバック2・4人、サイドバック2人、セントラルミッドフィルダー2・5人、ウィンガー1人、攻撃的ミッドフィルダー0・6人、ストライカー1・5人となっている。

しかし先発出場した数に基づいてヨーロッパにいる日本人選手のチームを作ってみると、ゴールキーパー、センターバック、セントラルミッドフィルダーが遥かに少なく、攻撃的ミッドフィルダー、ウイング、サイドバックが非常に多くなる。特にドイツにおいて、日本人選手はこれらのポジションで名を上げてきた。そう考えると、センターバックやセントラルミッドフィルダーとして成功した遠藤の凄さがより際立つ。

データ革命に貢献した日本の研究

日本の大学研究とリバプールのトラッキングデータ分析（第9章参照）には歴史的なつながりがある。２０００年代初頭、Prozone（プロゾーン）という会社が「トラッキングデータ」システムをいくつかのプレミアリーグクラブに販売した。スタジアム周囲に設置したカメラで試合の映像を記録するもので、選手の動きを捉え、それをデジタル化して選手の走行の解析が可能になった。

私の同僚ウィル・スピアマンが「ピッチ・コントロール」（どのチームがピッチのどの領域を支配しているかを把握するための計測）の初期バージョンを開発していたとき、彼は中京大学が１９９６年に発表した研究を見つけたのだった。「Development of motion analysis system for quantitative evaluation of teamwork in soccer games（サッカーの試合におけるチームワークの定量的評価に向けた動作分析システムの開発）」である。[1] 当時あまり注目されなかったものの、その論文には、現在のフットボールデータ分析の基本となる数多くの材料が含まれていた。

その研究で瀧剛志《たきつよし》、長谷川純一《はせがわじゅんいち》、福村輝夫《ふくむらてるお》は、ピッチの周りに複数のカメラを設置して選手の映像を記録した。この映像を座標データに変換するのは困難な作業で、現在では高度なコンピュータビジョンアルゴリズムでおこなわれている。

しかし１９９６年当時、アルゴリズムは今より遥かに初歩的なものであったため、研究者たちは巧みなアイデアを思いついた。彼らはまず映像の最初のフレームで選手の位置を手動でタグ付けした。そして次のフレームでは、前のフレームでタグ付けしたエリアに最も近い特徴を持つエリアを探し出し、選手が動いた新しい位置を特定した。

この中京大学の研究者たちは、私たちが20年後にリバプールで頭を悩ませたのと同じ問題の数々に直面していた――彼らは、このやり方は「他の選手に隠れて見えなくなった場合や、選手が倒れていた場合にはうまくいかないことがある」と指摘している。こうした問題には２０１０年代の私たちさえも苦しんだことは、第9章に記してある。

データを収集する技術だけでなく、チームパフォーマンスを分析するために「ピッチ・コントロール」の初期形態と呼べるものも考案していた。ピッチ上の特定の点に最も近い選手がその点を支配していると見なす、というのがピッチ・コントロールの最も基本的な考え方だ。しかし、滝、長谷川、福村は、それだけでは十分でないと気づいた。あるエリアに走って向かっている選手がいた場合、静止している相手選手よりも先に到達する。彼らはこのアイデアを用いて「優勢領域（dominant regions）」（各チームが支配しているピッチ上のエリア）を計算したのだ。私の同僚ウィルは、このアイデアに不確実性の要素を加え、これが第9章で取り上げたポゼッションバリュー・モデルの基盤となる「ピッチ・コントロール」へと発展した。

ピッチ上のどのエリアがどのチームに支配されているかを理解するだけでなく、ボールが次にどこに向かうのかを知ることも重要である。ボールが蹴られたとき、その軌道はどうなるのか？　この問いへの探求にも日本の研究者たちが貢献している。浅井《あさい》武《たけし》、瀬尾《せお》和哉《かずや》、小林《こばやし》修《おさむ》、坂下《さかした》玲子《れいこ》による研究「Fundamental aerodynamics of the soccer ball（サッカーボールの基本的な空力特性）」である。[2]

彼らは風洞実験を用いて、複数のサッカーボールの抗力係数を計測した。抗力係数はボールが蹴られた後にどのように減速するかを決定する重要な要素である。私たちは、この研究で示された数値を利用し、ボールが蹴られた際にどこに落ちるか、そしてその結果どのチームがボールを支配するかを予測するのに活かした。

これらの研究論文は当時のフットボールクラブには大きな影響を与えなかったが、その成果が何年も後になってプレミアリーグの最先端の研究に活用されるようになったのは喜ばしいことだ。

解説

木崎伸也

本書の著者、イアン・グラハムが初めて世界的に話題になったのは、2019年5月22日、『ニューヨーク・タイムズ』紙がこんな見出しの記事を配信したときだった。

「データ（と息をのむようなサッカー）がいかにしてリバプールを栄光へと導いたか」

当時リバプールは18―19シーズンのプレミアリーグを2位で終え（優勝したマンチェスター・シティとの勝ち点差はわずか1）、トッテナム・ホットスパーとのCL決勝を控えているところだった。ユルゲン・クロップ監督による「ヘビーメタル・フットボール」の勢いはすさまじく、それを支える存在としてデータ部門（リサーチ部門）にスポットライトが当たったのである。

同記事ではグラハムの尽力により、サッカーとは無縁のエリート理系人材が集まっていることが大きく取り上げられた。

グラハムが2012年7月にリバプールに就職して真っ先に仲間に引き入れたのは、大学の同級生で天文学の博士号を持つティム・ワスケットだった。エネルギー会社でガスや電気の需要を天候から予測する確率モデルを開発したプログラミングのプロである。

その1年後に加わったのがダフィド・スティール。チェスのジュニア年代王者で、リーマン・ブラザーズ退職後にアムステルダム大学で金融数学の修士号を取った統計のプロだ。

そして「最終兵器」として2018年3月に加わったのがウィリアム・スピアマンである。ハーバード大学で素粒子物理学を専攻し、学生研究員としてCERN（欧州原子核研究機構）でヒッグス粒子の測定チームに加わった経験がある。博士号取得後、映像分析ツールやクラウド共有システムを提供する米企業「Hudl」に就職し、サッカーの研究に目覚めた。

本書の第9章で詳しく触れられているように、スピアマンの理論によってグラハムの分析モデルは大きな進化を遂げた。彼らはメディアから「ラップトップガイズ」と名付けられた。

2019年6月1日、リバプールは見事にCL王者に輝き、「ラップトップガイズ」の名声は揺るぎないものになる。


そこから黄金期が始まり、リバプールは19－20シーズンにプレミアリーグ初優勝を成し遂げた。2019年12月にカタールで開催されたクラブW杯でもタイトルを手にした。

序文に書いたように、CL優勝時、決勝で先発した11人のうち9人がグラハムの分析モデルの助けによって獲得された選手だった。

そのデータのプロが舞台裏を明かす本を出版したら反響を呼ばないわけがない。

本書の原本『How to Win the Premier League : The Inside Story of Football's Data Revolution』は

2024年8月にイギリスで出版されると瞬く間にベストセラーになり、『フィナンシャル・タイムズ』紙、『サンデー・タイムズ』紙、『テレグラフ』紙でそれぞれ2024年のブック・オブ・ザ・イヤーに選出された。人気作家のダニエル・フィンケルスタインが「私が今まで読んだ中で最高のサッカー書籍」と絶賛したほどだ。

グラハムは22−23シーズンをもってリバプールを離れたが、24−25シーズンにプレミアリーグで首位を独走しているチームの主力のほとんどはグラハム在籍中に獲得された、もしくは獲得が進められた選手である（現在グラハムは世界中のクラブに向けてデータ分析のサポートを行う会社を経営している）。

この成功をライバルたちが指をくわえて見ているわけがない。

近年、ビッグクラブたちもこぞって理系人材をかき集め始めている。

たとえばマンチェスター・シティを傘下に持つシティ・フットボール・グループ（CFG）はデータサイエンティスト採用に多額の資金を投じている。

その代表格が2021年1月にCFG入りしたローリー・ショーだ。ケンブリッジ大学で計算天体物理学の博士号を取得したコンピューターシミュレーションのエキスパートで、ハーバード大学に研究者として在籍しながらヘッジファンドの金融システムの開発をしたり、英国政府の政策顧問を務めたりした経験がある。

現在、AI部門責任者としてCFG傘下のマンチェスター・シティ、ニューヨーク・シティ（米国）、メルボルン・シティ（オーストラリア）、トロワ（フランス）、モンテビデオ・シティ（ウルグアイ）などの選手採用やパフォーマンス分析を支援するエンジニアチームとデータサイエンティストチームを率いている。

また、チェルシーは２０２５年2月、バルセロナでスポーツ分析責任者を数年間務めていたハビエル・フェルナンデスをデータサイエンス責任者として採用した。

ドタバタな経営からは想像しづらいが、実はバルセロナはリバプールと同じくサッカーにおけるデータ研究の先駆者だ。２０１６年1月、バルサはカタルーニャ工科大学でＡＩの博士号を取得したハビエル・フェルナンデスをスポーツアナリティクス責任者に抜擢。フェルナンデスは「その攻撃でボールを失うまでにゴールする確率」を予測するモデルを開発。グラハムと似た発想を持っており、その人物がチェルシーに加わった。

アーセナルも先駆者である。

アーセナルは２０１２年にアーセン・ベンゲル監督の承認のもと、米国のStatDNA社を買収。同社のシステムをクラブ内に組み入れ、パフォーマンスの数値化をスタートした。そして２０１８年、ミハイル・ジルキンとスザンナ・フエレラスという超一流データサイエンティストの獲得に成功する。

ジルキンはモスクワ物理工科大学在学中に「ロードランナー」など古典ゲームのリメイクを販売するサイトを立ち上げて成功した有名人で、のちに大手ゲーム会社の制作リーダーとして世界的ヒットゲーム『Candy Crush』を生み出した。応用物理・数学の修士号を持っている。スザンナ・フエレラスはスペイン国立通信教育大学で人工知能の修士号を取り、大手通信業者のテレフォニカやボーダフォンでデータサイエンティストを歴任してきた。現在、アーセナルにはデータサイエンスの分野に取り組む約15人のチームがあると言われている。

もちろんすべてのビッグクラブが一貫性を持って挑戦を継続できるわけではない。

マンチェスター・ユナイテッドは2022年3月にドミニク・ジョーダンを主任データサイエンティストとして招き、同氏がデータ部門をほぼゼロから立ち上げた。

しかし、わずか2年半後にジョーダンは退社に追いやられてしまう。ジム・ラトクリフ卿が会長を務める企業「INEOS」がオーナーのグレイザー家からクラブの株式25%を取得し、「INEOS」がサッカー部門を管理することになったからだ。

データをフル活用するには現場だけでなく経営陣の理解が不可欠である。

ビッグクラブだけでなく、中堅クラブも負けていない。

本書の第6章で詳しく書かれているように、ブライトンやブレントフォードはスポーツベッティングの知見を生かし、選手獲得に関して大きなアドバンテージを得ている。

SNSや動画プラットフォームの発展によって世界中でサッカーのプレーレベルが高まっており、もはやどのリーグにダイヤモンドの原石が眠っていてもおかしくない時代になった。

この先、データを賢く使えるクラブとそうでないクラブの差は、ますます開いていくに違いない。

特別寄稿 日本語版に寄せて

1 T. Taki, J. Hasegawa and T. Fukumura, "Development of motion analysis system for quantitative evaluation of teamwork in soccer games," Proceedings of 3rd IEEE International Conference on Image Processing, Lausanne, Switzerland, 1996, pp. 815-818 vol.3

2 Takeshi Asai, Kazuya Seo, Osamu Kobayashi and Reiko Sakashita, "Fundamental aerodynamics of the soccer ball", *Sports Engineering* , 2007, volume 10, p. 101-109

5 統計学ではバークソンのパラドックスとして知られている。
6 'India football head coach Igor Stimac took astrologer's advice in picking team for crucial matches in 2022', ESPN, 11 September 2023, https://www.espn.co.uk/football/story/_/id/38383816/igor-stimac-indian-football-head-coach-astrologer-advice-afc-asian-cup
7 Samaan Lateef, India's national football team 'hired astrologer to pick star players', *Telegraph*, 12 September 2023, https://www.tele graph.co.uk/world-news/2023/09/12/india-national-football-team-hired-astrologer-asian-cup/
8 こう言うのは私が山羊座だからということにしておこう。
9 たとえば、Jochen Musch and Simon Grondin, 'Unequal Competition as an Impediment to Personal Development: A Review of the Relative Age Effect in Sport', *Developmental Review*, 2001, vol. 21, no. 2, pp. 147–167. などを参照。
10 Raffaele Poli, Loïc Ravenel and Roger Besson, 'Relative age effect: a serious problem in football', CIES Football Observatory, Monthly Report 10, December 2015, https:// football-observatory.com/IMG/pdf/mr10_eng.pdf
11 Musch and Grondin, 'Unequal Competition as an Impediment to Personal Development'; Werner F. Helsen, Jan van Winckel and A. Mark Williams, 'The Relative Age Effect in Youth Soccer Across Europe', Journal of Sports Sciences, 2005, vol. 23, no. 6, pp. 629–636.

16. 統計データと原油——サッカーの未来はどうなる？

1 Sid Lowe, 'Chelsea and Mourinho draws Diego Simeone's Atlético into war of attrition', Guardian, 22 April 2014, https://www.theguardian.com/football/2014/apr/22/chelsea-jose-mourinho-diego-simeone-atletico-madrid
2 観察（Observe）、状況判断（Orient）、意思決定（Decide）、実行（Act）
3 逆に、守備力の高いチームはセットプレーからの失点の割合が高くなる。
4 第 14 章のホームアドバンテージを参照。
5 'How Much Money Did Chelsea Really Spend?', The Swiss Ramble, 6 February 2023, https://swissramble.substack.com/p/how-much-money-did-chelsea-really
6 'Manchester City charged by the Premier League', The Swiss Ramble, 13 February 2023, https://swissramble.substack.com/p/manchester-city-charged-by-the-premier
7 Manchester City were accused in February 2023 of 115 breaches of Premier League rules, including effectively falsifying their accounts and artificially inflating commercial sponsorship deals. The club denies the charges.
8 'Deloitte Football Money League 2015', Deloitte, January 2015, https://www2.deloitte.com/tr/en/pages/consumer-business/articles/deloitte-football-money-league-2015.html
9 'Mohammed bin Salman: "I don't care" about "sportswashing" accusations', BBC Sport, 21 September 2023, https://www.bbc.co.uk/sport/66874723

おわりに　データ革命ブームにひと言

1 Simon Kuper, 'How FC Barcelona are preparing for the future of football', *Financial Times*, 1 March 2019, https://www.ft.com/content/908752aa-3a1b-11e9-b72b-2c7f526ca5d0
2 'How to Succeed at Failing, Part 4: Extreme Resiliency', Freakonomics radio podcast, Episode 564, 1 November 2023, https://freakonomics.com/podcast/how-to-succeed-at-failing-part-4-extreme-resiliency/

うに単純ではない。本来とは違うポジションで起用されてしまったら、その選手の実力に対する低評価につながってしまうかもしれない。また、選手が非常に若い場合、監督は先発起用に慎重になる可能性がある。ここで例にあげた成功確率の計算は、多くの移籍が失敗するのも当然だということを示すためのものであり、計算の細かな部分は気にし過ぎないでほしい。

6 Sid Lowe, 'Barcelona swapping Arthur for Pjanic was a business move but for all the wrong reasons', ESPN, 29 June 2020, https://www.espn.co.uk/football/story/_/id/37584543/barcelona-swapping-arthur-pjanic-was-business-move-all-wrong-reasons

第14章 ホームとはゴール確率が30パーセント増す場所である

1 2017/18シーズン、イギリス国内で放送されたのはプレミアリーグ全380試合のうち168試合だった。2024/25シーズンには、267試合が生中継される予定となっている。

2 1勝につき3ポイントで計算。

3 Helena Smith, 'PAOK owner who stormed pitch with gun ordered to testify', Guardian, 16 March 2018, https://www.theguardian.com/football/2018/mar/16/paok-owner-ivan-savvidis-stormed-pitch-gun-ordered-to-testify

4 Kerry S. Courneya and Albert V. Carron, 'The Home Advantage In Sport Competitions: A Literature Review', *Journal of Sport & Exercise Psychology*, 1992, vol. 14, pp. 13–27.

5 Stephen R. Clarke and John M. Norman, 'Home Ground Advantage of Individual Clubs in English Soccer', *Journal of the Royal Statistical Society: Series D (The Statistician)*, 1995, vol. 44, no. 4, pp. 509–521.

6 2016年にマンチェスター・ユナイテッドに敗れたクリスタル・パレスはロンドンのクラブの敗戦として数に含めたが、ワトフォードが2019年にマンチェスター・シティに0対6で大敗した試合は除外した。

7 Stephen J. Dubner, ' "Football Freakonomics": How Advantageous Is Home-Field Advantage? And Why?', Freakonomics, 18 December 2011, https://freakonomics.com/2011/12/football-freakonomics-how-advantageous- is-home-field-advantage-and-why/

8 A. M. Nevill, N. J. Balmer and A. M. Williams, 'The influence of crowd noise and experience upon refereeing decisions in football', *Psychology of Sport and Exercise*, 2002, vol. 3, no. 4, pp. 261–272.

9 David Runciman, 'Home Sweet Home?', Observer, 3 February 2008, https://www.theguardian.com/sport/2008/feb/03/features.sportmonthly16

10 Garciano, Palacios-Huerta and Prendergast, 'Favouritism under social pressure', Review of Economics and Statistics, 2005, vol. 87, pp. 208–216.

11 2021年に、ルーク・ベンズとマイケル・ロペスは異なる結果を発表している(https://link.springer.com/article/10.1007/s10182-021-00413-9)。ベンズとロペスのモデルとは対照的に、私たちのモデルはチームの強さが時間とともに変化することを考慮しているだけでなく、アウェーでの得点率も試合ごとに多少変動することも踏まえている。

第15章　データは使い方を間違えると仇になる

1 Simon Kuper, 'Baseball's love of statistics is taking over football', *Financial Times*, 21 November 2009, https://www.ft.com/content/2b1ee75c-d855-11de-b63a-00144feabdc0

2 ブライトンは2023年にリベンジを果たすことになる。マンチェスター・ユナイテッド戦でアレクシス・マック・アリスターが試合終了間際にPKを決め、1対0の勝利を収めた。

3 平均的な得点率を想定。

4 重回帰分析。

pay-cuts-football-bonuses-and-how-they-work/

第 11 章「いい監督」「駄目な監督」はどう見分けるのか

1 実際の得失点差はわずか +5 だったため、驚くほど優れた結果とは言えないかもしれない。

2 ロナウジーニョ、ロナウド、ベッカムも、アンチェロッティ時代のミランで短期間ながらプレーした。

3 Daniel Yankelovich, 'Corporate Priorities: A continuing study of the new demands on business', 1972.

4 イングランド代表監督としての任期中もかなり悲惨な結果だったが、なぜか 4 年も続いた。

第 12 章 史上最高の選手はクリスティアーノ・ロナウドかメッシか

1 'Castrol performance index', Wikipedia, https://en.wikipedia.org/wiki/Castrol_performance_index

2 シーズン終了後、レアル・マドリードが彼をトッテナム・ホットスパーへ売却することを拒まなかった理由のひとつかもしれない。

3 Simon Kuper and John Burn-Murdoch, 'Cristiano Ronaldo vs Lionel Messi: who was the greatest footballer?', *Financial Times*, 3 June 2023.

4 この計算には、『フィナンシャル・タイムズ』紙の記事に掲載されたものとは少し異なる大会のデータを含めたため、記事とは数値が少し変わっている。

5 アシストは定義が一様ではない。データプロバイダーごとに、何がアシストとしてカウントされるかの基準が異なる。私は Transfermarkt のデータを使用したが、このサイトではアシストの定義が広いうえ、PK を獲得した場合もアシストとして扱われている。一方、ほとんどの公式大会のデータにおいては、高い価値を持つにもかかわらず、PK 獲得はアシストとしてカウントされていない。

6 ロナウドのキャリア初期の詳細なデータを見つけるのは難しい。Opta がイベントデータの販売を開始した 2007 年時点で、2003 年のマンチェスター・ユナイテッド移籍から 4 シーズンが過ぎていた。残念ながら、初期のロナウドのデータは未知の部分が多いが、彼の成長が比較的緩やかであったことは確認できる。プレミアリーグでシーズン 10 ゴール以上を記録したのは、ユナイテッド 4 年目の 2006/07 シーズンが初めてだ。

7 Ian Graham, 'Is Spanish Football Broken?', Decision Technology's Football Blog, 4 October 2011, https://web.archive.org/web/20120106164515/ http:/dectech.org/blog/football/2011/10/is-spanish-football-broken/

8 UEFA ネーションズリーグの開始により、近年は欧州の強豪国も厳しい対戦相手との試合が増えている。

9 レッドバードは、2021 年に FSG の株式を取得した。

10 Javier Fernández and Luke Bornn, 'Wide Open Spaces: A statistical technique for measuring space creation in professional soccer', MIT Sloan Sports Analytics Conference 2018, http://www.lukebornn.com/papers/fernandez_ssac_2018.pdf

第 13 章 シマウマを家畜化する——なぜ移籍は失敗するのか

1 グレアム・ライリーとゲイリー・ファルチャーと共に分析をおこなっている。

2 'The Tomkins Times', https://tomkinstimes.com/2014/06/tomkins-law-only-40-of-transfers-succeed/

3 この点に関してはキーラン・マグワイアの『*The Price of Football*』に非常に詳しい。

4 'Premier League 10 Years (2013-22)', The Swiss Ramble, 20 July 2023, https://swissramble.substack.com/p/premier-league-10-years-2013-22

5 移籍が失敗する要因が、すべて独立して生じると仮定するのは単純化しすぎである。各要因の成功確率を掛け合わせて全体の成功確率を計算するという方法は、すべての要素が互いに独立している場合にのみ有効だ（コインを繰り返し投げる場合のように）。しかし、フットボールはコイントスのよ

5 一番悪かったのはダービー・カウンティで、わずか 11 ポイントしか獲得できず、プレミアリーグ史上最低を記録した。

6 Dean Oliver, *Basketball on Paper: Rules and Tools for Performance Analysis*, Potomac Books, 2003.

7 ルーヴェン・カトリック大学のトム・デクロース、ロッテ・ブランセン、ヤン・ファン・ハーレン、ジェシー・デイヴィスが開発した「Valuing Actions by Estimating Probabilities（確率推定を用いたアクション価値評価）」モデルにおいては、ポゼッション中の直近３つのアクションが考慮される。'Valuing actions in soccer', DTAI Stories, 16 May 2020, https://dtai.cs.kuleuven.be/stories/post/sports/exploring-how-vaep-values-actions/

第 9 章 選手をどこまでも追いかけ、丸裸にせよ

1 1 試合につき、およそ 3,000 回のオンボールイベントが発生する。そして選手およびボールの位置データは、1 試合につき 300 万を超える。

2 イベントデータからトラッキングデータに移行すると、データポイントの数は 3,000 から 300 万に増加する。さらにポーズデータを含めると、その数は 9,000 万に達する。

3 Shayegan Omidshafei, Daniel Hennes, Marta Garnelo et al, 'Multiagent off-screen behavior prediction in football', *Scientific Reports*, 2022, vol. 12, pp. 1–13, https://doi.org/10.1038/s41598-022-12547-0

4 これまでにも同様の研究は試みられてきたが、変動可能なのが片方のチームの位置だけだったため、有用性は限られていた。 Hoang M. Le, Peter Carr, Yisong Yue and Patrick Lucey, 'Data- Driven Ghosting using Deep Imitation Learning', Disney Research Studios, 3 March 2017, https://studios.disneyresearch.com/2017/03/03/data-driven-ghosting-using-deep-imitation-learning/

5 Zhe Wang, Petar Veličković, Daniel Hennes et al, 'TacticAI: an AI assistant for football tactics', Nat Commun 15, 1906 (2024), https://doi.org/10.1038/s41467-024-45965-x

第 10 章「投資」のルール——移籍金と年棒の裏にある真実

1 非常に大きな額に思えるかもしれないが、そんなことはない。たとえば英スーパー最大手の「テスコ」は 2023/24 年度に 615 億ポンドの売上を記録し、28 億ポンドの利益をあげている (https://www.tescoplc.com/preliminary-results-202324/)。

2 このデータは、購読型ニュースレタープラットフォーム「Substack」にあるキーロン・オコナーのサイト「The Swiss Ramble」から得た (https://swissramble.substack.com/)。

3 クラブの財務報告には記載されているのは給与総額のみだ。その額には選手だけでなく、すべての従業員の給与も含まれている（選手の給与が大半ではある）。

4 チーム内で周りより優れた選手たちが攻撃を務めることが多い。プレミアリーグのミッドフィルダーやディフェンダーの多くは、ユース時代には 9 番や 10 番としてキャリアをスタートさせている。若い選手たちは、より大きく、よりレベルの高いアカデミーに進むにつれ、誰もが求める攻撃的ポジションをめぐる競争が激化し、試合に出るためには別の新しいポジションを見つけねばならなくなることが多い。

5 ローン移籍は、移籍元のクラブ（親クラブ）が給与の一部を負担することが多いため、給与額の推測が難しくなる。

6 Raffaele Poli, Roger Besson and Loïc Ravenel, 'Econometric Approach to Assessing the Transfer Fees and Values of Professional Football Players', Economies, 2022, vol. 10, no. 1, pp. 1–14.

7 この相関は、1 シーズンごとで考えると大幅に低くなり、またプレミアリーグとチャンピオンシップを別々に考えた場合も大幅に低くなる。

8 Gregg Evans, 'City's team deal, United's 25 per cent pay-cuts: Football bonuses and how they work', The Athletic, 4 May 2022, https://theath letic.com/3279361/2022/05/04/citys-team-deal-uniteds-25-percent-

Benham at Brentford', The Athletic, 30 March 2023, https://theathletic.com/3029279/2023/03/30/cold-war-brighton-tony-bloom-matthew-benham-brentford
12 Mark J. Dixon and Michael E. Robinson, 'A birth process model for association football matches', *Journal of the Royal Statistical Society: Series D (The Statistician)*, 1998, vol. 47, no. 3, pp. 523–538.
13 Naylor and Harris, 'A Cold War'.
14 Silver, *The Signal and the Noise.*（ネイト・シルバー著『シグナル＆ノイズ：天才データアナリストの「予測学」』）
15 Naylor and Harris, 'A Cold War'.
16 2020 年、ブレントフォードはグリフィン・パークから収容人数 17,250 人のブレントフォード・コミュニティ・スタジアムへ移転した。
17 2024 年 5 月 21 日時点では監督であり続けている。
18 Christoph Biermann, Football Hackers: *The Science and Art of a Data Revolution,* Blink Publishing, 2019.
19 この結果は大いなる不運によるものと考えられる。ゴール期待値においては、リーグ中位の結果だった。
20 Brighton & Hove Albion Holdings Limited Report and Financial Statements Year Ended 30 June 2023, https://resources.brightonandhovealbion.com/bhafc/document/2024/03/28/d328df45-1e6a-4947-9ffc-52a3b00b25f1/Brighton-and-Hove-Albion-Holdings-Limited-30.06.2023-EV.pdf
21 Annual Report and Financial Statements for the year ended 30 June 2023 for Brentford FC Ltd, https://res.cloudinary.com/brentford-fc/image/upload/v1707846734/Brentford_FC_Ltd_-_web_version_wqsaey.pdf
22 'Premier League clubs to ban gambling sponsorship on front of matchday shirts', BBC Sport, 13 April 2023, https://www.bbc.co.uk/sport/football/65260002

第 7 章「ゴール期待値」について正しく考察する

1 John Cohen and E. J. Dearnaley, 'Skill and Judgment of Footballers in Attempting to Score Goals: A Study of Psychological Probability', *British Journal of Psychology*, 1962, 53, pp. 71–86.
2 Pollard and Reep, 'Measuring the effectiveness of playing strategies at soccer'.
3 Charles Reep and Bernard Benjamin, 'Skill and Chance in Association Football', *Journal of the Royal Statistical Society: Series A (General)*, 1968, vol. 131, no. 4, pp. 581–585.
4 Ben Torvaney, 'Dixon Coles and xG: together at last', Stats and Snakeoil, 22 June 2018, https://www.statsandsnakeoil.com/2018/06/22/dixon-coles-and-xg-together-at-last/.
5 ディシジョン・テクノロジー時代の同僚であるマーク・レイサムが、こうした計算について同社のブログに記事を書いていたが、現在は閲覧できなくなっている。

第 8 章 サッカーは「ポゼッション」で決まるのか

1 Matt Ladson, ' "Death by football" – Rodgers explains his Liverpool vision', This Is Anfield, 7 September 2012, https://web.archive.org/web/20120909210420/ https://www.thisisanfield.com/2012/09/death-by-football-rodgers-outlines-his-liverpool-vision/
2 Pollard and Reep, 'Measuring the effectiveness of playing strategies at soccer'.
3 David Hytner, 'Arsenal's "secret" signing: club buys £2m revolutionary data company', *Guardian*, 17 October 2014, https://www.theguard ian.com/football/2014/oct/17/arsenal-place-trust-arsene-wenger-army-statdna-data-analysts
4 'Markov chain', Wikipedia, https://en.wikipedia.org/wiki/Markov_chain

のとき、ビハインドのときでプレーが異なるからだ。しかし、このように仮定するとゴール期待値から勝ち点期待値を算出しやすくなる。

第5章 大いなる成功——チーム史上初のプレミア制覇

1 ニール・クリッチリー（ブラックプール、QPR）、マイケル・ビール（QPR、レンジャーズ、サンダーランド）、スティーヴン・ジェラード（レンジャーズ、アストン・ヴィラ）、ゲイリー・オニール、ティム・ジェンキンス（ボーンマス、ウルヴズ）など。

2 選手の推定得点率が最初の想定からどれほど上がったかを見ることもできる。ル・フォンドルの得点率は、ベイズの定理における事前確率では1試合0.25ゴールだったが、2012/13シーズンにおける実際の得点率（新しいエビデンス）が0.25を大きく上回ったため、0.40に急上昇したと言える。ベイズの定理においては、得られた証拠が少ない場合は推定値が大きく変動し、証拠が多い場合は推定値の変動が小さくなる。

3 'TGG Podcast #55: Sarah Rudd– Arsenal's analytics pioneer', Training Ground Guru, 14 September 2023, https://trainingground.guru/articles/sarah-rudd-arsenals-analytics-pioneer

4 Kahneman, *Thinking, Fast and Slow.*（ダニエル・カーネマン 著『ファスト＆スロー：あなたの意思はどのように決まるか？（上・下）』）

5 Nate Silver, *The Signal and the Noise: Why So Many Predictions Fail– But Some Don't*, Penguin, 2012.（ネイト・シルバー著『シグナル＆ノイズ：天才データアナリストの「予測学」』川添節子訳，日経BP社，2013）

第6章 ギャンブルとデータ革命

1 1995/96シーズン以降、プレミアリーグのチーム数は20となっている。1992/93シーズンから1994/95シーズンまでは22チームだった。

2 Kevin McCarra, 'Is searing attack or slack defence behind Premier League goal glut?', Guardian, 31 October 2011, https://www.the guardian.com/football/blog/2011/oct/31/premier-league-goal-glut

3 Mark J. Dixon and Stuart G. Coles, 'Modelling association football scores and inefficiencies in the football betting market', *Journal of the Royal Statistical Society: Series C (Applied Statistics)*, 1997, vol. 46, no. 2, pp. 265–280.

4 ポアソン分布の予測では低得点の試合の頻度が一致しなかったため、数値を調整するためにいくつかの修正が必要だったという。

5 執筆時点の2023/24シーズン終了時には、合計1,246ゴールが記録された。2022/23シーズンに記録した過去最多の1,084ゴールを15パーセント上回っている。統計的な疑いの余地なく、「ゴール過多」と言える。

6 私の計算では、2006/07シーズンに最初の99試合で295ゴール以上が生まれる確率は1パーセントだった。

7 Kahneman, *Thinking, Fast and Slow.*

8 Ian Graham, 'Premier League Goal Glut– What Goal Glut?!', Decision Technology's Football Blog, 3 November 2011, https://web.archive.org/web/20120318072558/ http://dectech.org/blog/football/2011/11/premier-league-goal-glut-what-goal-glut/#more-574

9 ブックメーカーは自分たちの取り分を増やせる賭けを好んで提供する。マルチベット、アキュムレーター、キャッシュアウトなどは、どれもブックメーカーの利益率が高くなる賭けであるがゆえ、大々的に宣伝されている。

10 彼らの分析で得られたプラスのリターンは「偶然の結果」という可能性もある。

11 Andy Naylor and Jay Harris, '"A Cold War": The rivalry between Brighton's Tony Bloom and Matthew

原注

第1章 最強チームへの道のり

1 Barcelona, Opposition Team, LFChistory.net, https://lfchistory.net/Opposition/Team/Profile/91

2 Richard Pollard and Charles Reep, 'Measuring the effectiveness of playing strategies at soccer', *Journal of the Royal Statistical Society: Series D (The Statistician)*, 1997, vol. 46, no. 4, pp. 541–550.

3 Buster Olney, 'Could Theo Epstein help MLB fix its pace-of-play problem?', ESPN, 22 November 2020, https://www.espn.com/mlb/insider/story/_/id/30359574/could-theo-epstein-help-mlb-fix-pace-play-problem

第2章 私がデータ分析のプロになるまで

1「高分子」とは鎖状の長い分子である。代表的なものとしてはDNAが挙げられる。

2 Nick Wright, 'Tottenham's lasagne-gate against West Ham remembered', Sky Sports, 6 May 2017, https://www.skysports.com/football/news/11675/10860462/tottenhams-lasagne-gate-against-west-ham-remembered

3 移籍金は、正確な情報を見つけるのが難しい。メディアで報道される金額はかならずしも正確とは言えず、実際の金額というより、クラブが世間に伝えたい金額が報じられることが多い。本書では、報道された移籍金を使用している。クラブの財務報告を通じて移籍支出の総額を知ることはできるが、個別の選手の正確な移籍金を特定するのは基本的に難しい。

4 Daniel Kahneman, *Thinking, Fast and Slow*, Farrar, Straus and Giroux,2011.（ダニエル・カーネマン 著『ファスト＆スロー：あなたの意思はどのように決まるか？（上・下）』村井章子訳，ハヤカワ文庫,2014）

5 'Harry: Bent sulked over "my wife could have scored" remark . . . but it was the truth!', Daily Mail, 13 March 2012, https://www.dailymail.co.uk/sport/football/article-2114003/Harry-Redknapp-Darren-Bent-wanted-Spurs-exit-Sandra-comment.html

6 'Van der Vaart: "Data people must get out or I'll quit watching football in 3 years"', Tribuna, 17 May 2023, https://tribuna.com/en/news/football-2023-05-17-van-der-vaart-data-people-must-get-out-or-ill-quit-watching-football-in-3-years

第3章 まだ来ぬ赤い夜明け——リバプールでの幕開けと苦闘

1 Rory Smith, Expected Goals: *The Story of How Data Conquered Footballand Changed the Game Forever*, Mudlark, 2022, p. 86.

2 Andy Hunter, 'Brendan Rodgers: My Liverpool terms were full control or nothing', *Guardian*, 1 June 2012, https://www.theguardian.com/football/2012/jun/01/brendan-rodgers-liverpool-control

3 Sam Carroll, '15 of Brendan Rodgers' most infamous quotes as Liverpool manager', *Liverpool Echo*, 4 October 2019, https://www.live rpoolecho.co.uk/sport/football/football-news/brendan-rodgers-quotes-liverpool-envelopes-17012384

4 Example inspired by Rob Eastaway and John Haigh, *How to Take a Penalty: The Hidden Mathematics of Sport*, Robson Books, 2005.

第4章 ヘビーメタル・フットボール——クロップ登場

1 Duncan Castles, 'Inside Line: Liverpool's Transfer Committee Has Been a Spectacular Failure', Bleacher Report, 15 December 2014, https://bleacherreport.com/articles/2296954-inside-line-liverpools-transfer-committee-has-been-a-spectacular-failure

2 この仮定はかならずしも現実を反映したものではない。なぜならチームはリードしているとき、同点

イアン・グラハム (Ian Graham)

リバプールFCのリサーチ・ディレクター(2012~2023年)を務め、プレミアリーグでは初めてとなるクラブ自前のデータ分析部門を率いてリーグ優勝に貢献。サッカー界を席巻するデータ革命の立役者の一人と目される。ケンブリッジ大学で物理学博士号取得。スポーツ関連のアドバイスをおこなう「ルドノーティクス(Ludonautics)」の創設者で、サッカーの試合予測や選手のパフォーマンス分析のための統計ツールを開発。初の著作である本書はサンデー・タイムズ紙ベストセラーとなり、同紙およびフィナンシャル・タイムズ紙とテレグラフ紙のブック・オブ・ザ・イヤーにも輝くなど、イギリスで大きな話題を呼んでいる。

木崎伸也 (きざき・しんや)

「Number」など多数のサッカー雑誌・書籍にて執筆、欧州サッカー中継における解説者としても活躍。著書に『サッカーの見方は1日で変えられる』(東洋経済新報社)、『ナーゲルスマン流52の原則』(ソル・メディア)のほか、サッカー代理人をテーマにした漫画『フットボールアルケミスト』(白泉社)の原作を担当。

樋口武志 (ひぐち・たけし)

翻訳者。1985年福岡生まれ。訳書に『異文化理解力』『THE HEART OF BUSINESS(ハート・オブ・ビジネス)』(以上、英治出版)、『無敗の王者 評伝ロッキー・マルシアノ』(早川書房)、『ウェス・アンダーソンの風景』『「スーパーマリオブラザーズ」の音楽革命』(以上、DU BOOKS)、『AIは人間を憎まない』(小社)など。

サッカーはデータが10割
最強アナリストが明かすプレミアリーグで優勝する方法

2025年3月31日　第1刷発行
2025年4月20日　第2刷発行

イアン・グラハム 著
木崎伸也 監修
樋口武志 訳

発行者　矢島和郎
発行所　株式会社 飛鳥新社
〒101-0003
東京都千代田区一ツ橋2－4－3　光文恒産ビル
電話（営業）03-3263-7770（編集）03-3263-7773
https://www.asukashinsha.co.jp

ブックデザイン　山之口正和＋中島弥生子＋高橋さくら（OKIKATA）
印刷・製本　中央精版印刷株式会社

ISBN 978-4-86801-072-2